문제로 익히는 영문법 총정리

김대균 영문법 문제집

랭기지플러스

김대균 영문법 **문제집**

초판발행	2019년 2월 1일
초판 3쇄	2023년 2월 20일

저자	김대균
편집	권이준, 양승주, 김아영
펴낸이	엄태상
디자인	진지화
조판	신미옥
콘텐츠 제작	김선웅, 장형진
마케팅본부	이승욱, 왕성석, 노원준, 조성민, 이선민
경영기획	조성근, 최성훈, 정다운, 김다미, 최수진, 오희연
물류	정종진, 윤덕현, 신승진, 구윤주

펴낸곳	랭기지플러스
주소	서울시 종로구 자하문로 300 시사빌딩
주문 및 교재문의	1588-1582
팩스	0502-989-9592
홈페이지	http://www.sisabooks.com
이메일	book_english@sisadream.com
등록일자	2000년 8월 17일
등록번호	제300-2014-90호

ISBN 978-89-5518-585-0 (13740)

김대균 영문법 문제집 × EBS 반디 외국어 라디오

〈김대균 영문법 문제집〉 강의를 EBS 반디 외국어 라디오로 들어 보세요!
김대균 선생님의 귀에 쏙쏙 들어오는 친절한 강의로 영문법 공부가 더 재미있어집니다.

〈김대균 영문법 문제집〉 강의를 듣는 두 가지 방법

① EBS 반디 어플리케이션으로 듣기

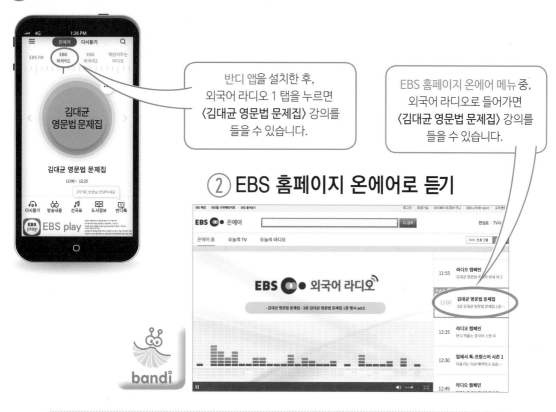

반디 앱을 설치한 후,
외국어 라디오 1 탭을 누르면
〈김대균 영문법 문제집〉 강의를
들을 수 있습니다.

EBS 홈페이지 온에어 메뉴 중,
외국어 라디오로 들어가면
〈김대균 영문법 문제집〉 강의를
들을 수 있습니다.

② EBS 홈페이지 온에어로 듣기

플레이스토어(안드로이드)/앱스토어(아이폰) 접속 ▶ 〈EBS 반디〉 검색 ▶ 반디 앱 설치

〈김대균 영문법 문제집〉 방송 시간

월~토	오전 ▶ 6시 30분 / 7시 30분 오후 ▶ 12시 / 8시 30분
일	오전 10시 ~ 오후 1시 (재방송)

〈김대균 영문법〉 방송 시간
월~토 8시 30분/21시 30분
일   7시 ~10시

머리말

김대균 영문법에 보여주신 전국의 독자들의 사랑과 관심에 감사드립니다. 필자는 330여회 토익을 응시한 토익 최다 응시 만점 강사 이전에 중학교 시절부터 영어를 좋아해서 영어영문학과로 진학하여 영문법, 영시, 소설 등에 관심을 가지면서 성장했습니다. 우리나라 사람들이 영어의 어떤 부분을 궁금해하고 또 어떤 부분에 취약한지 함께 체험하고 느낀 사람으로서 한국인에게 최적화된 제대로 된 문법책과 문제집을 만들자는 EBS의 취지에 맞게 좋은 기회를 얻어 이제 <김대균 영문법 문제집>을 세상에 내놓습니다. 본서는 영문법을 공부하는 누구나 실용적인 연습을 하기에 적합한 문제들로 구성했으며 2019학년도 수능의 도치구문까지 반영하여 넣었습니다. 영문법은 영어의 올바른 쓰임을 위해서 꼭 정리해야 할 기본입니다. 요즘 학생들은 발음도 좋고 말도 잘하지만 직접 만나서 진단을 해보면 올바른 말과 글을 쓰는 기본 문법 정리가 안된 경우가 많습니다. 본서와 <김대균 영문법>으로 문법을 꼭 한 번 정리해 보시면 완성도 높은 영어를 구사하면서 각종 영어 시험에도 강해지실 것입니다!

본서가 나오는데 여러분들의 도움이 있었습니다. 토익 시험에 강한 필자이지만 초, 중, 고 학생들의 눈높이를 아는 것이 매우 중요했습니다. 그 눈높이를 맞추고 실제 어떤 수업이 진행되는지를 정확히 알려주신 분들께 감사를 드립니다. 지면상 다 싣지 못해 죄송한 마음입니다. 우선 초, 중, 고등학교의 눈높이에 맞는 조언과 참고 자료를 많이 보내주시고 교재 집필에 좋은 의견을 주신 분들인 타이거 어학원 김호칠 원장님, 서성민 선생님, 김지욱 선생님, 김지연 선생님, 김자헌, 김수헌, 김기문, 박정자, 김정연, 김신형, 김도균, 아프리카TV 방송을 통해 좋은 의견을 주시고 도움을 주신 김태민님, 김수정님에게도 감사드립니다. 본 머리말의 삽화도 그려주고 평소에 서점을 자주 방문하며 트렌드를 알려준 이욱연 후배에게도 감사드립니다. 전국민 영문법 프로젝트로 본서가 나오도록 기획하고 추진을 해주신 EBS 김준범 부장님, 이효종 차장님, 김대균 영문법과 문제집이 최적화된 강의가 되도록 도움을 주시고 1200문제 녹음 제작도 담당해 주신 이하진 피디님께 감사드립니다.

책이 나오도록 많은 관심과 응원을 해주신 시사북스 엄태상 대표님과 이효리 과장님께 감사드립니다. 늘 기도해주시고 응원해주신 어머님께도 감사드립니다. 하나님과 독자 여러분께 감사드립니다!

김대균

그림: 이욱연

추천서

소싯적 다큐멘터리 제작을 목적으로 10년가량 러시아에 살며 접한 러시아어는 나에게 '문자 또는 언어'가 아닌 그냥 '소리 또는 소음'이었다. 그래도 장기간 현지 상황에 노출되다 보니 생활을 위한 기초 단어는 분간되기 시작했다. 그 시절 만났던 단어 중 '나르마뉴'라는 말이 있었다. 보통 '까끄 젤라?(잘 지내?)'라고 물으면 '나르마뉴'라고 대답하면 되었다. 나는 그 뜻을 '그래, 잘 지내고 있어.'라는 정도로 유추한 채 정확한 의미도 모르고 아무 탈 없이 잘 사용했다. 그 말의 문자적인 의미를 알게 된 것은 그로부터 20년이 훌쩍 지난 최근의 일이었다. 우연히도 나는 '나르마뉴'가 영어로는 Normally고, 이는 라틴어 Norm에서 비롯되었으며, Norm의 의미가 '표준, 기준, 규범, 법칙'이라는 것을 알게 되었다. 솔직히 생각지도 못했던 의미였다. 그동안 나는 '나르마뉴' 하면 '기분이 아주 좋다'라는 의미로 생각했던 것이다. 이때 깨달은 것이 바로 그 Normal의 중요성이다. 일상 생활에서 기분이 늘 아주 좋을 필요는 없다는 것을 말이다. 왜냐하면 그런 감정은 얼마 있지 않아 곧 반대 감정의 골로 흐르게 되어 있기 때문이다. 따라서 이 말의 진짜 의미답게 삶은 라틴어 Norm같이 '기준'을 바탕으로 '규범 또는 법칙'에 맞게 사는 것이 좋다는 것을 알게 된 것이다. 영어 학습법 또한 마찬가지다. 기준(Norm)이 있는 영어 학습, 법칙이 중요시되는 영어 학습을 해야 스스로 터득하는 영어 학습의 참맛을 알게 되고, 각종 시험은 그런 학습자들에게만 고득점이라는 고지를 허락한다. 쉬운 영어만 강조하는 대부분의 영어 학습법은 학습자의 사고력을 쉬운 영어에만 머물러 있게 만들 것이다. 김대균 영문법 문제집 그리고 1,200제! 여러분에게 영어 학습의 참맛과 고득점이라는 고지로 안내할 대한민국 'Normal English'의 선두에 서기를 염원한다. 끝으로 'EBS 반디'의 모든 것을 가능하게 만들어 주신 김준범 라디오부장에게 감사함을 표한다.

EBS 라디오부 이효종 피디

토익 최다 응시 만점 강사 김대균 선생님의 영어학습 노하우를 집대성한 <김대균 영문법 문제집>이 출간되었습니다. <김대균 영문법>이 영어에 대한 기초뼈대를 튼튼히 세워줄 목적으로 기획되었다면, 이러한 영어 뼈대가 정말로 튼튼한지 어디 부실하거나 잘못 세워진 부분은 없는지 1,200 문제를 통해 꼼꼼히 점검해 보실 수 있습니다. 본 교재가 출간되기까지 많은 분들이 도움을 주셨습니다. 기획부터 책 발간까지 큰 믿음과 지원을 해주신 엄태상 대표님, 영문법이라는 가장 본질적인 것에 접근할 수 있도록 방향을 제시해주신 이효종 차장님, 그리고 방대한 양의 자료를 멋지게 정리해 주신 이효리 과장님, 청취자 입장에서 또박또박 정확하게 영어문장을 읽어주신 쟈넷 영어 성우님 마지막으로 늘 반디처럼 반짝반짝 긍정의 힘을 주는 반디 멤버들 김성은, 강동걸, 이시아, 최유빈에게 감사의 마음을 전합니다!

EBS 라디오부 이하진 피디

이 책의 구성과 특징

본서는 〈김대균 영문법〉의 19장에 구동사(Phrasal Verb) 한 장을 더 추가하여 총 20장으로 구성되어 있습니다. 각 장은 초등학교에서부터 공인 영어 시험에 이르기까지 시험에서 자주 묻는 핵심 포인트를 모두 잡아 문제로 만들었습니다. 20문제를 한 세트로 구성한 문제들을 한 챕터 당 3세트를 구성하여 총 1200문제를 만들어 충분한 연습과 함께 영문법을 알차게 정리하도록 만들었습니다. 본서를 통해 영문법을 충분히 연습하고 한국인이 궁금해하는 문법사항을 '요건 몰랐지?'로 구성하여 각 챕터 해설편에 넣어드린 것도 빠짐없이 읽다 보면 영문법이 재미있고 유익하다는 것을 실감하시게 될 것입니다. 본서의 또 다른 강점은 1200문제를 모두 녹음 제작하여 독자들에게 제공한다는 것입니다. 전국에 영문법을 공부하는 분들이 원어민의 좋은 발음으로 영어 실력을 키워 영문법과 리스닝, 회화도 함께 잡는 효과를 갖게 되는 최초의 문제집이 될 것입니다! 문제도 풀고 mp3도 반복하여 들으시면 영문법과 영어 시험에 자신감을 가지게 되리라 믿습니다!

▶ 문법 설명

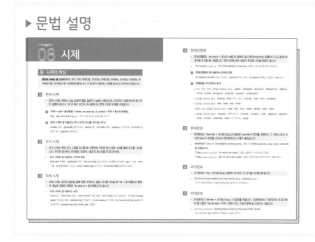

〈김대균 영문법〉을 바탕으로 핵심이 되는 부분만 간결하게 설명하였습니다.

▶ 세트 문제

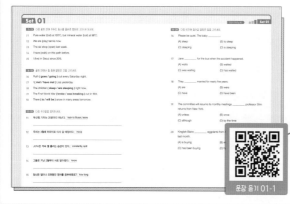

문제를 풀면서 문법을 익힐 수 있도록 다양한 문법사항을 물어보는 문제를 챕터 별로 3세트씩 구성했습니다. 한 세트 당 20문제씩 제공하여 총 1200개의 문법 문제를 풀어볼 수 있습니다. 영작, 해설, 공인영어시험 등 다양한 문제를 접해볼 수 있습니다.

QR코드를 이용하여 1200문제의 문장을 원어민 발음으로 들어볼 수 있습니다.

▶ 해설

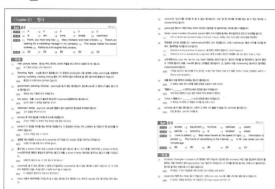

모르고 넘어가는 문제가 없도록 각
문제마다 자세한 해설과 문장 해석을
실었습니다.

▶ 요건 몰랐지?

헷갈리기 쉬운 내용, 한국인이 어려
워하는 내용을 정리하여 다양한 원서
를 바탕으로 정리한 명쾌하고 재미있
는 설명을 추가하였습니다.

영문법의 절대 강자가 되는 방법!

Step 1 〈김대균 영문법〉으로 문법 개념 정리!

Step 2 〈김대균 영문법 문제집〉으로 문제를 풀어보며
배운 내용 다시 한 번 확인하고 부족한 부분
체크하기!

목 차

Chapter
01 명사

ⓞ 명사의 핵심

명사는 문장에서 **주어, 목적어, 보어** 역할을 합니다. -ment, -sion, -tion, -ence, -ance, -ness, -ty, -cy, -sis, -th, -age, -ity, -ship, -ics로 끝나는 단어들은 대부분 명사인 반면 -tive, -al, -tic, -ant, -ent로 끝나는 단어들은 명사로도 쓰이고 형용사로도 쓰이니 그때그때 사전을 찾아 익혀두세요! 녹음 제작에 참여하는 영어 원어민 성우들도 의문이 생기는 단어는 사전을 찾아보더군요. 원어민도 이렇게 사전을 참고하는데, 사전을 아예 찾지 않는 우리나라 영어 학습자는 반성을 해야겠지요? 궁금하면 꼭 사전을 찾아보는 습관을 기르시길 바랍니다! 그 무엇보다 **명사 공부는 셀 수 있는 명사와 셀 수 없는 명사의 구분이 중요합니다. 셀 수 없는 명사 다음에는 복수형 -s가 붙을 수 없다는 점**에 유념해 주세요.

1 명사의 종류

셀 수 있음	보통명사	• 눈에 보이고 만질 수 있으며 일정한 형태가 있는 사람이나 사물, 장소의 이름 car 자동차 / house 집 / boy 소년 / girl 소녀 / dog 개 / radio 라디오
	집합명사	• 사람이나 사물이 여럿이 모여 이뤄진 집합의 이름 family 가족 / class 학급 / people 국민
셀 수 없음	고유명사	• 말 그대로 하나밖에 없는 누군가[무언가]의 이름 Jay 제이 / Sue 수 / Korea 한국 / Mt. Seorak 설악산
	추상명사	• 눈에 보이지 않고 형태가 없는 추상적인 개념의 이름 happiness 행복 / love 사랑 / friendship 우정
	물질명사	• 일정한 형태가 없고 나눠도 성질이 변하지 않는 사물의 이름 sugar 설탕 / rice 쌀 / air 공기 / bread 빵 / oil 기름

2 물질명사의 수량 표시

- 물질명사는 그 명사를 담거나 세는 단위로 수량을 표시합니다.

- a piece of bread 빵 한 조각 / a glass of milk 우유 한 잔 / a slice of toast 토스트 한 조각 / a glass of water 물 한 잔 / a lump of sugar 설탕 한 덩어리 / a shoal[school] of fish 물고기 한 무리 / a pound of sugar 설탕 한 파운드 / two cups of coffee 커피 두 잔 / a spoonful of sugar 설탕 한 숟가락 / a shower of rain 한차례의 소나기 / a cake of soap 비누 한 장 / a bolt of thunder 한차례의 천둥 소리 / a sheet of paper 종이 한 장 / a flash of lightning 한차례의 번갯불 / a roar of laughter 한바탕 웃음 / a piece of chalk 분필 한 조각

3 시험에 자주 출제되는 셀 수 없는 명사

- 셀 수 없는 명사 뒤에는 -s가 붙지 않고 앞에 a/an도 오지 못합니다.

- access 접근 / caution 주의 / information 정보 / advice 충고 / correspondence 서신, 편지 / change 잔돈 / mail 우편 / news 뉴스 / luggage, baggage 짐, 수하물 / furniture 가구 / equipment 장비 / gear 장비, 복장 / clothing 옷 / merchandise 상품 / machinery 기계류 / scenery 경치 / poetry 시 / software 소프트웨어 / hardware 하드웨어, 철물 / kitchenware 부엌용품 / glassware 유리 제품 / eyewear 안경류 / footwear 신발 / sportswear 운동복 / feedback 의견 / permission 허가 / research 조사

4 -ing로 끝나는 셀 수 없는 명사

- advertising 광고 / publishing 출판 / accounting 회계 / heating 난방 / marketing 마케팅 / shipping 운송 / funding 자금 제공 / spending 지출 / processing 처리 / photocopying 복사 / widening 확장 / pricing 가격 책정 / ticketing 발권 / seating 좌석 배치, 배열 / lending 대출 / staffing 직원 배치 / housing 주택 / functioning 기능 발휘 / urging 촉구, 재촉 / planning 계획, 입안

> **주의** -ing로 끝나는 셀 수 있는 명사!
> ....
> ☑ 이 단어들은 앞에 **a/an**이 오거나 뒤에 **-s**가 붙을 수 있습니다.
> opening 빈자리, 공석 / beginning 시작 / serving 1인분 / outing 여행 / listing 목록, 명단 / meeting 회의

5 복합 명사

- 복합 명사는 명사와 명사가 합쳐진 것으로 일반적으로 앞에 오는 명사를 단수로 씁니다. 너무 많다고 부담 갖지 마시고 쉬엄쉬엄 익히세요!

- cooking competition 요리 경연 / customer satisfaction 고객 만족 / delivery company 배송 업체 / draft version 초안 / expiration date 만료일 / job opening 일자리 / job opportunity 취업 기회 / job performance 직무 수행 / market survey 시장 조사 / maternity leave 출산 휴가 / meal preference 선호 메뉴 / media coverage 언론 보도 / office supplies 사무용품 / parking space 주차 공간 / power failure 정전 / press conference 기자 회견 / research facility 연구 시설 / return policy 제품 반환 정책 / travel arrangement 여행 준비 / travel expense 여행 경비 / utility bill 전기 · 가스 · 수도 요금 / work environment 업무 환경 / account number 계좌번호 / attendance record 출석률, 참가자 수 / bank transaction 금융 업무

Set 01

01-05 다음 각 문장에서 명사의 수는 몇 개인지 쓰세요.

01 The man in this picture is my father. ( )개

02 Smoking is forbidden on this flight. ( )개

03 The government does its economic planning every October. ( )개

04 Your job is to implement this policy. ( )개

05 His statement is not a denial. ( )개

6-10 괄호 안에서 둘 중에 알맞은 것을 고르세요.

06 Her family (is / are) one of the oldest in the state.

07 Her family (is / are) all doctors.

08 A (lump / load) of sugar is usually put in tea or coffee.

09 Can you see these (shoals / sheets) of tiny fish darting around?

10 These tunnels were dug with the aid of heavy (machine / machinery).

11-15 다음 우리말을 영작하세요.

11 프랭크, 당신 머리가 길군요. have

_____

12 많은 한국 사람들이 프라이드 치킨을 좋아합니다. love

_____

13 저희 회사에 마케팅 부장직이 하나 빈자리로 있어요. opening, marketing manager

_____

14 이 요리법은 60개의 쿠키를 만듭니다. recipe, make, dozen

_____

15 정치학이 물리학보다 훨씬 어렵다. politics, a lot tougher, physics

_____

16-20 다음 빈칸에 들어갈 알맞은 말을 고르세요.

16 If she didn't have a secretary to remind her, she wouldn't keep any of her _____.

(A) appoint

(B) appointed

(C) appointing

(D) appointments

17 This announcement is to solicit _____ to fill seven positions.

(A) nominate

(B) nominated

(C) nominates

(D) nominations

18 A leg injury is preventing her from active _____ in the competition.

(A) participate

(B) participation

(C) participates

(D) participated

19 The school has a good _____ of these books in the library.

(A) select

(B) selecting

(C) selects

(D) selection

20 Let me give you some _____: stay away from John.

(A) advice

(B) advices

(C) advise

(D) advises

문장 듣기 01-1

Set 02

01-05 다음 문장에서 셀 수 없는 명사를 고르세요.

01 Hackers gained complete access to the company files.

02 This equipment is used to detect enemy aircraft.

03 Clara has just bought some new outdoor furniture.

04 Sue, can you help me install this software?

05 Iris started writing poetry at a young age.

06-10 괄호 안에서 둘 중에 알맞은 것을 고르세요.

06 I found (**pencil / pencils**) and some blank paper in her desk.

07 Tourism contributes millions of dollars to the local (**economy / economic**).

08 Linguistics (**is / are**) very much a science.

09 Could you pass me the (**scissors / scissor**), please?

10 The sky is the daily (**bread / breads**) of the eyes.

11-15 다음 우리말을 영작하세요.

11 사랑은 오래 참는다. patient

_____

12 나쁜 소식은 빛의 속도로 여행한다. travel, at the speed of

_____

13 정보는 힘이다! power

_____

14 광고의 미래는 인터넷이다. the future of

_____

15 Mr. Lee라는 사람이 10분 전에 당신에게 전화했어요. call

_____

16-20 다음 빈칸에 들어갈 알맞은 말을 고르세요.

16 _____ is power; a smile is its sword.

(A) Beautiful

(B) Beauty

(C) A beauty

(D) Beauties

17 Clara has given the police a very detailed _____ of the robber.

(A) information

(B) description

(C) advice

(D) consent

18 My grandmother always used to carry a lot of small _____ in her pocket.

(A) coin

(B) change

(C) charge

(D) monies

19 We can provide creative and simple _____ party ideas.

(A) retire

(B) retires

(C) retired

(D) retirement

20 Joe was ordered to assist in the _____ of the graffiti.

(A) remove

(B) removes

(C) removal

(D) removing

문장 듣기 01-2

Set 03

01-05 다음 각 문장에서 명사의 수는 몇 개인지 쓰세요.

01 Confidence comes from training. (   )개

02 The photocopying of this publication is forbidden. (   )개

03 I enjoyed my job at the beginning. (   )개

04 There's been a big increase in online shipping. (   )개

05 The government is trying to control spending. (   )개

06-10 괄호 안에서 둘 중에 알맞은 것을 고르세요.

06 Do you prefer (**a brown rice / brown rice**) or (**a white rice / white rice**)?

07 I don't take (**a sugar / sugar**) in my coffee.

08 John invested (**the money / the monies**) in a high-interest bank account.

09 Look at this! There is (**a hair / hair**) in my soup.

10 This area has some of the most awesome (**scenery / scene**).

11-15 다음 우리말을 영작하세요.

11 얼마나 많은 짐을 가지고 계시죠? piece of baggage

_____

12 부지런함은 행운의 어머니이다. diligence, the mother of

_____

13 교통 체증은 그저 성장의 부작용 중 한 가지일 뿐이다. traffic, side effect, growth

_____

14 성공은 열심히 일한 결과이다. the result of, hard work

_____

15 배우는 가장 좋은 방법은 경험을 통해서이다. the best way to, experience

_____

16-20 다음 빈칸에 들어갈 알맞은 말을 고르세요.

16 A flute is made of _____ or metal in three jointed sections.

(A) a wood

(B) wood

(C) woods

(D) wooded

17 You will need _____ from your boss to go on a business trip.

(A) permit

(B) permitting

(C) permission

(D) permissions

18 When you fill in the form, please write clearly in _____.

(A) a black ink

(B) black ink

(C) black inks

(D) black inking

19 I did not like the way I looked in a _____ of white pants.

(A) fair

(B) pair

(C) loaf

(D) shoal

20 _____ should always be comfortable.

(A) Chair

(B) Desk

(C) Furniture

(D) Furnitures

문장 듣기 01-3

Chapter 02 대명사

📍 대명사의 핵심

대명사는 **명사를 대신하는 단어**입니다. 대명사에서 제일 기본적이고 중요한 것은 **격 변화**인데, 즉 이 단어가 **주어로 쓰일 때와 목적어로 쓰일 때 그리고 명사를 수식할 때 형태가 변하는 것**입니다. 영어학자들도 이 부분을 영어의 중요한 특징으로 강조하고 있기 때문에 시험에도 자주 출제됩니다.

1 인칭대명사(人稱代名詞)

- 사람이나 사물을 가리키는 말로 인칭, 성, 수, 격에 따라 모양이 달라집니다.

격		주격 (~은, ~는)	소유격 (~의)	목적격 (~을(를), ~에게)	소유대명사 (~의 것)
인칭의 문장 성분		주어	한정사	목적어	주어/목적어/보어
1인칭	나	I	my	me	mine
	우리	we	our	us	ours
2인칭	당신	you	your	you	yours
	당신들	you	your	you	yours
3인칭	그	he	his	him	his
	그녀	she	her	her	hers
	그것	it	its	it	–
	그들, 그것들	they	their	them	theirs

2 재귀대명사(再歸代名詞)

- 주어가 주어 자신을 가리킬 때 사용하는 대명사입니다.

수/인칭	단수					복수		
	I	you	he	she	it	we	you	they
형태	myself	yourself	himself	herself	itself	ourselves	yourselves	themselves

❶ 강조 용법

주어나 목적어를 강조할 때 추가로 쓰는데 재귀대명사 그대로 들어가도 되고 전치사를 동반하여
by oneself(혼자 = alone), for oneself(혼자 힘으로 = without other's help)처럼 쓰기도 합니다.

❷ 재귀 용법

동사나 전치사의 목적어 자리에 쓰입니다.

3 부정대명사(不定代名詞)

━ 정함이 없이 막연하게 무엇을 가리킨다는 의미로, 불특정한 사람이나 사물을 나타낼 때 사용됩니다.

some	몇몇 것(들) (긍정문, 긍정의 답을 기대하는 의문문에 사용)	셀 수 있는 명사/셀 수 없는 명사 모두 대신함
any	어떤 것(들), 아무것(들) (주로 부정문, 의문문에 사용)	셀 수 있는 명사/셀 수 없는 명사 모두 대신함
all	모든 것(들)	셀 수 있는 명사/셀 수 없는 명사 모두 대신함
most	대부분의 것(들)	셀 수 있는 명사/셀 수 없는 명사 모두 의미함
a few	비교적 긍정적인 의미의 몇몇 것들	셀 수 있는 명사의 복수를 대신함
few	부정적인 의미의 아주 적은 수 (혹은 거의 없음을 나타냄)	셀 수 있는 명사의 복수를 부정적인 의미로 대신함
a little	비교적 긍정적인 의미의 적은 양의 것	셀 수 없는 명사를 대신함
little	부정적인 의미의 아주 적은 양 (혹은 거의 없음을 나타냄)	셀 수 없는 명사를 부정적인 의미로 대신함
many	많은 것들	셀 수 있는 명사를 대신함
much	많은 양의 것	셀 수 없는 명사를 대신함
either	둘 중 아무거나	셀 수 있는 명사를 대신함
neither	둘 중 어떤 것도 (아니다)	셀 수 있는 명사를 대신함
both	둘 다	셀 수 있는 명사를 대신함
each	각각의 것	셀 수 있는 명사를 대신함

> **주의** each vs. every
>
> ☑ **each**는 명사, 형용사, 부사가 다 되는데 **every**는 형용사밖에 될 수 없다는 사실도 기억하세요!

Set 01

01-05 다음 빈칸에 알맞은 대명사를 쓰세요.

01   A: When did you see Mary?

  B: I saw _____ yesterday.

02   A: Did you meet Sue and Jay yesterday?

  B: Yes, I met _____ in a cafe.

03   I talked to Clara and Clara talked to me. = We talked to each _____.

04   This book is Susan's. = This book is _____.

05   John cut _____ while he was shaving yesterday.

06-10 괄호 안에서 둘 중에 알맞은 것을 고르세요.

06   (**Each / Every**) of us has a bicycle.

07   Some people feel rain, but (**other / others**) just get wet.

08   A man doesn't plant a tree for (**him / himself**). He plants it for posterity.

09   Chris Rock is a good friend of (**me / mine**).

10   There are only two employees in this company. One is Korean and (**other / the other**) is Japanese.

11-15 다음 우리말을 영작하세요.

11   우리나라는 여름에 비가 많이 내린다. [have]

  _____

12   이곳이 어두워지고 있다. [get, in here]

  _____

13   오늘은 1월 20일입니다. [January 20th]

  _____

14　Sue는 내 친한 친구 중의 하나이다.　close friend

_____

15　각각의 아이들이 특별한 선물을 받았다.　receive, special gift

_____

16-20　다음 빈칸에 들어갈 알맞은 말을 고르세요.

16　Gasoline prices have risen by 5%, compared with _____ of last year.

(A) they　　　　　　　　　(B) those

(C) these　　　　　　　　(D) that

17　I wish every woman would love _____ and embrace what she was given naturally.

(A) she　　　　　　　　　(B) her

(C) hers　　　　　　　　(D) herself

18　Jay thinks he is the most experienced in _____ branch.

(A) he　　　　　　　　　(B) his

(C) him　　　　　　　　(D) himself

19　Two men look out the same prison bars; one sees mud and _____ stars.

(A) another　　　　　　　(B) other

(C) the other　　　　　　(D) the others

20　The best plan is to profit by the folly of _____.

(A) other　　　　　　　　(B) another

(C) one　　　　　　　　　(D) others

문장 듣기 02-1

다음 빈칸에 알맞은 형태의 대명사를 쓰세요.

01 A: Are you going with Jay and Sue?

B: Yes, I am going with _____ and _____.

02 A: Which dress do you want?   B: I want the blue _____.

03 I gave this book to Susan and David. = I gave it to _____.

04 My daughter did the dishes on her own. = She did the dishes _____.

05 I bought these books this morning. These are _____.

괄호 안에서 둘 중에 알맞은 것을 고르세요.

06 I have five brothers. One lives in Seoul, another lives in Daegu and (others / the others) live in Busan.

07 (They / Those) who weep recover more quickly than those who smile.

08 The attendance record of my class is better than (this / that) of Kim's.

09 The copier in my office is out of order so I must use (this / that) in your office.

10 Each of the stamps you have (is / are) worth more than 100 dollars.

다음 우리말을 영작하세요.

11 Iris는 나에게 이 책을 줬다. give

_____

12 의사들과 간호사들은 서로 돕는다. help

_____

13 나는 혼자서 그 일을 했다. do

_____

14 우리는 각각 자전거를 한 대씩 가지고 있다. have

_____

15   내가 필요로 하는 전부는 따뜻한 물 샤워다.   a hot shower

_____

16-20 다음 빈칸에 들어갈 알맞은 말을 고르세요.

16   _____ of my friends are in the entertainment industry.

(A) No   (B) Not

(C) Never   (D) None

17   The players come into the stadium one after _____.

(A) one   (B) another

(C) other   (D) others

18   _____ who has never made a mistake has never tried anything new.

(A) Those   (B) Anyone

(C) They   (D) Them

19   One must change one's tactics every ten years if _____ wishes to maintain one's superiority.

(A) it   (B) he

(C) she   (D) one

20   Opportunities are like sunrises. If you wait too long, you miss _____.

(A) it   (B) they

(C) them   (D) themselves

문장 듣기 02-2

Set 03

01-05 다음 빈칸에 알맞은 형태의 대명사를 쓰세요.

01   This is Jay's book. = This book is _____.

02   Sue is visiting an uncle of _____.

03   I'd like to have _____ own apartment.

04   _____ of the people here are strangers to me. (대부분)

05   _____ of the ducks survived. (= All of the ducks died.)

06-10 괄호 안에서 둘 중에 알맞은 것을 고르세요.

06   All you need (is / are) love.

07   I don't like the red one. I prefer (other / the other) color.

08   I love (any / both) of my parents.

09   My life motto is 'Do my best, so that I can't blame myself for (anything / other).'

10   Failure is the key to success; each mistake teaches us (something / anything).

11-15 다음 우리말을 영작하세요.

11   호주 사람들은 영어를 쓰니?   speak, in Australia

_____

12   이 사람 빼고 다들 나가있어!   leave

_____

13   케이크 좀 마음껏 드세요.   help

_____

14   여기 여러분 중의 몇몇 분은 Iris를 이미 만난 적이 있습니다.   meet

_____

15   이 두 카페가 모두 너무 좋다.   very good

_____

16-20 다음 빈칸에 들어갈 알맞은 말을 고르세요.

16 _____ entering this fitness center should leave their bags in the locker.

(A) Who　　　　　(B) These

(C) Those　　　　(D) That

17 The two architects helped one _____ and finally won the award.

(A) the other　　(B) on one

(C) other　　　　(D) another

18 There are ten computers in my school. Only two of them work. All _____ don't.

(A) other　　　　(B) the others

(C) one　　　　　(D) the other

19 _____ people dream of success, while other people get up every morning and make it happen.

(A) Any　　　　　(B) Some

(C) Others　　　 (D) One

20 I thought she was famous, but _____ of my friends have ever heard of her.

(A) no　　　　　(B) one

(C) none　　　　(D) not

문장 듣기 02-3

03 관사

관사의 핵심

관사는 우리말에 대응되는 것이 없기 때문에 우리나라 사람들이 매우 어려워합니다. 관사는 명사와의 관계가 매우 밀접합니다. 명사가 셀 수 있을 때와 없을 때, 명사의 발음이 모음으로 시작할 때와 자음으로 시작할 때 쓰는 관사가 다르기 때문입니다. 관사는 이렇게 **명사에 따라 결정**됩니다.

1 a/an, the

- a/an은 막연한 하나의 명사를 수식할 때, the는 특정적인 것을 수식할 때 씁니다.

❶ a/an

모음으로 발음이 시작되는 셀 수 있는 단수 명사 앞에 an이 붙습니다. (예: an apartment, an apple, an English teacher) 철자가 아닌 발음 기준으로, 발음이 모음으로 시작되는 단어 앞에 an이 오는 것에 주의해야 합니다. (예: an hour[ən aʊə(r)], an MP3 player[ən empi:θri]) 셀 수 있는 명사 앞에는 a/an이 붙을 수 있고 셀 수 없는 명사에는 a/an이 붙을 수 없습니다.

❷ the

셀 수 있는 명사든 셀 수 없는 명사든 특정적이면 그 명사 앞에 the가 붙을 수 있습니다.

2 관사를 쓰지 않는 경우(zero article)

복수 명사와 셀 수 없는 명사	cars / people / tables / furniture / life / machinery / water
추상명사	beauty / education / happiness / love / music
사람 이름	Amelia / Iria / Clara / Jay / Sue / Uncle Jerry
기관 이름	Johns Hopkins University
역과 공항 이름	Victoria Station / Heathrow Airport / JFK Airport
나라 이름, 지명	Korea / New York / New Zealand / Bangkok / Africa / Asia
거리 이름	42nd Street / Oxford Street / Wall Street / Trafalgar Square
언어 이름	Korean / Chinese / English / Russian
학문 이름	mathematics 수학 / economics 경제학 / law 법학

요일과 월, 계절, 휴일	on Saturday / in summer / at noon / at night / at midnight / after sunset / at sunrise 주의 morning/afternoon/evening 앞에는 the를 쓴다! in the morning/afternoon/evening
게임과 스포츠, 활동(activity) 이름	football / chess / soccer / baseball / tennis / swimming
식사, 식당 이름	breakfast / lunch / dinner / Jack's Diner / Kinglish Bistro 주의 형용사가 식사 이름 앞에 붙거나 수식어가 식사 이름 뒤에 오면 관사를 쓴다! a quick breakfast 빠른 아침 식사 / the most delicious lunch I've had 내가 먹어본 것 중에 제일 맛있는 점심
이름 + 번호	platform 1 / room 209 / page 77
일상적으로 늘 쓰는 곳이 본래의 의미로 쓰일 때	in bed / at home / to work
학교, 병원, 감옥 등이 본래의 의미로 쓰일 때	school / college / class / prison or camp / hospital
수단	on foot / by car / by bus / by air

> 📍 관사보다 앞에 오는 단어들은 다음과 같이 통암기해 주세요! 다음 단어들 뒤에 a/the(관사)가 옵니다! 《김대균 영문법》 49쪽 참고
>
> what a, all the, both the, half a, double the, such a, many a
>   와 / 올 / 버스가 / 반이냐/ 둘이냐 / 그렇게 / 많냐
> ▶ '앞으로 올 버스가 반이냐 둘이냐 그렇게 많냐?'

Set 01

01-05 다음 빈칸에 a, an 또는 the를 넣으세요.

01 I've bought _____ car.

02 Take one tablet three times _____ day.

03 What is _____ MP3 player?

04 I would fly with you to _____ moon and back.

05 Darren can play _____ flute.

06-10 괄호 안에서 둘 중에 알맞은 것을 고르세요.

06 (**Earth / The earth**) is incredibly beautiful.

07 We are drowning in (**an information / information**) but starved for knowledge.

08 Write (**a description / description**) of your favorite food.

09 My plumber charges $50 (**a / an**) hour.

10 One does not play (**piano / the piano**) with one's fingers: one plays (**piano / the piano**) with one's mind.

11-15 다음 우리말을 영작하세요.

11 나는 어제 UFO를 보았다. ⏐see⏐

_____

12 나는 오늘 MRI를 찍었다. ⏐have⏐

_____

13 나는 하루에 세 번 목욕한다. ⏐take a bath⏐

_____

14 어려운 시기에 부자들은 주로 더 부자가 된다. ⏐in bad times, get richer⏐

_____

15 돈으로 생명을 살 수는 없다. buy

_____

16-20 다음 빈칸에 들어갈 알맞은 말을 고르세요.

16 She discovered the solution to the problem _____.

(A) by the accident   (B) by the accidents

(C) by accident   (D) by accidents

17 About 10,000 people die every year because of _____ in the home.

(A) accident   (B) a accident

(C) an accident   (D) accidents

18 We've spoken on the phone but never _____.

(A) a face to a face   (B) the face to the face

(C) a face to the face   (D) face to face

19 As _____ MP, it is my duty to represent my constituents.

(A) a   (B) an

(C) few   (D) a few

20 Amy was well educated in literature at _____ university.

(A) a   (B) an

(C) little   (D) a little

문장 듣기 03-1

Set 02

01-05 다음 빈칸에 a, an 또는 the를 넣으세요.

01 It was such _____ beautiful day.

02 I'll be back in half _____ hour.

03 _____ poor are rich when they are satisfied.

04 I was surprised that the city had changed to such _____ extent.

05 Many _____ time I had seen her in my dreams.

06-10 괄호 안에서 둘 중에 알맞은 것을 고르세요.

06 The sick (**was / were**) allowed to go free.

07 (**A breakfast / Breakfast**) is the most important meal of the day.

08 I definitely have (**a hearty breakfast / hearty breakfast**) before I do anything.

09 I wish I could speak (**fluent Chinese / a fluent Chinese**).

10 We are not makers of (**history / a history**). We are made by (**history / a history**).

11-15 다음 우리말을 영작하세요.

11 한국어를 배우는 것은 어려운가요? difficult

_____

12 음악이 세상을 바꿀 수 있다. change

_____

13 Clara가 오늘 학교에 공부하러 갔니 아니면 여전히 아프니? still ill

_____

14 Sue는 하버드 대학에서 경제학을 공부하고 있다. study

_____

정답과 해설 p.15

15 우리는 삼성동에 새 학교를 하나 짓고 있다. build

_____

16-20 다음 빈칸에 들어갈 알맞은 말을 고르세요.

16 Among _____ blind the one-eyed man is king.

(A) a

(B) an

(C) the

(D) some

17 Why don't you take the bull by _____ horns and tell John to leave?

(A) two

(B) a

(C) an

(D) the

18 _____ more a man knows, the more he forgives.

(A) A

(B) An

(C) Much

(D) The

19 I've been playing _____ drums since age nine.

(A) a

(B) an

(C) the

(D) this

20 Birds of _____ feather flock together.

(A) a

(B) an

(C) the

(D) these

문장 듣기 03-2

Set 03

01-05 다음 빈칸에 a, an 또는 the를 넣고, 관사가 필요 없을 경우 zero article(무관사)이라고 쓰세요.

01 Open _____ window.

02 A: How much are the strawberries?   B: Three dollars _____ pound.

03 Your shoes are _____ same color as mine.

04 _____ Mount Hood offers scenic recreation.

05 _____ Fifth Avenue is the first right.

06-10 괄호 안에서 둘 중에 알맞은 것을 고르세요.

06 Her mother is critically ill in (hospital / hospitals).

07 John worked as a nurse in (hospital / a hospital).

08 Joe spent 5 years in (prison / prisons).

09 The business is doing well, but there is definitely (a room / room) for improvement.

10 A woman said she could hear screaming coming from (room 201 / a room 201).

11-15 다음 우리말을 영작하세요.

11 그들은 가진 물을 다 마셨다. drink

_____

12 그것은 너무나 좋은 영화이다. such

_____

13 이것은 놓칠[=잃을] 수 없는 좋은 기회이다. too good, lose

_____

14 많은 사람들이 그 버스를 기다리고 있다. number of, wait for

_____

15 해는 동쪽에서 떠서 서쪽으로 진다. rise, set

_____

16-20 다음 빈칸에 들어갈 알맞은 말을 고르세요.

16 Could I have _____ instead of potatoes with my fish?

(A) rice   (B) a rice

(C) rices   (D) an rice

17 _____ need to be encouraged and supported in society.

(A) Young   (B) Young person

(C) A young   (D) The young

18 Sally didn't want to be in _____ but she was too ill to go home.

(A) a hospital   (B) hospitals

(C) the hospitals   (D) hospital

19 After a long day, a cup of _____ tastes particularly good.

(A) a coffee   (B) coffees

(C) the coffee   (D) coffee

20 Please turn to _____ 75.

(A) page   (B) a page

(C) pages   (D) the page

문장 듣기 03-3

04 형용사

⊙ 형용사의 핵심

형용사는 **무언가의 상태, 모양, 성질 등을 나타내는 어휘**를 말하며 기본적으로 **명사를 수식**합니다.

1 형용사의 형태

–ful ~로 가득 찬	beautiful 아름다운
–y ~으로 가득 찬, ~으로 덮인	rainy 비가 많이 오는 / windy 바람이 많이 부는
–like ~의 특성을 지닌	childlike 천진난만한
–ible, –able ~할 수 있는	edible 먹을 수 있는 / comfortable 편안한 / respectable 존경할 만한
–en ~로 만든	wooden 나무로 만든 / golden 금으로 만든 / silken 실크로 만든 / drunken 술에 취한
–less ~가 없는	careless 부주의한 / meaningless 의미가 없는
–ive, –ous, –ic, –al, –ish	creative 창의적인 / dangerous 위험한 / dramatic 극적인 / natural 자연의 / childish 유치한

2 부사로 착각하기 쉬운 형용사

- 명사에 –ly를 붙이면 형용사입니다. 형용사에 –ly를 붙여야 부사가 되니 주의하세요.

- a friendly clerk 친절한 직원 / timely advice 시기적절한 조언 / elderly people 어르신 / costly procedures 비용이 많이 드는 절차 / lonely people 외로운 사람들 / a lovely meal[evening] 멋진 식사[저녁] / leisurely breakfast 한가로운 아침 식사

  * leisurely는 부사도 됨

> **주의** 형용사도 되고 부사도 되는 단어
>
> ☑ 시간 관련 단어들인 **daily, weekly, monthly, quarterly, yearly**는 형용사도 되고 부사도 됩니다.

3 분사 형용사

- –ing형, p.p.형의 분사는 명사를 수식하는 형용사 역할을 합니다. 주로 능동 의미는 –ing형, 수동 의미는 p.p.형이지만 그렇지 않은 경우도 있으니 잘 익혀둬야 합니다.

1 -ing형

missing 실종된, 잃어버린 / interesting 흥미로운 / demanding 까다로운

2 p.p.형

experienced 경험 있는 / complicated 복잡한 / qualified 자격 있는 / limited 제한된

4 시험에 잘 나오는 혼동하기 쉬운 형용사

- arguable 논쟁할 만한 사물 수식 / argumentative 논쟁적인 사람 수식
- comparable 필적하는 / comparative 비교의
- considerable 상당한, 중요한 / considerate 사려 깊은
- economic 경제의 / economical 경제적인, 절약하는
- favorable 유리한, 호의적인 / favorite 가장 좋아하는
- forgetful 잘 잊는, 건망증이 심한 / forgettable 잊기 쉬운
- historic 역사적으로 유명한 / historical 역사의
- imaginative 상상력이 풍부한 / imaginable 상상할 수 있는 / imaginary 가상의
- impressive 인상적인 / impressed 감명 받은
- informative 유익한 / informed 정통한, 알고 있는
- regretful 유감스러운 / regrettable 후회할 만한, 유감스러운
- reliable 믿을 수 있는 / reliant 의지하는
- respectable 존경할 만한 / respective 각각의 / respectively 각각 부사 / respectful 정중한
- responsible 책임 있는 / responsive 민감하게 반응하는
- sensible 분별 있는, 현명한 / sensitive 민감한
- successful 성공한, 성공의 / successive 연속의, 상속의
- understanding 이해심이 많은 사람 수식 / understandable 이해할 만한 사물 수식

5 서술 형용사/한정 형용사

1 서술 형용사: be/become 부류 동사 뒤에만 나오는 형용사

afraid 두려워하는 / alike 비슷한 / alive 살아 있는 / alone 고독한 / ashamed 부끄러운 / asleep 잠이 든 / awake 깨어있는 / aware 알고 있는 / content 만족한 / fond 좋아하는 / unable 할 수 없는 / worth 가치 있는

2 한정 형용사: 명사를 그 앞에서 수식하는 형용사

drunken 술이 취한 / live 살아 있는, 생생한 / former 앞의 / inner 내부의 / living 살아 있는 / main 주요한 / mere 단순한 / only 유일한 / outer 외부의 / utter 전적인 / wooden 목재의 / woolen 모직의 / chief 주요한 / total 완전한

Set 01

01-05 다음 중 형용사가 아닌 것을 고르세요.

01 (A) natural   (B) traditional
    (C) normal   (D) approval

02 (A) rainy   (B) reality
    (C) guilty   (D) windy

03 (A) lovely   (B) costly
    (C) friendly   (D) beautifully

04 (A) missing   (B) recycling
    (C) interesting   (D) demanding

05 (A) kindness   (B) careless
    (C) meaningless   (D) useless

06-10 괄호 안에서 둘 중에 알맞은 것을 고르세요.

06 The weather is expected to remain clear for the next (few / little) days.

07 We've got (plenty / plenty of) time before we need to leave for the bus terminal.

08 There are (a lot / lots of) people here in the cafe.

09 First put the flour into a bowl and then blend with a (little / few) of the milk.

10 Her child has been (missing / missed) since September 2018.

11-15 다음 우리말을 영작하세요.

11 Darren은 돈을 많이 번다. `earn`

    _____

12 그녀는 참 사진이 잘 나온다.

    _____

13 그녀는 완전히 파산했다.

    _____

14 전등이 가스등보다 경제적이다. electric light, gas

_____

15 나는 일본어에 대한 그저 제한적인 지식만 가지고 있다. have, knowledge of Japanese

_____

16-20 다음 빈칸에 들어갈 알맞은 말을 고르세요.

16 I feel beautiful when I've been _____ of others.

(A) consider　　　　　　(B) considerable

(C) considering　　　　　(D) considerate

17 Denny gets _____ now that all the kids have left home.

(A) alone　　　　　　　(B) happy

(C) lonely　　　　　　　(D) along

18 We enjoyed a _____ picnic lunch by the river.

(A) leisure　　　　　　(B) leisurely

(C) legal　　　　　　　(D) legally

19 I know _____ adults who act like teenagers.

(A) lot of　　　　　　　(B) a lot

(C) lots　　　　　　　　(D) plenty of

20 Very _____ is needed to make a happy life; it is all within yourself, in your way of thinking.

(A) few　　　　　　　　(B) a few

(C) little　　　　　　　(D) a little

문장 듣기 04-1

Set 02

01-05 다음 주어진 문장을 우리말로 해석해 보세요.

01 the late Princess of Wales

02 My girlfriend is bored.

03 My girlfriend is boring.

04 Jay has certain reasons for his decision.

05 The whole family was present.

06-10 괄호 안에서 둘 중에 알맞은 것을 고르세요.

06 My flight was (tiring / tired) because it was a ten hour flight.

07 This public toilet is very (disgusting / disgusted).

08 I was (inspiring / inspired) by your speech.

09 I've got some very (excited / exciting) news for you.

10 Mr. Chan got a very (annoyed / annoying) habit of always interrupting people.

11-15 다음 우리말을 영작하세요.

11 나는 네 행동에 매우 실망했다. disappoint, behavior

_____

12 지하철은 당신이 처음 이용할 때 헷갈릴 수가 있다. confuse, the first time

_____

13 Tina는 지진에 대한 소식을 듣고 놀랐다. shock, earthquake

_____

14 John은 같은 일을 매일 하는 것에 지루해하고 있다. bore, the same thing

_____

15 Kinglish Cafe의 음식들은 만족스럽다. `meal, satisfy`

_____

16-20 다음 빈칸에 들어갈 알맞은 말을 고르세요.

16 Iris told us some _____ stories about her vacation in Norway.

(A) fascinate   (B) fascinates

(C) fascinating   (D) fascinated

17 Take care, be kind, be _____ of other people.

(A) consider   (B) considering

(C) considerate   (D) considerable

18 Joe, Mary and Darren chatted about their _____ childhoods.

(A) respect   (B) respective

(C) respectful   (D) respectable

19 It would be more _____ to do the research now before we start on the project.

(A) sensible   (B) sensitive

(C) sensual   (D) sense

20 Darren won the World Championship for the ten _____ years.

(A) success   (B) successful

(C) successive   (D) succeed

문장 듣기 04-2

Set 03

01-05 다음 주어진 단어 중에 형용사인 것을 고르세요.

01 costly, really

02 luckily, orderly

03 cowardly, separately

04 silly, already

05 carefully, ugly

06-10 괄호 안에서 둘 중에 알맞은 것을 고르세요.

06 Jay is a (**successful young / young successful**) businessman.

07 Sue told me an interesting (**Indian old / old Indian**) story.

08 Clara bought a (**striped silk / silk striped**) shirt for me.

09 Jane brought (**comfortable several / several comfortable**) black sleeping bags.

10 There are 5 small (**round wooden / wooden round**) tables in the room.

11-15 다음 우리말을 영작하세요.

11 무언가 날카로운 것이 내 신발에 있다. sharp

_____

12 Amy는 그 슬픈 소식을 들었을 때 혼자였다. hear the sad news

_____

13 한 남자의 진정한 성격은 그가 술에 취했을 때 나타난다. true character, come out

_____

14 조심해. 해변에 깨진 유리가 있어. careful

_____

15 만약 그녀가 여전히 살아있다면 100살일 것이다. [must be]

_____

16-20 다음 빈칸에 들어갈 알맞은 말을 고르세요.

16 All his worries were _____.

(A) imagine   (B) imaginary

(C) imaginative   (D) imagines

17 Darren just bought a _____ sports car.

(A) old beautiful Italian   (B) Italian beautiful old

(C) beautiful old Italian   (D) old Italian beautiful

18 The CEO is very _____ of finishing the project on time and within budget.

(A) desire   (B) desirous

(C) desirable   (D) desires

19 When people are bewildered they tend to become _____.

(A) credit   (B) credible

(C) credulous   (D) crediting

20 David has leaked _____ government information to the press.

(A) confident   (B) confidence

(C) confidential   (D) confide

문장 듣기 04-3

05 부사

♀ 부사의 핵심

부사는 영어로 adverb입니다. 「ad(d) + verb」로 **동사에 의미를 더한다는 뜻**입니다. 부사는 **동사뿐 아니라 형용사, 자기 아닌 다른 부사, 문장 전체를 수식**하기도 합니다. 부사는 -ly로 끝이 나기 때문에 쉽게 알아볼 수 있지만 전혀 부사 같이 생기지 않은 부사들도 있습니다.

1 부사의 기본 형태: 형용사 + -ly

- definite 확실한 / definitely 확실하게
- useful 유용한 / usefully 유용하게
- productive 생산적인 / productively 생산적으로
- systematic 체계적인 / systematically 체계적으로

2 시험에 잘 나오는 혼동하기 쉬운 부사

- close 가까운 형용사 , 가까이 부사 / closely 면밀히, 밀접히 부사
- high 높은 형용사 , 높게 부사 / highly 매우 부사
- hard 단단한, 어려운 형용사 , 열심히 부사 / hardly 거의 ~않다 부사
- late 늦은 형용사 , 늦게 부사 / lately 최근에 부사
- short 간단한, 짧은 형용사 , 짧게 부사 / shortly 곧, 즉시 부사
- deep 깊은 형용사 , 깊게 부사 / deeply 몹시 부사

3 빈도부사

- 빈도부사는 횟수를 나타내는 부사입니다. 일반적으로 be동사나 조동사 뒤, 일반 동사 앞에 위치합니다.

0%	0%	25%	40%	50%	75%	90%	95%	100%
never	hardly ever / scarcely ever	rarely / seldom	occasionally	sometimes	often / frequently	usually / normally / regularly	nearly always / almost always	always

4 전치사와 함께 쓰면 틀리는 부사

- home, downtown, abroad, overseas, downstairs, upstairs, indoors는 모두 부사라서 그 앞에 전치사가 필요 없습니다.

- go home (O) / go to home (X)
- go downtown (O) / go to downtown (X)
- go abroad (O) / go to abroad (X)
- go overseas (O) / go to overseas (X)
- go indoors (O) / go to indoors (X)
- go upstairs[downstairs] (O) / go to upstairs[downstairs] (X)

5 yet to + 동사원형

- 「be동사 + yet to + 동사원형」, 「have + yet to + 동사원형」은 '아직 ~하지 못하다'의 의미로 토익 시험에도 자주 등장하니 익혀두세요.

- The most severe weather is yet to come. 가장 혹독한 날씨는 아직 오지 않았다.
- The best is yet to come for you. 당신의 전성기는 아직 오지 않았다.
- They have yet to make a decision. 그들은 아직 결정을 내리지 않았다.
- I have yet to find out the truth. 나는 아직 진실을 알아내지 못했다.

6 'so do I' vs. 'so I do'

❶ so + 동사 + 주어 = 또한(also)

소동(so + 동사)이 일어나면? 옳소(also)! 옳소(also)!

You know that's true, and so do I. 너는 그것이 사실인 것 알지? 그리고 나도 그래.

Amy enjoys music, and so do I. Amy는 음악을 즐긴다. 나도 좋아한다.

❷ so + 주어 + 동사 = yes

소주(so + 주어) 마실래? 그래(yes)!

A: You're a teacher, right? 당신은 선생님이죠, 그렇죠?

B: So I am. (=Yes) 그렇습니다.

Set 01

01-05 다음 주어진 단어 중에 부사인 것을 고르세요.

01 ally, carefully

02 apply, shyly

03 friendly, terribly

04 hard, lonely

05 well, supply

06-10 괄호 안에서 둘 중에 알맞은 것을 고르세요.

06 He behaved very (**bad / badly**) on the field trip.

07 That (**good / well**) educated woman went on to marry a celebrity.

08 I (**highly / high**) recommend hiring a lawyer early on in the process.

09 Work (**hard / hardly**) and don't give up hope.

10 I love to sleep (**late / lately**) and I rarely have the chance to.

11-15 다음 우리말을 영작하세요.

11 최근에 Iris 본 적 있니? see

_____

12 당신은 언제 마지막으로 담배를 피웠죠? have a cigarette

_____

13 우리는 그곳에 곧 가게 될 것이다. be there

_____

14 Sue는 조심해서 그 편지를 접었다. fold

_____

15 나에게 가까이 오세요. 더 가까이. come

_____

16-20 다음 빈칸에 들어갈 알맞은 말을 고르세요.

16 In accepting this award, I would like to thank God, my mother, and, _____, the film crew.

(A) last

(B) lately

(C) late

(D) lastly

17 _____, youth is not a permanent condition of life.

(A) Unfortunate

(B) Unfortunately

(C) Fortunate

(D) Fortune

18 The flowers were the most _____ arranged creations I've ever seen.

(A) beauty

(B) beautiful

(C) beautifully

(D) beauties

19 Technology changes all the time; human nature, _____ ever.

(A) hard

(B) hardly

(C) hardness

(D) hardiness

20 Amy speaks Japanese _____ because her father speaks only in Japanese.

(A) excellent

(B) fluent

(C) good

(D) fluently

문장 듣기 05-1

Set 02

01-05 다음 형용사의 부사형을 쓰세요.

01 cheap

02 angry

03 probable

04 economic

05 hard

06-10 괄호 안에서 둘 중에 알맞은 것을 고르세요.

06 Would you be (**kind enough / enough kind**) to show me the way?

07 We (**always meet / meet always**) for coffee on Saturday.

08 Joe (**always is / is always**) late for everything.

09 (**Unfortunately, I forgot / I forgot unfortunately**) my swimming costume.

10 Do you (**ever think / think ever**) about living in New York?

11-15 다음 우리말을 영작하세요.

11 Jay는 벌써 의과 대학 과정을 마쳤다. finish, medical school

_____

12 Sue는 여전히 매일 골프를 친다. play golf

_____

13 내가 마지막으로 이발한 지 거의 한 달이 되었다. since my last haircut

_____

14 내 딸은 그 전구를 교체할 수 있을 정도로 충분히 키가 크다. enough, change the bulb

_____

15 계약서에 서명하셨나요? sign, yet

_____

16-20 다음 빈칸에 들어갈 알맞은 말을 고르세요.

16 The project will take _____ three months, and cost about $10 million.

(A) approximate   (B) approximately

(C) near   (D) more

17 Philip lost his job as a software developer last year and he has _____ held a number of temporary jobs.

(A) been   (B) for

(C) since   (D) about

18 I have _____ to write that one song that defines my career.

(A) still   (B) already

(C) yet   (D) longer

19 Five people were ill at work yesterday and three people the day _____!

(A) ago   (B) now

(C) before   (D) soon

20 _____ had I reached the station when the train came.

(A) Yet   (B) Hardly

(C) Still   (D) Already

문장 듣기 05-2

Set 03

01-05 다음 문장을 우리말로 해석해 보세요.

01 So do I.

02 So I am.

03 I've mostly dated athletes.

04 I haven't studied a lot lately.

05 Denny thrust his hands deep in his pockets.

06-10 괄호 안에서 둘 중에 알맞은 것을 고르세요.

06 The meteor shower was (**so** / **such**) beautiful that we watched it all night.

07 This building is (**any longer** / **no longer**) used.

08 Clara had (**hardly** / **hard**) any sleep.

09 It happened (**enough** / **too**) quickly, so I just didn't see it.

10 This book is (**very** / **so**) interesting that I stayed up until 2 a.m. reading it.

11-15 다음 우리말을 영작하세요.

11 나는 도심에서 일하지만 교외에 산다. downtown, suburbs

_____

12 Jenny는 포기하고 집으로 가기로 결정했다. decide, give up

_____

13 그녀는 건강이 훨씬 더 나아졌다고 느끼고 있다. feel

_____

14 Daniel은 충분한 경험을 가지고 있지 않았다. experience

_____

15 저기 해가 뜬다. here

_____

16-20 다음 빈칸에 들어갈 알맞은 말을 고르세요.

16 Jane should sign up now. So _____ you.

(A) are   (B) am

(C) do   (D) should

17 A: They arrived yesterday.
B: _____.

(A) So we did   (B) So did we

(C) So do we   (D) So we do

18 You can't be _____ careful when a young child is near water.

(A) so   (B) such

(C) much   (D) too

19 Clara said she was going to ring at 9 a.m. _____.

(A) exact   (B) precise

(C) sharp   (D) concise

20 This article focuses almost _____ on the trade union's opposition.

(A) nearly   (B) exclusively

(C) several   (D) many

문장 듣기 05-3

Chapter 06 비교급과 최상급

📍 비교급과 최상급의 핵심

비교급은 둘을 비교할 때, **최상급은 셋 이상을 비교**할 때 사용하는 형식입니다.

1 비교급과 최상급의 형태

> 비교급은 형용사, 부사 원형에 -er을, 최상급은 -est를 붙여 만듭니다. 2음절 이상의 단어는 앞에 more를 써서 비교급을, the most를 써서 최상급을 만듭니다. 이런 기본 형태 외에 불규칙 변화도 정리를 해둬야 합니다.

원급	비교급	최상급
good 좋은 well 잘	better	best
many 수가 많은 much 양이 많은	more	most
little	less	least
late	later 나중의, 뒤의 latter 후자의	latest last
far	farther 더 먼 거리 further 더 멀리, 더 깊이 정도	farthest furthest

2 비교급과 최상급 강조

❶ 비교급 강조

다음과 같은 단어들은 비교급을 수식하는 부사로 시험에 자주 출제됩니다.

even, much, still, far, a lot 훨씬 / any, slightly 약간 / a little bit 조금 / significantly, considerably, substantially 상당히

❷ 최상급 강조

최상급의 강조는 「by far + the 최상급」, 「the very + 최상급」, 「the 최상급 + ever」의 형태로 씁니다.

This is by far the best present I've ever received.
이건 내가 지금까지 받은 것 중에서 단연 최고의 선물이다.

3 다양한 비교급

- 비교급의 종류는 다양합니다. 다음 일곱 가지 비교급을 정리해 두세요.

1 as ~ as 비교급

You're as beautiful as a red rose.

당신은 빨간 장미만큼이나 아름답다.

Darren had garnered three times as many votes as David.

Darren은 David보다 세 배 더 많은 표를 받았다.

2 -er 비교급

My son is a lot taller than my daughter. 내 아들은 딸보다 키가 훨씬 더 크다.

3 more ~ than 비교급

Margaret was even more beautiful than I had remembered.

Margaret은 내가 기억했던 것보다 훨씬 더 아름다웠다.

4 반복 강조

As time went on, the day was becoming warmer and warmer.

시간이 지남에 따라 날이 더욱 더워졌다.

5 둘 사이의 비교급에 쓰이는 「the + 비교급」

This cell phone is the better of the two. 이 휴대 전화가 둘 중에 더 좋다.

6 the more ~ the more ~ 비교급

The busier we are, the more leisure we have.

우리는 더 바쁠수록 더 많은 여유를 갖게 된다. 〈William Hazlitt(영국의 문학비평가)〉

7 라틴어 비교급

단어 끝부분이 -or인 형용사의 비교급은 than 대신에 to를 씁니다.

superior 뛰어난 / inferior 열등한 / senior 나이가 많은 / junior 나이가 어린 / major 주요한 / minor 적은 / prior 앞선

This new laptop is technically superior to its competitors.

이 새로운 휴대용 컴퓨터는 경쟁 제품들보다 기술적으로 더 뛰어나다.

Set 01

01-05 다음 주어진 단어들의 비교급과 최상급을 쓰세요.

01 nice

02 big

03 happy

04 cruel

05 careful

06-10 괄호 안에서 둘 중에 알맞은 것을 고르세요.

06 Mount Everest is **(higher / more high)** than Mount Halla.

07 Paris is the **(more romantic / most romantic)** city in the world.

08 The world's biggest bull is as **(big / bigger)** as a small elephant.

09 You have to open the box as **(careful / carefully)** as you can.

10 Some people think that Russian is **(most / the most)** difficult language.

11-15 다음 우리말을 영작하세요.

11 나의 사무실은 그녀의 사무실보다 더 크다. `big`

_____

12 John의 집이 우리 동네 집들 중에 제일 크다. `large, neighborhood`

_____

13 내 아이들과 함께 있는 하루가 최고의 날이다! `a day`

_____

14 너는 나보다 테니스를 잘 친다. `play tennis`

_____

15 나는 어제 매우 멀리까지 달리기를 했다. 그러나 오늘은 심지어 훨씬 더 멀리까지 달렸다.

pretty far

_____

16-20 다음 빈칸에 들어갈 알맞은 말을 고르세요.

16 Celine sings _____ than Barbara.

(A) beautifuler
(B) more beautiful
(C) beautifully
(D) more beautifully

17 The expansion has allowed for a _____ field of collection than has previously been available.

(A) wide
(B) wider
(C) widest
(D) widely

18 Of all the new employees at Kinglish Construction, Jay works the _____.

(A) hard
(B) hardly
(C) hardest
(D) harder

19 Some well-paying jobs have _____ competition than others.

(A) little
(B) much
(C) less
(D) least

20 The road is closed to traffic until _____ notice.

(A) later
(B) more
(C) farther
(D) further

문장 듣기 06-1

Set 02

01-05 다음 주어진 단어들의 비교급과 최상급을 쓰세요.

01 bad

02 far

03 good

04 little

05 latc

06-10 괄호 안에서 둘 중에 알맞은 것을 고르세요.

06 This is one of **(the more / the most)** reliable car brands.

07 Exports have risen by **(no more than / no less than)** 300% in the last ten years.

08 When I broke my foot, I was in a cast for two months, but now I'm **(as good as / as better as)** new.

09 My father has three **(times / chances)** as much money as my mother.

10 Of these two options, **(the later / the latter)** is less risky.

11-15 다음 우리말을 영작하세요.

11 가능한 한 빨리 내게 다시 전화주세요. call back

_____

12 내가 더 많이 벌수록 더 많이 쓴다. earn, spend

_____

13 그는 겨우 2달러 밖에 없다. more

_____

14 너는 낯선 사람들과 말할 정도로 어리석지는 않다! know better, stranger

_____

15 두 사람 중에 Ashley가 키가 더 크다. of

_____

16-20 다음 빈칸에 들어갈 알맞은 말을 고르세요.

16 Charming and friendly, Anna will help you make the _____ of your visit.

(A) much

(B) many

(C) more

(D) most

17 The more fruit and vegetables you eat, _____ chance you have of getting cancer.

(A) the less

(B) the least

(C) the more

(D) the most

18 Obviously we're _____ off now that we're both working.

(A) good

(B) better

(C) best

(D) worse

19 I never suggested that he was incompetent, still _____ that he was dishonest.

(A) much

(B) more

(C) little

(D) less

20 _____ his employment at Kinglish Studio, Antonio was an independent photographer.

(A) Prior to

(B) Instead

(C) Rather than

(D) With

문장 듣기 06-2

Set 03

01-05 다음 빈칸에 알맞은 단어를 쓰세요.

01   You like more sugar in your coffee _____ I do.

02   The older we grow, _____ wiser we become.

03   This is _____ worst car I've ever bought.

04   This new model is superior _____ every other car on the road.

05   The second race was not quite as easy _____ the first one.

06-10 괄호 안에서 둘 중에 알맞은 것을 고르세요.

06   These pencils are inferior (than / to) those we bought last month.

07   Your basketball is different (than / to) mine.

08   I bought some new shoes which are very similar (to / than) a pair I had before.

09   It's (more / much) cheaper to influence elections than it is to go to war.

10   Sue is more beautiful than any (other / some) girl in the class.

11-15 다음 우리말을 영작하세요.

11   당신이 할 수 있는 전부는 최선을 다하는 것이다. all you can do

_____

12   그 방은 갈수록 더 추워지고 있다. cold

_____

13   집중이 내 인생에 가장 행복한 것들 중의 하나이다. 〈무라카미 하루키〉 concentration

_____

14   2016년 올림픽 전에 Don은 100m 달리기 선수였다. prior, 100m runner

_____

15   상황이 전과 매우 똑같다. thing, the same, before

_____

16-20 다음 빈칸에 들어갈 알맞은 말을 고르세요.

16 This is _____ sweater in the world.

(A) cheap

(B) cheaper

(C) the cheaper

(D) the cheapest

17 It was _____ colder in the mountains.

(A) very

(B) more

(C) the more

(D) considerably

18 This sweater is _____ expensive than that one.

(A) little

(B) less

(C) much

(D) many

19 _____ we can improve quality, the more profitable we will become.

(A) When

(B) While

(C) The faster

(D) The fastest

20 Many publishers rejected her book, but that just made her _____ determined.

(A) all the more

(B) better

(C) best

(D) the most

문장 듣기 06-3

Chapter 07 동사와 문장의 5형식

📍 동사와 문장의 5형식의 핵심

영어에서 50% 이상의 비중을 차지하는 동사는 그 단어의 뜻만 암기해서는 제대로 공부한 것이 아니며 **패턴을 암기**해야 제대로 공부한 것입니다. **단어의 순서가 어떻게 다른지를 관찰하고 비교**할 수 있는 5형식 구분을 잘 익혀두시기 바랍니다.

1 문장의 1형식: 「주어 + 동사」

❶ 대표적인 1형식 동사

appear 나타나다 / come 오다 / disappear 사라지다 / fail 실패하다 / go 가다 / happen 발생하다 / live 살다 / occur 발생하다 / rise 오르다 / graduate 졸업하다 / arrive 도착하다 / progress 전진하다 / proceed 나아가다

❷ 「There/Here + is/are + 주어」

There is no doubt that she is guilty. 그녀가 유죄라는 것은 의심의 여지가 없다.

2 문장의 2형식: 「주어 + 동사 + 보어(형용사, 명사)」

❶ 대표적인 2형식 동사

■ 상태를 나타내는 동사: be ~이다, ~에 있다 / remain 여전히 ~하다 / keep 계속 있다

■ 상태의 변화를 나타내는 동사: grow ~하게 되다 / turn 변하다 / prove 드러나다, 입증되다 / run 되다, 변하다 / come 되다

■ 감각을 나타내는 동사: look ~처럼 보이다 / seem 보이다, ~인 것 같다 / appear 보이다, ~인 것 같다 / sound ~처럼 들리다 / smell ~한 냄새가 나다 / feel ~한 느낌이 나다 / taste ~한 맛이 나다

Maple leaves turn <u>red</u> in the autumn. 단풍잎은 가을에 빨갛게 변한다.
You look <u>happy</u> today. 너는 오늘 행복해 보인다.

❷ 두 가지의 형식을 갖는 동사

■ appear: '출현하다'의 의미일 때는 1형식 동사, '~처럼 보인다'의 의미일 때는 2형식 동사
1형식 Amy will appear in court tomorrow. Amy는 내일 법정에 출두할 것이다.
2형식 Things often appear chaotic to the outsider. 외부인에게 상황은 종종 혼란스러워 보인다.

■ be동사: '있다', '존재하다'의 의미일 때는 1형식 동사, '~이다'의 의미일 때는 2형식 동사
1형식 I think, therefore I am. 나는 생각한다. 고로 나는 존재한다.
2형식 She is old and rarely goes out. 그녀는 나이가 많아서 좀처럼 밖에 나가지 않는다.

3 문장의 3형식: 「주어 + 동사 + 목적어」

- 3형식 동사는 뒤에 목적어가 필요한 완전 타동사입니다. 전치사가 필요한 자동사 같지만 3형식 동사로 쓰이는 것들 중심으로 정리해 두세요.

- 자동사로 착각하기 쉬운 3형식 동사

   answer ~에 대답하다 / approach ~로 다가가다 / await = wait for 기다리다 / enter 들어가다 / marry ~와 결혼하다 / attend ~에 출석하다 / resemble ~와 닮다 / enter ~에 들어가다 / discuss ~을 토론하다 / mention 언급하다 / reach ~에 도착하다 / survive ~보다 오래 살다

4 문장의 4형식: 「주어 + 동사 + 간접목적어 + 직접목적어」

- 4형식을 3형식으로 바꿀 때 전치사의 차이를 주의해서 정리해 두세요.

❶ 간접목적어 앞에 to를 쓰는 동사

   award / bring / hand / give / lend / show / offer / owe / pass / pay / promise / sell / send / take / teach / tell / throw / write

❷ 간접목적어 앞에 for를 쓰는 동사

   get / find / buy / make / cook

❸ 간접목적어와 직접목적어의 자리를 바꿀 수 없는 동사

   cost / envy / save / allow / bet / charge / spare / wish

5 문장의 5형식: 「주어 + 동사 + 목적어 + 목적보어」

❶ 목적보어 자리에 명사가 필요한 5형식 동사

   appoint 임명하다 / call 부르다 / consider 여기다, 생각하다 / declare 선언하다 / elect 선출하다 / make 만들다

❷ 목적보어 자리에 형용사가 필요한 5형식 동사

   drive 몰아가다 / get ~되게 하다 / find 발견하다 / keep 유지하다 / make ~되게 하다 / deem 여기다

❸ 목적보어 자리에 동사원형이 필요한 5형식 동사

   see 보다 / hear 듣다 / feel 느끼다 / watch 주의 깊게 보다 / make 시키다 / have 시키다 / let 허용하다

❹ 목적보어 자리에 「to + 동사원형」이 필요한 5형식 동사

   enable 할 수 있게 하다 / encourage 권장하다 / persuade 설득하다 / tell 말하다 / urge 촉구하다 / force 강요하다 / get 시키다 / want 원하다 / expect 기대하다 / ask 요구하다 / allow 허용하다 / cause 야기하다 / inspire 영감을 주다

Set 01

01-05 다음 주어진 문장을 우리말로 해석하세요.

01 I think. Therefore I am.

02 My tooth aches.

03 My new diet seems to be working.

04 A: Would you please pass the salt?   B: Here you go.

05 You sound interesting.

6-10 괄호 안에서 둘 중에 알맞은 것을 고르세요.

06 What time will your train (**arrive / reach**)?

07 This sauce tastes (**strange / strangely**).

08 Without dreams, we (**arrive / reach**) nothing.

09 Sue (**bought / considered**) her mother some flowers.

10 You (**make / give**) me feel happy.

11-15 다음 우리말을 영작하세요.

11 그녀는 젊어서 죽었다. die

_____

12 뜻이 있는 곳에 길이 있다. where, a will, a way

_____

13 리더십은 정말 중요하다. matter

_____

14 나는 2018년에 한국 대학교를 졸업했다. graduate

_____

15 그녀의 계획은 완벽하게 의도대로 이루어졌다. work

_____

16-20 다음 빈칸에 들어갈 알맞은 말을 고르세요.

16 Life is a roller coaster. There _____ ups and downs.

(A) is

(B) are

(C) goes

(D) comes

17 That'll _____, Billy. Stop your crying.

(A) be

(B) do

(C) come

(D) go

18 I'd always dreamed of owning a luxury sports car, and now my dream has come _____.

(A) true

(B) truly

(C) truth

(D) truths

19 Under the present system, you're innocent until proven _____.

(A) guilt

(B) guilty

(C) guiltily

(D) guiltiness

20 Nowadays it is _____ through social media marketing that people get to know about a product.

(A) predominant

(B) predominantly

(C) predominating

(D) predominated

문장 듣기 07-1

Set 02

01-05 다음 주어진 문장을 우리말로 해석하세요.

01 Only the result counts.

02 Crime doesn't pay.

03 This tablet will start to work in a few minutes.

04 To Have or to Be?

05 That color really becomes you.

06-10 괄호 안에서 둘 중에 알맞은 것을 고르세요.

06 I wish you'd keep (**quiet** / **quietly**).

07 The wise man does not grow (**old** / **oldly**), but ripens.

08 Is the tofu still good or has it gone (**bad** / **badly**)?

09 Stay (**focus** / **focused**).

10 We are (**waiting** / **awaiting**) her arrival.

11-15 다음 우리말을 영작하세요.

11 그 방에 들어가기 전에 노크해라. knock, enter

_____

12 당신은 내 질문에 대답하지 않았다. answer

_____

13 당신이 모든 규칙에 복종하면 모든 재미를 놓칠 것이다. obey, miss

_____

14 Tina는 그 계획을 몇몇 친구들과 토론했다. discuss, several friends

_____

15 그는 대학 시절 애인과 결혼했다. college sweetheart

_____

16-20 다음 빈칸에 들어갈 알맞은 말을 고르세요.

16 The cast of Darren have _____ a miracle.

(A) worked   (B) came

(C) went   (D) rose

17 Never _____ until tomorrow what you can do today.

(A) put off   (B) put on

(C) put in   (D) put out

18 Sue _____ her mother very closely.

(A) resembles to   (B) resembles

(C) resembles like   (D) resembles with

19 If you look out of the window on the right, you'll see that we're now _____ the Lotte Tower.

(A) approach   (B) approaching

(C) approach to   (D) approaching to

20 I don't _____ costume parties.

(A) attend   (B) attended

(C) attend on   (D) attend to

문장 듣기 07-2

Set 03

01-05 다음 빈칸에 알맞은 단어를 쓰세요.

01 Sue's father encouraged her _____ go back to school.

02 It is with great sorrow that I inform you _____ the death of your father.

03 Many parents in Korea deprive themselves _____ many pleasures.

04 I'd like to introduce you _____ my friend.

05 Heavy rain prevented the race _____ taking place.

06-10 괄호 안에서 둘 중에 알맞은 것을 고르세요.

06 Darren bought some flowers (**to** / **for**) his girlfriend.

07 The airline company offers cheap flights (**to** / **for**) their flight attendants.

08 John won't (**reach** / **arrive**) New York until tomorrow afternoon.

09 Amy (**raised** / **rose**) both her arms above her head.

10 Sam (**lay** / **laid**) his baby on the bed.

11-15 다음 우리말을 영작하세요.

11 Natalie는 심하게 넘어져서 다리가 하나 부러졌다. [fall, break]

_____

12 Iris에게 토요일 저녁 식사에 대해 기억을 상기시켜 줄래요? [remind]

_____

13 정부는 Jane에게서 권한을 박탈했다. [deprive, right]

_____

14 나는 트위터와 페이스북을 제거해 버렸다. [get rid]

_____

15 나는 그녀가 택시 타는 것을 주의 깊게 보았다. [watch, get into]

_____

16-20 다음 빈칸에 들어갈 알맞은 말을 고르세요.

16 The rules prohibit members _____ buying shares.

(A) to
(B) from
(C) by
(D) about

17 This dam supplies Seoul _____ water and power.

(A) from
(B) to
(C) for
(D) with

18 The strong wind is making my eyes _____.

(A) water
(B) to water
(C) waters
(D) watered

19 We're having the house _____ next week.

(A) paint
(B) to paint
(C) painting
(D) painted

20 Iris _____ her students to do the best they could.

(A) discussed
(B) married
(C) went
(D) inspired

문장 듣기 07-3

🔾 시제의 핵심

영어의 시제는 총 12가지(현재, 과거, 미래, 현재진행, 과거진행, 미래진행, 현재완료, 과거완료, 미래완료, 현재완료진행, 과거완료진행, 미래완료진행)입니다. 이 중 많이 사용하는 시제를 중심으로 정리해드리겠습니다.

1 현재 시제

- 현재 시제는 현재의 사실, 습관적 행동, 일반적 사실에 사용하는데, 규칙적이고 일반적이며 영구적인 상황에 씁니다. 그리고 때나 조건의 부사절에서는 현재 시제로 미래를 나타냅니다.

❶ 「주어 + will + 동사원형 + when, as soon as, if, unless + 주어 + 동사의 현재형」

We'll stay at home if it rains. 비가 오면 우리는 집에 머물 것이다.

❷ 현재 시제와 잘 어울리는 부사 (주로 빈도를 나타내는 부사)

usually 대개 / generally 일반적으로 / always 늘 / normally 보통 / regularly 규칙적으로 / routinely 일상적으로 / typically 전형적으로

2 과거 시제

- 과거 시제는 특정 과거 시점을 묘사할 때 사용하며, 대부분 동사 끝에 -(e)d를 붙여 과거를 나타냅니다. 하지만 동사마다 과거형이 다양하니 불규칙 동사표를 꼭 참고하세요.

- 과거 시제와 잘 어울리는 단어와 표현

last year 작년에 / yesterday 어제 / this morning 오늘 아침에 / in 2010 2010년에 / ago ~전에 / then 그때 / at that time 그 당시 / a few weeks ago 몇 주 전 / in the late 1990s 1990년대 말에

3 미래 시제

- 미래 시제는 앞으로 일어날 일에 대한 추측이나 결정, 의지를 나타낼 때 「will + 동사원형」의 형태로, 확실히 정해진 계획은 「be going to + 동사원형」으로 씁니다.

- 미래 시제와 잘 어울리는 표현

soon 곧 / tomorrow 내일 / next month 다음 달에 / this Friday 오는 금요일에 / in the coming week 다가오는 주에 / before long 머지않아 / in two weeks 2주 후에 / by the end of the month 이달 말까지 / towards the end of the year 연말쯤

4 **현재진행형**

- 현재진행형은 「am/are/is + 동사의 ing형」의 형태로 일시적인(temporary) 상황이나 지금 일어나는 동작을 묘사할 때 사용합니다. 또한 미래에 이미 정해진 약속을 나타낼 때에도 씁니다.

- The Queen is meeting the Prime Minister tomorrow. 여왕은 내일 총리를 만날 예정이다.

❶ **현재진행형과 잘 어울리는 단어와 표현**

at the[this] moment 지금, 이 순간 / currently 현재, 지금 / at present 현재는, 지금은 / now 지금

❷ **진행형을 쓰지 못하는 동사**

- 지각, 인지, 의견, 생각을 표현하는 동사: agree / disagree / approve / disapprove / believe / know / prefer / recognize / suppose / suspect / understand

- 소유를 나타내는 동사: belong / have 가지고 있다 / include / owe / own / possess

- 감각을 나타내는 동사: feel / hear / see / smell

- 희망, 소망, 감정을 나타내는 동사: hate / like / love / need / desire / wish / want

- 상태를 나타내는 동사: appear ~처럼 보인다 / consist / contain / cost / depend / deserve / exist / involve / resemble / seem ~인 듯하다 / weigh

5 **현재완료**

- 현재완료는 「have/has + 과거분사(p.p.)」의 형태로 have/has가 현재를 표현하고 그 뒤에 나오는 과거분사(p.p.)가 완료를 나타내서 현재완료라는 이름이 붙었습니다.

- 현재완료는 「since + 과거시점(the starting point)」, 「for + 기간(the period)」, ever, never, before와 잘 어울립니다.

They've been married for nearly ten years. 그들은 결혼한 지 거의 10년 되었다.

They've been staying with us since last week. 그들은 지난주 이래 우리와 함께 머물러 왔다.

6 **과거완료**

- 과거완료는 「had + 과거분사(p.p.)」 형태로 과거보다 더 과거를 나타낼 때 씁니다.

- By the time she realized she had cancer, it had already spread.
그녀가 암에 걸렸다는 사실을 알았을 때는 벌써 암이 퍼져있었다.

7 **미래완료**

- 미래완료는 「will have + 과거분사 (p.p.)」 의 형태를 취합니다 . 미래완료에서 기본적으로 꼭 암기해야 할 사항은 「by the time + 주어 + 현재 시제」 구문과 함께 잘 쓰인다는 것입니다 .

- I will have finished reading these books by the end of this month.
나는 이번 달이 끝날 무렵에 이 책들을 다 읽을 것이다.

Set 01

01-05 다음 괄호 안에 주어진 동사를 올바른 형태로 고쳐 써 보세요.

01 Pure water (boil) at 100°C, but mineral water (boil) at 98°C.

02 We are (play) tennis now.

03 The ski shop (open) last week.

04 I have (walk) on this path before.

05 I (live) in Seoul since 2015.

06-10 괄호 안에서 둘 중에 알맞은 것을 고르세요.

06 Ruth (goes / going) out every Saturday night.

07 I (met / have met) Lisa yesterday.

08 The children (sleep / are sleeping) right now.

09 The First World War (broke / was breaking) out in 1914.

10 There (is / will be) snow in many areas tomorrow.

11-15 다음 우리말을 영작하세요.

11 부산행 기차는 20분마다 떠난다. train to Busan, leave

_____

12 우리는 3월에 하와이로 이사 갈 예정이다. move

_____

13 John은 계속 뭘 흘리는 습관이 있다. constantly, spill

_____

14 그들은 지난 2월부터 서로 알아왔다. know

_____

15 당신은 얼마나 오랫동안 영어를 공부해왔죠? how long

_____

16-20 다음 빈칸에 들어갈 알맞은 말을 고르세요.

16 Please be quiet. The baby _____.

(A) sleep

(B) to sleep

(C) sleeping

(D) is sleeping

17 Jane _____ for the bus when the accident happened.

(A) waits

(B) waited

(C) was waiting

(D) has waited

18 They _____ married for nearly five years.

(A) are

(B) were

(C) have

(D) have been

19 The committee will resume its monthly meetings _____ professor Shin returns from New York.

(A) unless

(B) once

(C) although

(D) by the time

20 Kinglish Bistro _____ eggplants from Ansan until local prices went down last month.

(A) is buying

(B) will be buying

(C) has been buying

(D) had been buying

문장 듣기 08-1

Set 02

01-05 다음 괄호 안에 주어진 동사를 올바른 형태로 고쳐 써 보세요.

01 Sue (read) the Bible before she goes to bed.

02 The train (depart) at 5:30 p.m.

03 If you (fall) down yesterday, stand up today.

04 I (be) in Baltimore in 2017.

05 Soon I (be) doing what I love again.

06-10 괄호 안에서 둘 중에 알맞은 것을 고르세요.

06 Iris (**arrives / has arrived**) at the airport at 3 p.m. tomorrow.

07 A good writer (**possesses / is possessing**) not only his own spirit but also the spirit of his friends.

08 The best education I have (**ever / ago**) received was through travel.

09 I (**have studied / had studied**) theater for three years in London when someone suggested me for the role.

10 I (**will live / will have lived**) here in London for 12 years by next month.

11-15 다음 우리말을 영작하세요.

11 나는 보통 매주 금요일에 쇼핑을 한다. go shopping

_____

12 그 연습은 지휘자가 도착하는 대로 시작할 것이다. rehearsal, conductor

_____

13 우리는 어제 물이 수소와 산소로 구성되어 있다고 배웠다. consist of, hydrogen, oxygen

_____

14 John은 자가용으로 출근하는 도중에 그 사고를 보았다. drive to work, when

_____

15 저 이 일을 어쩌죠? do with this

_____

16-20 다음 빈칸에 들어갈 알맞은 말을 고르세요.

16 Kinglish Motors will merge with Sadler Motors if they _____ an agreement on some issues.

(A) reach   (B) will reach

(C) reached   (D) reaches

17 Amy _____ already ordered the roast beef for me when I arrived at the restaurant.

(A) have   (B) has

(C) was   (D) had

18 Amy was upset when she found out she _____ overcharged for three years.

(A) is   (B) is being

(C) had been   (D) has been

19 Natasha _____ to finish the term paper yesterday but she couldn't.

(A) has hoped   (B) was hoping

(C) hoping   (D) had hoped

20 The company will start producing computer accessories if it _____ its business next year.

(A) expand   (B) expands

(C) will expand   (D) to expand

문장 듣기 08-2

Set 03

01-05 다음 괄호 안에 주어진 동사를 올바른 형태로 고쳐 써 보세요.

01   It (rain) tomorrow.

02   I was listening to the radio when Elena (phone).

03   I have just been (clean) this car for 30 minutes.

04   It was the best decision I (have) ever made in my life.

05   Have you ever (try) to write your name with your left hand?

06-10 괄호 안에서 둘 중에 알맞은 것을 고르세요.

06   Joe has (**been** / **gone**) to the bank. He should be back soon.

07   Helen has been living here (**for** / **since**) most of her life.

08   I (**have studied** / **will have been studying**) English for ten years by the end of this year.

09   Next month my parents (**have been** / **will have been**) together for twenty years.

10   By the time the police arrived, the robber (**disappeared** / **had disappeared**).

11-15 다음 우리말을 영작하세요.

11   뉴욕에 가 본 적이 있나요? be

_____

12   Chloe는 늘 사람들의 이름을 잘 잊는다. forget

_____

13   너 요즘 만나는 사람 있니? see

_____

14   나는 연말에 두 개의 시험을 볼 예정이다. take two exams, at the end of the year

_____

15 그 가구점은 재고 정리 세일을 하고 있다. have a clearance sale

_____

16-20 다음 빈칸에 들어갈 알맞은 말을 고르세요.

16 I _____ on my term paper the night before and I was very tired.

(A) work   (B) have worked

(C) was working   (D) had been working

17 Helen _____ to play golf with her mother.

(A) like   (B) likes

(C) is liking   (D) to like

18 Next month I _____ for the company for ten years.

(A) work   (B) have worked

(C) will work   (D) will have worked

19 The sun _____ by the time I get home.

(A) set   (B) has set

(C) will have set   (D) had set

20 By the time we _____ to the cinema, the film had already started.

(A) get   (B) got

(C) have got   (D) had got

문장 듣기 08-3

Chapter

09 조동사

📍 조동사의 핵심

조동사는 **동사를 보조하는 역할**을 합니다. 영어를 잘하는지 못하는지는 조동사를 얼마나 잘 활용하는지에 따라 판단할 수 있다고 할 정도로 조동사의 용법은 다양합니다. 이번 챕터에서는 각종 조동사의 의미에 집중하여 정리를 해드립니다.

1 do

- do는 일반 동사로도 쓰이지만 조동사로도 사용되는데 이때 do 다음에는 동사원형이 옵니다.

- I do <u>love</u> you. 나는 너를 진정 사랑한다.
- I didn't <u>know</u> that. 나는 그걸 몰랐다.

2 have

- have 역시 do처럼 일반 동사로도 쓰이지만 조동사로도 사용됩니다. 주의점은 조동사 have 다음에는 과거분사(p.p.)가 온다는 것입니다.

- I have <u>been</u> to Germany several times. 나는 독일을 서너 번 다녀왔다.

3 can

- can의 기본은 가능성이지만 허가나 추측에도 사용합니다.

- Can I leave now? 지금 떠나도 되나요? 허가
- That can't be true. 사실일 리가 없다. 추측

① be able to

be able to는 can처럼 능력을 나타내지만 is able to, was able to, have been able to, had been able to처럼 can보다 다양한 시제 형태로 씁니다. 또 과거 시제에서 could는 일반적인 능력을 표현할 때 쓰고, 특정 상황에 벌어지는 특별한 일에 대해서는 was able to나 managed to를 사용합니다.

I was able to gain invaluable experience over that year.

나는 그해 동안에 매우 가치 있는 경험을 얻을 수 있었다. 그해 특정 상황을 가리키는 경우

After climbing for 5 hours, we were able to[= managed to] get to the top of the mountain.

다섯 시간의 등산 후에 우리는 산 정상에 오를 수 있었다. 과거의 특별한 일

② can의 관용 표현

- cannot be too(아무리 ~해도 지나치지 않다)
- cannot help -ing = cannot but 동사원형(~하지 않을 수 없다)

4 may와 might

- may, might의 대표적인 의미는 추측과 허가입니다. 하지만 시험에서는 may의 관용 표현을 자주 다룹니다.

① may well(~하는 것도 당연하다, ~할 가능성이 높다)

This novel may well become a classic. 이 책은 고전이 될 가능성이 높다.

② may as well(~하는 게 좋겠다)

might as well과 may as well은 '다른 대안이 없으므로 그렇게 하는 게 좋겠다'라는 비슷한 의미로 쓰입니다. 일반적으로 원어민들은 might as well을 may as well보다 더 자주 사용합니다.

We might as well finish the pie; there isn't much left.
우리는 그 파이를 다 먹는 게 좋겠다. 얼마 남지 않았다.

5 must

- must는 기본적으로 의무를 나타내지만 '~임에 틀림없다'라는 강한 추측의 의미로 자주 쓰입니다.

- You must be tired after your long journey. 긴 여행 끝에 너는 피곤함에 틀림없다.

6 have to와 should의 관용 표현

① don't have to = need not(~할 필요 없다)

Mary doesn't have to work in the evening. Mary는 저녁에 일할 필요가 없다.

② lest ~ should(~하지 않도록)

I obeyed my teacher lest she should be angry. 나는 선생님이 화나지 않도록 그녀에게 복종했다.

> **주의** should, ought to, must, have to, had better 비교
> ....
> ☑ 간단히 정리하면 should, ought to, must, have to, had better 순서로 의무감이 강해집니다.

7 used to

- used to는 과거에는 했는데 지금은 아니라는 뜻을 담고 있습니다.

- I used to take a shower twice a day last year, morning and evening. 나는 작년에 아침과 저녁 두 번 샤워를 했었다. 지금은 아님

Set 01

01-05 다음 괄호 안에 주어진 동사를 올바른 형태로 고쳐 써 보세요.

01 We have (visit) Tokyo several times.

02 Sue has (be) to the cinema three times this week.

03 I do (love) you.

04 Only I can (change) my life.

05 We should not (give) up.

06-10 괄호 안에서 둘 중에 알맞은 것을 고르세요.

06 (Do / Does) Sean write all his own reports?

07 (May / Have) you live to be 100.

08 If only you could (hear / heard) my heart beats, you will understand what it feels to be in love.

09 You (shall / should) see the new movie. It's great!

10 What (shall / have) I do with these books?

11-15 다음 우리말을 영작하세요.

11 당신이 꿈꿀 수 있으면 당신은 그것을 할 수 있다. dream, do

_____

12 인생은 짧아서 우리는 그 인생의 매 순간을 존중해야 한다. respect, every moment

_____

13 나는 어릴 때 이 키 큰 나무에 오를 수 있었다. climb

_____

14 오래 사시길 빕니다! may

_____

15 당신은 이제 시험을 시작해도 좋습니다. ☐ start

_____

16-20 다음 빈칸에 들어갈 알맞은 말을 고르세요.

16 Charity should begin at home, but should not _____ there.

(A) stay

(B) to stay

(C) staying

(D) stayed

17 Let's start now, _____ we?

(A) can

(B) may

(C) shall

(D) should

18 You _____ leave the table once you have finished your meal.

(A) are

(B) have

(C) may

(D) ought

19 Sue is such a good cook that I _____ help eating everything she serves.

(A) should

(B) must

(C) may not

(D) cannot

20 What is right to be done _____ be done too soon.

(A) must

(B) can

(C) must not

(D) cannot

문장 듣기 09-1

01-05 다음 주어진 문장을 우리말로 해석하세요.

01   You must be tired.

02   You'd better discuss this issue with Amy.

03   It cannot be true.

04   I used to go dancing.

05   You may well ask.

06-10 괄호 안에서 둘 중에 알맞은 것을 고르세요.

06   You (**ought not / ought not to**) have ordered so much food.

07   A: Are you busy this Saturday?   B: Yes, I (**will go / am going**) to the movies.

08   Iris and I (**could / were able to**) get some really good bargains in the sale.

09   If there's nothing more to do, we (**may as well / ought**) go to bed.

10   Basketball (**used to / is used to**) be my top priority.

11-15 다음 우리말을 영작하세요.

11   나는 의사와 상담을 해야 했다. consult

_____

12   내가 당신으로부터 소식을 듣지 못하면 당신을 3시에 뵙겠습니다. unless, see

_____

13   나는 예전에 고기를 먹었지만 3년 전에 채식주의자가 되었다. meat, vegetarian

_____

14   당신이 준비되면 우리는 그곳에 함께 갈 것이다. ready, go

_____

15   내가 공항에 도착하자마자 당신에게 전화하겠다. arrive

_____

16-20 다음 빈칸에 들어갈 알맞은 말을 고르세요.

16 Given the large number of students at the seminar, we should _____ into smaller groups for discussion.

(A) divide

(B) to divide

(C) dividing

(D) divided

17 Once you replace negative thoughts with positive ones, you _____ having positive results.

(A) to start

(B) starting

(C) will start

(D) started

18 You _____ get a taxi from the station. It'll be quicker than me coming in to get you.

(A) ought

(B) may as

(C) might as well

(D) used to

19 You could try the restaurant, but it _____ be closed by now.

(A) ought

(B) used to

(C) had better

(D) might well

20 As soon as you trust yourself, you _____ how to live.

(A) had better know

(B) will know

(C) may as well know

(D) used to know

문장 듣기 09-2

Set 03

01-05 다음 주어진 문장을 우리말로 해석하세요.

01   Could I have your number?

02   Would you open the window?

03   I might go to Tokyo for a year to study Japanese.

04   The car won't start.

05   I'd sooner stay in.

06-10 괄호 안에서 둘 중에 알맞은 것을 고르세요.

06   We'd rather (**go / to go**) on Tuesday.

07   You (**don't need / need not**) spend a lot of money on toys.

08   Mary (**didn't need / need not**) to buy any books.

09   How dare you (**suggest / to suggest**) she was guilty?

10   I would rather (**have / to have**) a quiet night in front of the TV.

11-15 다음 우리말을 영작하세요.

11   실패하지 않도록 열심히 일하시오. lest

_____

12   우리 산책하러 갈까요? go for a walk

_____

13   나는 주말에 일할 필요가 없다. work on weekends

_____

14   그녀의 프랑스어 실력은 매우 좋을 것임에 틀림없다. her French, very good

_____

15   Diana는 아무 책도 살 필요가 없었는데 샀다. need not

_____

16-20 다음 빈칸에 들어갈 알맞은 말을 고르세요.

16   It's odd that Eunice _____ think I would want to see her again.

     (A) need   (B) shall

     (C) should   (D) would rather

17   Darren is too frightened to move, lest he _____ disturb the infant.

     (A) would   (B) would not

     (C) should   (D) should not

18   We _____ take Wednesday off. There's no work to be done anyway.

     (A) ought to   (B) should

     (C) might as well   (D) need

19   I _____ help feeling I would have been happier with a husband and children of my own.

     (A) cannot   (B) may not

     (C) won't   (D) shall not

20   Harry _____ play football for the local team, but he's too old now.

     (A) is used to   (B) was used to

     (C) use to   (D) used to

문장 듣기 09-3

Chapter 10 가정법

📍 가정법의 핵심

가정법은 말 그대로 **가정하는 문장**을 가리키며, **현실에서 벗어난 가상**의(imaginary) 거짓말을 표현합니다.

1 가정법 과거

- 현재의 사실을 반대로 가정하거나 상상하여 비현실적인 현재를 묘사합니다.

> if + 주어 + 동사의 과거형/were, 주어 + would[could/might] + 동사원형
>
> ➡ 만약 ~라면, …할 텐데 (형태는 과거지만 현재로 해석)

- I wouldn't do that if I were you. 내가 너라면 그런 행동을 하지 않을 텐데.
- If I knew her number, I would tell you. 내가 그녀의 전화번호를 알면 너에게 알려줄 텐데.

2 가정법 과거완료

- 과거 사실에 반대되는 내용을 가정할 때 사용합니다. if절에 과거완료 시제를 쓰기 때문에 가정법 과거완료라고 불립니다.

> if + 주어 + had p.p., 주어 + would[could/might] + have p.p.
>
> ➡ 만약 ~했다면, …했을 텐데 (형태는 과거완료지만 과거로 해석)

- If he had only heeded my warnings, none of this would have happened.
  그가 내 경고에 주의를 기울였다면, 이런 일은 전혀 일어나지 않았을 텐데.
- If you had asked him, he would have helped you.
  당신이 그에게 요청했더라면, 그가 당신을 도왔을 텐데.

3 혼합가정법

- if절과 주절이 나타내는 시제가 달라서 혼합가정법이라는 이름이 붙었습니다.

> if + 주어 + had p.p.   주어 + would[could/might] + 동사원형
> 가정법 과거완료의 형식   가정법 과거의 형식
>
> ➡ (과거에) 만약 ~했더라면, (지금) …할 텐데

- If you had taken my advice, you wouldn't be in such trouble.
  네가 내 조언을 과거에 들었더라면, 지금 이렇게 곤경에 처하지는 않을 텐데.

4 if의 생략 - 도치구문

- if절의 (조)동사가 were나 had인 경우 if를 생략하고 주어, 동사를 도치하여 표현하기도 합니다.

- If I were you, I'd get some legal advice.
  - ➡ Were I you, I'd get some legal advice. 내가 너라면 법률 조언을 받을 텐데.
- If had known what the problem was, we could have addressed it.
  - ➡ Had I known what the problem was, we could have addressed it.
    문제가 무엇인지 알았더라면 우리가 그 문제를 다룰 수 있었는데.

5 기타 가정법(I wish + 가정법, as if[though] + 가정법)

- I wish나 as if[though] 다음에 가정법 과거 또는 가정법 과거완료 문장을 쓸 수 있습니다.

- I wish I were there to have a drink with you. 나는 내가 당신과 술 한잔 하길 바란다.
- Linda speaks as if she were a boss. Linda는 마치 자기가 사장님인 것처럼 말한다.

6 that절에 동사원형이 오는 구문 (이것도 가정법에 속합니다.)

- 아래와 같은 동사, 명사, 형용사 뒤에 오는 that절에는 「(should) + 동사원형」이 옵니다. 요즘은 should를 생략해서 많이 사용합니다.

❶ that절에 동사원형이 오게 하는 동사

demand 요구하다 / require 요구하다 / insist 주장하다 / suggest 제안하다 / propose 제안하다 / recommend 추천하다 / order 명령하다 / command 명령하다 / decide 결정하다 / prefer 선호하다

Amelia insisted that the student seek the aid of a tutor.
Amelia는 그 학생이 개인 강사의 도움을 구해야 한다고 주장했다.

❷ that절에 동사원형이 오게 하는 명사

decision 결정 / suggestion 제안 / recommendation 추천 / order 명령

There was a suggestion that houses (should) be built on the site.
주택들이 그 부지에 세워져야 한다는 제안이 있었다.

❸ that절에 동사원형이 오게 하는 형용사

vital 중요한 / essential 핵심적인 / necessary 필요한 / important 중요한 / desirable 바람직한 / natural 당연한

It is important that she agree to these terms. 그녀가 이 조건에 동의하는 것이 중요하다.

7 It is time + 주어 + 동사의 과거형

- 이 구문은 동사의 과거형이 쓰이지만 의미는 현재나 미래입니다!

- It is time you woke up and focused your thoughts on more worldly matters.
  이제 당신이 정신을 차리고 좀 더 현실적인 문제에 생각을 집중할 때이다.

다음 괄호 안에 주어진 동사를 올바른 형태로 고쳐 써 보세요.

01   If you (be) in love, nothing else matters.

02   If you (leave) me, I will die of broken heart.

03   If you (shall) wish to cancel your order, please call me.

04   If I (be) an animal, I would be an eagle.

05   If you (study) harder, you would have passed the exam.

06-10 ▶ 괄호 안에서 둘 중에 알맞은 것을 고르세요.

06   If you (heat / will heat) water to 100 degrees, it boils.

07   Emma will stay in Tokyo if she (gets / will get) a job.

08   Mason (buys / would buy) the house if he had enough money.

09   If we (arrived / had arrived) earlier, we would have seen Sophia.

10   If I had been born in Osaka, I (have learned / would have learned) to speak
     Japanese.

11-15 ▶ 다음 우리말을 영작하세요.

11   비가 오면 우리는 집에 머물 것이다. | rain, stay home |

_____

12   나는 충분한 잠을 못 자면 두통이 있다. | get enough sleep |

_____

13   내가 멕시코에 살면 스페인어를 할 텐데. | live, speak |

_____

14   내가 직장을 잃었다면 해외로 갔을 텐데. | lose one's job, go abroad |

_____

15 당신이 취소한다면 내가 대신 갈 텐데. be to cancel, go instead

_____

16-20 다음 빈칸에 들어갈 알맞은 말을 고르세요.

16 _____ anyone arrive late, admission is likely to be refused.

(A) Would   (B) Should

(C) Can   (D) Shall

17 If Olivia _____ not in debt, she would quit her job.

(A) is   (B) be

(C) were   (D) has been

18 Don't come today, I would rather you _____ tomorrow.

(A) come   (B) will come

(C) came   (D) have come

19 It is time we _____ home.

(A) go   (B) will go

(C) went   (D) had gone

20 If I _____ this game, I would have played with it every day.

(A) buy   (B) bought

(C) have bought   (D) had bought

문장 듣기 10-1

Set 02

01-05 다음 주어진 문장을 우리말로 해석하세요.

01 If I were in your position, I would do the same.

02 I wish this machine were still in use.

03 Live as if you were to die tomorrow. Learn as if you were to live forever.

04 Isabella acted as though she had never seen me before.

05 I would have bought the dress if there had not been such a queue. *queue 줄

06-10 괄호 안에서 둘 중에 알맞은 것을 고르세요.

06 If I had a lot of money, I **(travel / would travel)** around the world.

07 I wish I **(write / could write)** as mysterious as a cat.

08 Work as though everything **(depend / depended)** on you.

09 I would rather you **(post / posted)** this letter.

10 If I had gone to bed early, I **(had caught / would have caught)** the train.

11-15 다음 우리말을 영작하세요.

11 Olivia가 오늘 살아 있다면 100살일 텐데. alive

_____

12 복권에 당첨되면 당신은 무엇을 할 것인가? win the lottery

_____

13 아이들이 자러 갈 시간이다. be in bed

_____

14 Jacob은 마치 정답을 아는 것처럼 보인다. know the answer

_____

15 당신의 기부가 없다면 더 많은 아이들이 굶주릴 것이다. donation, go hungry

_____

16-20 다음 빈칸에 들어갈 알맞은 말을 고르세요.

16　I would rather your boyfriend _____ calling you in the middle of the night.

(A) stop

(B) stops

(C) stopped

(D) stopping

17　I really wish I _____ the piano really well without having to practice.

(A) play

(B) to play

(C) can play

(D) could play

18　_____ Amelia come tomorrow, we will of course welcome her.

(A) If

(B) When

(C) Shall

(D) Should

19　_____ my father, I wouldn't have achieved anything.

(A) But

(B) But for

(C) However

(D) Therefore

20　_____ it not been for the mistake, Noah would have won more comfortably.

(A) If

(B) Unless

(C) Have

(D) Had

문장 듣기 10-2

01-05 다음 주어진 문장을 우리말로 해석하세요.

01 God bless you!

02 Long live the Queen!

03 It couldn't be better.

04 Jim became our idol, as it were, the man we all wanted to be.

05 To hear him speak English, you would take him for a native speaker.

06-10 괄호 안에서 둘 중에 알맞은 것을 고르세요.

06 If Sue had been born in the United States, she (would not need / would not have needed) a visa to work here now.

07 If Mason had signed up for the ski trip yesterday, he (would be joining / would have joined) us tomorrow.

08 If Helen were rich, she (would buy / would have bought) the building we saw yesterday.

09 If Jacob spoke Russian, he (would translate / would have translated) the document for you yesterday.

10 If you weren't so lazy, you (would pass / would have passed) that test last week.

11-15 다음 우리말을 영작하세요.

11 Sophia가 그 약을 먹었더라면 그녀는 지금 아프지 않을 텐데. take the medicine

_____

12 당신 도움이 없었다면 이것은 불가능했을 것이다. without, possible

_____

13 Iris가 가능한 한 곧 나에게 전화하는 것이 중요하다. crucial, as soon as possible

_____

14 우리는 그녀가 저녁 9시 이후에는 전화하지 말 것을 요청한다.　ask, call

_____

15 어떤 일이 일어나더라도 나는 죽는 날까지 당신을 사랑하겠습니다.

come what may, dying day

_____

16-20 다음 빈칸에 들어갈 알맞은 말을 고르세요.

16 I suggest that she _____ out tonight.

(A) does not go   (B) not go

(C) will not go   (D) did not go

17 His requirement is that everyone _____ computer literate.

(A) is   (B) be

(C) would be   (D) was

18 It's essential that everyone _____ here on time.

(A) is   (B) be

(C) was   (D) would be

19 _____ as I may, I cannot get this thing put together right.

(A) Try   (B) To try

(C) Trying   (D) Trial

20 If you were better at speaking in public, the presentation _____ more successful yesterday.

(A) would be   (B) was

(C) would have been   (D) had been

문장 듣기 10-3

수동태

수동태의 핵심

능동태(active voice)가 동작/상태의 주체를 주어로 두는 반면 **수동태(passive voice)는 동작의 영향을 받거나 당하는 목적어를 주어로 두는 동사 형태**입니다. 수동태는 동작의 영향을 받는 대상(object), 즉 본래 목적어였던 수동태의 주어에 초점을 두고 있습니다.

1 수동태의 형태

- 수동태는 기본적으로 「be + p.p.(과거분사)」의 형태이며 목적어가 주어로 가는 것이기 때문에 목적어가 없는 1형식과 2형식 동사는 수동태가 될 수 없습니다.

- 수동태가 될 수 없는 동사

  rise 일어나다 / arrive 도착하다 / deteriorate 악화되다 / disappear 사라지다 / exist 존재하다, 생존하다 / function 작용하다 / happen, occur 발생하다, 일어나다 / lie 눕다 / look 보다 / proceed 시작하다, 진행하다

2 3형식 동사의 수동태

- 목적어가 하나인 3형식 문장(「주어 + 동사 + 목적어」)을 수동태로 바꾸면 목적어가 주어가 되고, 주어는 「by + 목적격」이 됩니다.

- He wrote the book. 그는 그 책을 썼다. ➡ The book was written by him. 그 책은 그에 의해 쓰여졌다.

3 4형식의 수동태

- 목적어가 두 개인 4형식 문장(「주어 + 동사 + 간접목적어 + 직접목적어」)은 각각의 목적어를 주어로 하는 수동태가 가능합니다. 두 개의 수동태로 만들 수 있는 동사들은 give, grant, offer, award, send가 대표적입니다.

- They awarded him the prize. 그들은 그에게 상을 수여했다.
  - ➡ He was awarded the prize by them. 그는 그들에게서 상을 받았다.
  - ➡ The prize was awarded to him by them. 그 상은 그에게 그들에 의해 주어졌다.

- 직접목적어가 주어로 쓰이면 간접목적어 앞에는 동사에 따라 to나 for 같은 전치사가 쓰입니다.

  - to가 쓰이는 동사: write, read, give, teach, sell, send
  - for가 쓰이는 동사: make, buy, get
  - of가 쓰이는 동사: ask, inquire

4 5형식의 수동태

- 5형식 문장(「주어 + 동사 + 목적어 + 목적보어」)을 수동태로 만들면 동사 뒤에 목적 보어가 그 대로 남습니다.

- He called the dog Merry. 그는 그 개를 메리라고 불렀다.
    - The dog was called Merry by him. 그 개는 그에 의해 메리라고 불렸다.
- 「지각동사/사역동사 + 목적어 + 동사원형」의 수동태 구문은 「be동사 + 지각동사/사역동사의 과거분 사형 + to 동사원형」의 형태가 됩니다. 수동태에서 to가 살아난다는 점을 주의하세요.
    I heard her sing a song. ➡ She was heard to sing a song.

5 동사구 수동태

- 두 단어 또는 세 단어가 마치 한 단어의 동사처럼 수동태가 만들어지는 경우가 있습니다.

- An authority looked after the child. 한 기관이 그 아이를 돌보았다.
    - The child was looked after by an authority.

> **주의** 동사구
>
> take care of ~ ~을 돌보다 / deal with ~ ~을 다루다 / run over ~ 차가 ~을 치다 / send for ~ 를 부르러 보내다 / carry out ~ ~을 수행하다 / look after ~ ~을 돌보다 / turn on ~ ~을 켜다 / turn off ~ ~을 끄다 / take off ~ ~을 벗다

6 by 이외의 전치사를 쓰는 수동태

of	be composed of ~로 구성되다 / be made of/from ~로 만들어지다 (of: 물리적 변화 / from: 화학적 변화) / be tired of ~에 싫증 나다 / be ashamed of ~을 부끄러워하다 / be convinced of ~을 확신하다	with	be associated with ~와 관련되다 / be satisfied with ~에 만족하다 / be pleased with ~에 기뻐하다 / be filled with ~로 가득 차있다 / be covered with ~로 덮여있다 / be crowded with ~로 붐비다
in	be involved in ~에 관련되다 / be interested in ~에 관심을 갖다 / be absorbed in ~에 몰 두하다 / be engaged in ~에 종사하다	at	be surprised at ~에 놀라다 / be alarmed at ~에 놀라다 / be disappointed at ~에 실 망하다
for	be suited for ~에 적합하다 / be noted for ~로 유명하다 / be known for ~으로 알려지다	to	be exposed to ~에 노출되다 / be opposed to ~에 반대하다 / be devoted to ~에 헌신 하다 / be related to ~와 관계가 있다 / be accustomed to ~에 익숙하다

7 동사구 수동태

- be asked to / be required to / be advised to / be expected to / be scheduled to / be supposed to / be projected to / be anticipated to + 동사원형

Set 01

01-05 다음 괄호 안에 주어진 단어를 올바른 형태로 넣으세요.

01   Emma's bike has been (steal).

02   The Mona Lisa was (paint) by Leonardo Da Vinci.

03   The brochure will be (finish) tomorrow.

04   The murderer was (arrest) yesterday.

05   The research was (conduct) in 3 cities in Korea.

06-10 괄호 안에서 둘 중에 알맞은 것을 고르세요.

06   Work hard, be kind, and amazing things will (**happen** / **be happened**).

07   What time will your flight (**arrive** / **be arrived**)?

08   The helicopter (**rose** / **was risen**) from the ground.

09   The work is (**proceeding** / **proceeded**) well.

10   The exhibition (**consists** / **is consisted**) of 200 drawings.

11-15 다음 우리말을 영작하세요.

11   그 도로는 수리되고 있는 중이다.   repair

_____

12   그 양식은 안내 데스크에서 얻을 수 있다.   form, obtain

_____

13   그 책들은 Helen이 썼다.   write

_____

14   그녀는 군중 속으로 사라졌다.   disappear, into the crowd

_____

15   개 한 마리가 불 앞에[= 화롯가에] 누워있었다.   lie, the fire

_____

16-20 다음 빈칸에 들어갈 알맞은 말을 고르세요.

16 True independence and freedom can only _____ in doing what's right.

(A) exist
(B) exists
(C) is existed
(D) be existed

17 The environment will continue to _____ until pollution practices are abandoned.

(A) deteriorate
(B) be deteriorated
(C) deteriorating
(D) being deteriorated

18 It never _____ to me to be an actor.

(A) occur
(B) occurred
(C) was occurred
(D) occurring

19 Poetry is a thing that _____ to everyone.

(A) belong
(B) belongs
(C) is belonged
(D) is belonging

20 Thousands of passengers _____ at the airport after the heavy rain.

(A) stranded
(B) have stranded
(C) was stranded
(D) have been stranded

문장 듣기 11-1

Set 02

01-05 다음 빈칸에 알맞은 전치사를 넣으세요.

01   We were very surprised _____ the news.

02   I'm very interested _____ how people change.

03   I'm always pleased _____ my work.

04   Mistakes are nothing to be ashamed _____.

05   I'm devoted _____ my family and my businesses.

06-10 괄호 안에서 둘 중에 알맞은 것을 고르세요.

06   The wine (is selling / is sold) well.

07   This apple (peels / is peeled) easily.

08   Sue's latest novel (reads / is read) well.

09   The screen (measures / is measured) 100 inches diagonally.

10   This turkey (weighs / is weighed) 20 lbs.

11-15 다음 우리말을 영작하세요.

11   Angela는 지금 교통이 막혀 꼼짝 못 하고 있다.   catch, traffic

_____

12   이 지역은 훌륭한 와인들로 유명하다.   know, fine wine

_____

13   Bailey는 그녀의 연구들에 전념하고 있다.   dedicate, study

_____

14   나는 바로 그 최고에 쉽게 만족한다. ⟨Winston Churchill⟩   satisfy, the very best

_____

15   나는 당신의 충실함에 믿음이 간다.   convince, loyalty

_____

16-20 다음 빈칸에 들어갈 알맞은 말을 고르세요.

16 The fabric _____ 2m wide.

(A) measure   (B) measures

(C) is measured   (D) to measure

17 New York seems to be absolutely filled _____ brilliant people.

(A) by   (B) with

(C) in   (D) at

18 Simon was so absorbed _____ his book that he didn't even notice me come in.

(A) in   (B) to

(C) at   (D) for

19 The workers _____ $1,000 to plant the trees in the garden.

(A) paid   (B) to pay

(C) paying   (D) were paid

20 I _____ an invitation email but I don't know the person who sent it to me.

(A) send   (B) sending

(C) sent   (D) was sent

문장 듣기 11-2

Set 03

01-05 다음 괄호 안의 단어를 올바른 형태로 바꿔 쓰세요.

01   We get (pay) weekly.

02   I am having my car (service).

03   It is (believe) that the house was built in 1900.

04   Garlic is (believe) to have medicinal properties.

05   You were (warn) to take care.

06-10 괄호 안에서 둘 중에 알맞은 것을 고르세요.

06   The blood sample is (**placed / placing**) in a test tube.

07   John (**was thanked by nobody / was not thanked by anybody**).

08   Let this issue (**discuss / be discussed**).

09   I (**offered / was offered**) the job but I refused it.

10   The term paper has to (**do / be done**) by tomorrow.

11-15 다음 우리말을 영작하세요.

11   당신은 유니폼을 입어야 한다. suppose

12   나는 늘 내가 충분히 예쁘지 않다고 들었다. 〈Julie Andrews〉 tell

13   오늘 아침에 그 회의는 취소되었다. call off

14   당신에게 결정할 시간이 충분히 주어질 것이다. give, plenty of time

15   그 회사는 2010년에 설립되었다. found

16-20 다음 빈칸에 들어갈 알맞은 말을 고르세요.

16 Global warming is otherwise known _____ the greenhouse effect.

(A) to   (B) for

(C) as   (D) in

17 Sue _____ a check for a thousand dollars.

(A) send   (B) to send

(C) sending   (D) was sent

18 Daniel was _____ repeat the whole story.

(A) making   (B) made

(C) making to   (D) made to

19 All information we collect from you will be kept entirely _____.

(A) confidential   (B) confidentially

(C) confident   (D) confidently

20 A new dictionary was bought _____ Emily by George.

(A) to   (B) for

(C) in   (D) out

Chapter 12 부정사

🔎 부정사의 핵심

부정사(不定詞)는 **정함이 없는 품사**라는 의미를 갖고 있습니다. **부정사는 명사, 형용사, 부사 역할을 다 하는 딱히 하나로 정할 수 없는 품사**로 이해하면 쉽습니다. **부정사의 형태로는 「to + 동사원형」 또는 원형부정사가 있고 단순형(「to + 동사원형」)과 완료형(「to + have + 과거분사」)**이 있습니다. 부정사에서 **부정어는 그 앞에 위치**한다는 점도 익혀두세요.

1 부정사의 역할

- to부정사는 명사처럼 주어, 목적어, 보어의 역할을 하기도 하고 명사를 수식하기도 하며 동사, 형용사 등을 수식하는 부사 역할을 하기도 합니다.

  - You will have to work hard if you are to succeed. 성공하고자 한다면 열심히 일해야 한다.
  - Samantha is working hard to earn money. Samantha는 돈을 벌려고 열심히 일하고 있다.

2 to부정사를 목적어로 취하는 동사

- to부정사를 목적어로 취하는 동사는 대부분 계획, 희망, 약속 등의 미래 지향적인 의미를 갖습니다.

  - promise 약속하다 / want 원하다 / desire 갈망하다 / hope 희망하다 / wish 바라다 / expect 예상하다 / plan 계획하다 / strive 분투하다 / intend 의도하다 / aim 겨냥하다 / agree 동의하다 / care 노력하다 / refuse 거절하다 / fail 실패하다 / hesitate 주저하다 / choose 고르다 / decide 결정하다 / afford ~할 여유가 되다 / pretend ~인 척하다 / manage ~해 내다

  > 📍 to가 전치사로 쓰이면 「동사 + to + 명사/동명사」와 같은 구문이 탄생하게 됩니다.
  >
  > contribute to ~에 공헌하다 / look forward to ~하는 것을 고대하다 / be used to ~하는 것에 익숙하다 = be accustomed to / be committed to ~에 전념하다 = be devoted to, be dedicated to / object to ~하는 것에 반대하다 = be opposed to / prior to ~보다 앞서서 / react to ~에 반응하다, 대응하다 = respond to / be similar to ~과 유사하다 / be subject to 반드시 ~하다, ~당하기 쉽다

3 be to 용법

- be to는 be 뒤에 방향의 to가 나와서 거기로 가는 느낌의 의미, 즉 예정, 의무, 의도, 명령 등을 나타냅니다.

- The president is to visit India next week. 대통령이 다음 주에 인도를 방문할 예정이다. 예정
- All students are to take a written exam. 모든 학생들은 필기 시험을 봐야 한다. 의무

4 의미상의 주어

- 부정사의 의미상의 주어 앞에는 전치사 for를 사용합니다. 하지만 사람의 행동이나 성격을 묘사하는 형용사 다음에는 의미상의 주어 앞에 전치사 of를 씁니다.

① for + 의미상의 주어

Is there any need for you to go there? 당신이 거기에 갈 필요가 있나요?

② of + 의미상의 주어

good 좋은 / kind 친절한 / helpful 도움이 되는 / generous 관대한 / honest 정직한 / brave 용감한 / careful 조심스러운 / clever 영리한 / wise 현명한 / careless 부주의한 / foolish 어리석은 / stupid 어리석은 / nice 친절한, 좋은 / polite 점잖은 / cruel 잔인한 / rude 무례한 + of + 의미상의 주어

5 주어 + 동사 + 목적어 + to부정사

- 「enable, encourage, persuade, urge, force, get, inspire, cause, advise + 목적어 + to부정사」
- Her doctor advised her not to overwork herself. 의사는 그녀에게 과로하지 말라고 조언했다.

6 주어 + 동사 + 목적어 + 동사원형(원형부정사)

- 「지각동사(see, hear, watch, feel) / 사역동사(make, have let) + 목적어 + 동사원형」
- I watched Iris get into a car. 나는 Iris가 차를 타는 것을 보았다.
- Amelia decided to let her hair grow long. Amelia는 그녀의 머리를 길게 기르기로 결정했다.

7 의문사 + to부정사

- 「find out(알아내다), remember(기억하다), consider(고려하다), discuss(의논하다), wonder(궁금해하다), want to know(알고 싶어 하다), learn(배우다), decide(결정하다) + 의문사 + to부정사」
- Life is long if you know how to use it. 인생은 그 사용법을 알면 길다.
- Olivia can't decide whether to get the job or not. 올리비아는 그 일을 할지 말지를 결정할 수가 없다.

8 결과 표현

- 부정사가 '그 결과 ~하게 되었다'라는 의미로 해석되는 구문입니다.
- William lived to be 110. William은 110세까지 살았다. (살아서 그 결과 110세가 되었다.)
- I awoke one morning to find myself famous. 어느 날 깨어나 보니 내가 유명해진 것을 알게 되었다.
  영국의 시인 George Gordon Byron의 <차일드 해럴드의 순례(Childe Harold's Pilgrimage)>에 나오는 문장

Set 01

01-05 다음 괄호 안의 단어를 올바른 형태로 바꿔 쓰세요.

01   Never go to war unless you're willing (win).

02   Andrew bought some flowers (give) to his wife.

03   I can choose (be) happy, or choose (be) miserable every day.

04   I'm happy (be) alive, I'm happy (be) who I am.

05   The robber forced Taylor (hand) over the money.

06-10 괄호 안에서 둘 중에 알맞은 것을 고르세요.

06   It's easy (**playing / to play**) the piano, but it's difficult (**playing / to play**) well.

07   It was difficult (**for / of**) us to hear what she was saying.

08   The weather here is exquisite, (**to not / not to**) mention the wonderful food.

09   Music has the ability (**to comfort / comforting**) people.

10   I'm grateful for any opportunity (**to act / acting**).

11-15 다음 우리말을 영작하세요.

11   나는 항상 새로운 음악을 만들기를 갈망하고 있다. eager

_____

12   네가 말하기는 쉽지. it

_____

13   그녀가 모든 돈을 다 쓰다니 어리석었다. silly

_____

14   제 봉급을 두 배로 올려주시다니 친절하시군요. kind, double one's salary

_____

15   나는 런던에 가지 않기로 결정했다. decide

_____

16-20 다음 빈칸에 들어갈 알맞은 말을 고르세요.

16 If we understand the past, we are more likely _____ what is happening.

(A) recognize   (B) recognizing

(C) to recognize   (D) recognizes

17 They spoke quietly in order _____ the baby.

(A) to not wake   (B) not to wake

(C) waking not   (D) not waking

18 Lisa's mother encouraged her _____ and even paid her to make dinner three times a week.

(A) cook   (B) cooks

(C) cooking   (D) to cook

19 I find it very difficult _____ with people I don't like.

(A) work   (B) to work

(C) working   (D) to working

20 It was very rude _____ you not to answer my email.

(A) for   (B) of

(C) to   (D) at

문장 듣기 12-1

01-05 다음 문장을 우리말로 해석하세요.

01 The president is to visit India next week.

02 Next Monday, all students are to take a written exam.

03 If you are to work here for more than a year, you must have a residence permit.

04 You are not to do that again.

05 Rooms are to be left before 1 p.m.

06-10 괄호 안에서 둘 중에 알맞은 것을 고르세요.

06 I hope (**to be / being**) an example for all.

07 To succeed, you need to find something (**to motivate / motivate**) you.

08 Don't strive (**to be / being**) perfect. Strive for excellence.

09 Many attempts (**to communicate / to communicating**) are nullified by saying too much.

10 In their efforts (**to reduce / to reducing**) crime, the government expanded the police force.

11-15 다음 우리말을 영작하세요.

11 나는 늘 읽을거리를 가지고 다닌다. take

12 다른 사람들을 사랑하고 싶으면 우선 자기 자신부터 사랑해야 한다. want

13 나는 지금 당신에게 당신 아버지에 대해 질문하려고 전화했다. call, ask

14 나는 훌륭한 가족이 있어서 행복하다. wonderful family

15 그들은 우리에게 그 생선을 먹지 말도록 경고했다. warn

_____

16-20 다음 빈칸에 들어갈 알맞은 말을 고르세요.

16 If we _____ compete successfully in world markets, we must invest more money in education.

(A) consider

(B) are to

(C) had better

(D) ought

17 Jennifer spent a lot of time negotiating for a pay increase, only _____ from her job soon after she'd received it.

(A) to resign

(B) resigning

(C) to resigning

(D) resigns

18 The greatest right in the world is the right _____ wrong.

(A) be

(B) to be

(C) being

(D) to being

19 Olivia pretended _____ his number and so had been unable to contact him.

(A) losing

(B) having lost

(C) to lose

(D) to have lost

20 Adversity is an opportunity _____ who your friends are.

(A) really knowing

(B) to really know

(C) to have known

(D) to having known

문장 듣기 12-2

Set 03

01-05 다음 문장을 우리말로 해석하세요.

01 I am reluctant to judge things without being informed. *reluctant 꺼리는

02 Every true genius is bound to be naive. *naive 순진한

03 Bananas were scarce, not to mention mangoes.

04 Accommodation was basic to say the least.

05 Emily laughed at Charley and then, to make matters worse, she accused him of lying. *accuse 비난하다

06-10 괄호 안에서 둘 중에 알맞은 것을 고르세요.

06 We don't know (**where to put** / **where put**) the boxes.

07 No one could tell me (**how** / **what**) to operate the machine.

08 Tell me (**when** / **what**) to press the button.

09 If I'm not working, I don't know (**what** / **how**) to do.

10 I can't decide (**whether** / **how**) to wear the red dress or the blue one.

11-15 다음 우리말을 영작하세요.

11 그 강도는 너무 빨리 달려 경찰이 잡을 수가 없었다. robber, too, to catch

_____

12 7시에 Diana는 Emma가 나가는 소리를 들었다. hear

_____

13 우리는 열심히 일하면 성공할 수밖에 없다. cannot but

_____

14 Dan은 하루 종일 여자들만 따라다닌다. do nothing but, chase

_____

15 은행에서 대출받은 10만 불이 Kate가 사업을 시작하는 데 도움을 줬다.

$100,000 loan, help

_____

16-20 다음 빈칸에 들어갈 알맞은 말을 고르세요.

16 It's beginning _____ a lot like Christmas.

(A) look (B) to look

(C) looking (D) looked

17 I have given my lawyer authority _____ on my behalf.

(A) act (B) acted

(C) to act (D) acting

18 The batteries in the microphone need _____.

(A) change (B) to change

(C) changing (D) to changing

19 Oscar left work early _____ be at home with the children.

(A) so (B) too

(C) as to (D) in order to

20 The president admitted his company's responsibility for the accident and went on _____ how compensation would be paid to the victims.

(A) explain (B) explains

(C) explaining (D) to explain

문장 듣기 12-3

동명사의 핵심

동명사는 기본적으로 **동사적인 기능과 명사적인 기능을 다 하는 동사의 -ing형**을 가리킵니다. 동사로 **자기 목적어를 취할 수 있고** 명사로 주어, 목적어, 보어 역할을 할 수 있습니다. 동명사는 기본적으로 「**동사원형 + -ing**」의 형태입니다. **부정형**은 「not/never + -ing」의 순서로 씁니다. 동명사의 **완료형은** 「having + 과거분사」의 형태를 띠고 본 시제보다 먼저 일어난 일 또는 그 이전부터 본 시제 때까지 일어난 일을 나타냅니다.

1 동명사의 자리

- 동명사 앞에는 관사(a/an/the)가 올 수 없습니다. 그리고 동명사는 명사처럼 주어, 목적어, 보어 역할을 하며 전치사 다음에 올 수 있습니다.

1 전치사 + 동명사 + a/an/the/소유격 + 명사

Did you succeed in booking the tickets? 그 티켓 예약에 성공했니?

2 before/after/when/while/since/though + 동명사 + 목적어

Always read the small print before signing anything. 어디에 서명할 때는 작은 활자들을 항상 읽어라.

2 동명사만 목적어로 취하는 동사

- enjoy 즐기다 / appreciate 인정하다 / admit, confess 시인하다 / risk 위험을 무릅쓰다 / can't help 어쩔 수 없이 ~하다 / resist 거부하다 / keep 계속하다 / mention 언급하다 / recommend 권하다 / suggest 제안하다 / dislike 싫어하다 / deny 부인하다 / avoid 피하다 / mind 꺼리다 / consider 고려하다 / include 포함하다 / delay, postpone, put off 미루다 / quit, give up, finish, discontinue, stop 그만두다

3 동명사와 부정사를 둘 다 목적어로 취할 수 있는 동사

1 뒤에 목적어로 동명사를 취하건 부정사를 취하건 의미상 별 차이가 없는 동사

start 시작하다 / begin 시작하다 / continue 계속하다 / hate 싫어하다 / love 사랑하다 / like 좋아하다 / prefer 선호하다 / propose 제안하다

> **주의** 이 동사들의 진행형은 -ing 뒤에 이어서 -ing형이 또 오는 것이 어색하기 때문에 보통 to부정사를 취합니다.
>
> It was beginning to rain. 비가 오기 시작했다.
> cf. It was beginning raining. (X) – '잉잉'[ing ing]거리지 마시오!

❷ 뒤에 목적어로 동명사를 취할 때와 부정사를 취할 때 의미 차이가 있는 동사

크게 보면 동명사는 과거 지향적인 의미로, 부정사는 미래 지향적인 의미로 쓰입니다.

- regret + to부정사: ～해 유감이다 / regret + 동명사: 과거에 ～한 일을 후회하다
- remember + to부정사: ～할 것을 기억하다 / remember + 동명사: 과거에 ～한 것을 기억하다
- forget + to부정사: ～할 일을 잊다 / forget + 동명사: 과거에 ～한 것을 잊다
- try + to부정사: 노력해서 ～하다 / try + 동명사: 시험 삼아 ～하다
- stop + to부정사: ～하기 위해 멈추다 (to부정사는 부사적 용법) / stop + 동명사: ～하는 것을 멈추다
- go on + to부정사: 연이어서 다른 ～을 하다 / go on + 동명사: 하던 ～을 계속하다
- need + 동명사 = need + to be 과거완료: ～되어야 한다 (수동의 의미)

4 전치사 to + 동명사 구문

- contribute to -ing ～에 공헌하다 / look forward to -ing ～하는 것을 고대하다 / be used to -ing ～하는 것에 익숙하다 = be accustomed to -ing / be committed to -ing ～에 전념하다 = be devoted to -ing, be dedicated to -ing / object to -ing ～하는 것에 반대하다 = be opposed to -ing / prior to ～보다 앞서서 / react to -ing ～에 반응하다, 대응하다 = respond to -ing / be similar to -ing ～과 유사하다 / be subject to -ing 반드시 ～하다, ～당하기 쉽다

5 기타 중요한 동명사 관용어구

- go -ing ～하러 가다 / be worth -ing ～할 가치가 있다 / spend time -ing ～하는 데에 시간[돈]을 쓰다 / have trouble[difficulty] -ing ～하는 데에 어려움을 겪다 / be busy -ing ～하느라 바쁘다 / cannot help -ing ～하지 않을 수 없다 / it goes without saying that ～은 말할 필요도 없다

My father loved to go fishing. 아버지는 낚시를 좋아하셨다.

Whatever is worth doing at all is worth doing well.
어쨌건 할 가치가 있는 일은 무엇이건 잘 할 가치가 있다.

Parents need to spend time just playing with their children.
부모는 아이들과 그저 노는 데 시간을 보낼 필요가 있다.

I couldn't help laughing. 나는 웃지 않을 수 없었다. (= I couldn't help but laugh.)

It goes without saying that health is above wealth. 건강이 부보다 더 중요하다는 것은 말할 필요도 없다.

Set 01

01-05 다음 괄호 안의 단어를 올바른 형태로 바꿔 쓰세요.

01 I don't mind (wait) for 30 minutes.

02 Charlie couldn't help (laugh) when he saw it.

03 Have you ever considered (go) to live in another city?

04 How could Jennifer refuse (help) her own daughter?

05 On Sundays, I enjoy not (have) to get up early.

06-10 괄호 안에서 둘 중에 알맞은 것을 고르세요.

06 Honesty is the fastest way to prevent a mistake from (turn / turning) into a failure.

07 The high price is deterring Jake from (to buy / buying) the house.

08 Connor rang up to congratulate Kyle on (pass / passing) his exams.

09 After (work / working) his way around the world, Thomas ended up teaching English.

10 I am never going to give up (to write / writing).

11-15 다음 우리말을 영작하세요.

11 Samantha는 내가 자기를 집에 데려다 준 것에 고마워했다. thank, for, take

_____

12 James는 치과에 가는 것을 늘 미룬다. put off, go to the dentist

_____

13 Patricia는 계속 돈을 요구했다. keep on, ask for

_____

14 너는 언제 흡연을 포기할 거니? give up

_____

15 Emily는 자신이 창을 깨트린 것을 부인한다. deny

_____

16-20 다음 빈칸에 들어갈 알맞은 말을 고르세요.

16 My best writing is often early in the morning and, sometimes, while _____ out.

(A) work   (B) to work

(C) working   (D) worked

17 Since _____ out of home, Charlie has not been keeping in touch with his parents.

(A) move   (B) moved

(C) to move   (D) moving

18 Do you think I should risk _____ Amy a letter?

(A) send   (B) to send

(C) sent   (D) sending

19 Oscar always encourages young people to quit _____.

(A) smoke   (B) smoked

(C) to smoke   (D) smoking

20 They have had to postpone _____ to Italy because the children are ill.

(A) go   (B) to go

(C) going   (D) gone

문장 듣기 13-1

다음 괄호 안의 단어를 올바른 형태로 바꿔 쓰세요.

01 Imagine (live) at 3,000 meters above sea level!

02 Practice (put) your tent up at least 5 times.

03 I can't stand (wait) for buses.

04 We strive (be) accurate, but some mistakes are inevitable.

05 Do you fancy (go) to the cinema?

06-10 괄호 안에서 둘 중에 알맞은 것을 고르세요.

06 (Drive / Driving) with a high blood alcohol level is illegal in every state.

07 Tracy had just finished (to dress / dressing) the children when the phone rang.

08 I dislike (to walk / walking) and I hate hiking.

09 Harry admitted (to make / making) a mistake.

10 Imagine (to spend / spending) all that money on a car!

11-15 다음 우리말을 영작하세요.

11 나는 파도타기를 하러 가야 한다. surf

_____

12 항상 주말에 쇼핑하는 것을 피하려 노력하세요. try, avoid

_____

13 나는 머리를 깎을 필요가 있다. my hair, need

_____

14 집으로 가는 도중에 우리는 오래된 성을 보려고 잠시 멈춰 섰다. stop, look at

_____

15 당신은 나를 돕지 않는 것에 대해 늘 변명만 한다. make excuses for

_____

16-20 다음 빈칸에 들어갈 알맞은 말을 고르세요.

16 Kinglish Bank carefully examines business plans before _____ any loans.

(A) approve

(B) approves

(C) to approve

(D) approving

17 One of the hardest things about _____ English is understanding the gerund.

(A) learn

(B) to learn

(C) learning

(D) learned

18 We arrived in New York after _____ all night.

(A) drive

(B) to drive

(C) driving

(D) drove

19 The mayor suggested _____ another railway link.

(A) construct

(B) to construct

(C) constructing

(D) constructed

20 In spite of _____ the train, we arrived there on time.

(A) miss

(B) to miss

(C) missing

(D) we miss

문장 듣기 13-2

Set 03

01-05 다음 괄호 안의 단어를 올바른 형태로 바꿔 쓰세요.

01 The proposal includes (increase) the tax on cars.

02 I'll put off (go) to Scotland until next year.

03 Jessica is considering (buy) a used car.

04 Do you feel like (go) for a walk?

05 This company cannot afford (pay) overtime.

06-10 괄호 안에서 둘 중에 알맞은 것을 고르세요.

06 Is (swim / swimming) in the ocean better than (swim / swimming) in a pool?

07 I never knew whether to pity or congratulate a man on (come / coming) to his senses.

08 I never want to discontinue (to give / giving) kids opportunities.

09 It's stopped (to rain / raining). Let's go on a picnic.

10 I delayed (to tell / telling) Joe the bad news.

11-15 다음 우리말을 영작하세요.

11 그녀의 책임 중의 하나는 세미나에 참석하는 것이다. ｜duty, attend｜

_____

12 영어를 배우는 것은 가치가 있다. ｜worth｜

_____

13 당신은 하루에 몇 시간 피아노 연습을 하죠? ｜practice｜

_____

14 기름 대신에 버터를 써 본 적이 있니? ｜try, instead of｜

_____

15 나를 위해 이 편지를 부칠 것을 잊지 마라. | forget, post |

_____

16-20 다음 빈칸에 들어갈 알맞은 말을 고르세요.

16 I look forward _____ out every day.

(A) work   (B) working

(C) to work   (D) to working

17 If you're going to spend your time, spend your time _____ smarter.

(A) get   (B) got

(C) gotten   (D) getting

18 Michelle had become accustomed _____ without electricity.

(A) live   (B) living

(C) to live   (D) to living

19 It's no use _____ me. I don't know.

(A) ask   (B) asked

(C) to ask   (D) asking

20 Capital is that part of wealth which is devoted _____ further wealth.

(A) obtain   (B) obtaining

(C) to obtain   (D) to obtaining

문장 듣기 13-3

14 분사

📍 분사의 핵심

분사는 크게 **-ing형(현재분사)과 p.p.형(과거분사) 두 가지**로 분류됩니다. 특히 -ing형 분사는 동명사와 같은 -ing 형태이지만 **형용사나 부사 역할**을 한다는 점에서 차이가 있습니다.

1 현재분사와 과거분사의 의미 차이

- 능동의 의미에는 -ing형을 쓰고 수동의 의미에는 p.p.형을 씁니다. 즉 주어나, 분사의 꾸밈을 받는 단어가 남에게 영향을 미치는 경우는 -ing형을, 영향을 받는 경우는 p.p.형을 씁니다.

- The woman's survival was surprising, as the doctors thought she would die.
  그 여자가 살아남은 것은 놀랍다. 의사들은 그녀가 죽을 것이라 생각했기 때문이다.
  ➜ 이 문장에서 그녀의 생존이 남을 놀라게 하니 -ing형인 surprising이 맞습니다.

- I was surprised at how quickly Thomas agreed. 나는 Thomas가 그렇게 빨리 동의하는 것에 놀랐다.
  ➜ 주어인 I가 놀라는 영향을 받는 사람이니 p.p.형인 surprised가 맞습니다.

  주어나 분사의 꾸밈을 받는 단어가 남에게 영향을 주면 -ing형, 영향을 받으면 수동의 의미인 p.p.형을 쓴다는 원리를 기억하세요.

2 자주 쓰이는 분사 표현

❶ 현재분사

existing equipment 기존 장비 / remaining work 남은 일 / an opposing point of view 반대되는 의견 / a challenging problem 어려운 문제 / a lasting peace 지속적인 평화 / a rewarding career 보람 있는 직업 / remaining time 남은 시간

❷ 과거분사

automated service 자동화된 서비스 / dedicated staff 헌신적인 직원들 / an expired warranty 만료된 보증서 / a limited budget 한정된 예산 / a distinguished candidate 뛰어난 후보자 / an experienced applicant 노련한 지원자 / limited time 제한된 시간

❸ 현재분사를 쓸 것 같은데 과거분사를 쓰는 표현

a complicated voting system 복잡한 투표 시스템 / complicated process 복잡한 절차

❹ 과거분사를 쓸 것 같은데 현재분사를 쓰는 표현

a missing child 미아 / missing luggage 행방불명이 된 짐 / a missing document 사라진 서류
cf. a missed call 부재중 전화(놓친 전화)

3 자주 볼 수 있는 분사의 위치

- 명사 뒤에서 앞의 명사를 수식하는 분사를 많이 볼 수 있습니다. 주로 분사 뒤에 딸린 목적어나 수식어가 있을 때 이런 형태를 갖습니다.

- Look at the pretty girl playing the guitar! 저기 기타 치는 예쁜 소녀를 봐라!
  → playing the guitar는 그 앞의 girl을 수식

- In front of the door was another man holding a pistol.
  문 앞에 권총을 들고 있는 또 다른 남자가 있었다.
  → holding a pistol은 그 앞의 man을 수식

cf. Sue gave us a plate of scones crammed with cream.
  Sue는 크림이 가득한 스콘 한 접시를 우리에게 줬다.
  → crammed에 딸린 식구들(with cream)이 있어서 앞의 명사인 scones를 뒤에서 수식

4 「주어 + 동사, -ing형 + 목적어」 구문

- All on the plane were killed, including the pilot.
  조종사를 포함하여 비행기에 탑승했던 모든 사람들이 사망했다.

5 분사구문

- 분사구문은 「접속사 + 주어 + 동사」를 간략하게 표현한 것으로 분사구문의 주어는 주절의 주어와 일치시켜야 합니다.

- Not knowing what to say next, Connor stared blankly into space.
  다음에 무슨 말을 해야 할지 모르는 가운데 Connor는 멍하니 허공을 바라봤다.
  → Not knowing하는 사람과 stared하는 사람 모두 Connor입니다. 분사구문의 주어는 주절의 주어와 일치시켜야 하고 다른 경우에는 따로 써야 합니다.

6 분사구문의 묘사적인 표현

- 「with + 의미상의 주어 + -ing 또는 p.p.」 구문을 어려운 문법 용어로 분사구문의 묘사적인 표현이라고 합니다.

- John was standing with his feet wide apart. John은 다리를 벌린 채 서있었다.
  → 본래 with his feet (being) wide apart입니다.

- Amy was standing with her head on one side, looking seriously at him.
  Amy는 한 방향으로 고개를 돌린 채 서서 그를 심각하게 바라보고 있었다.
  → with her head (being) on one side처럼 being이 생략된 분사구문입니다.

Set 01

01-05 다음 괄호 안의 단어를 올바른 형태로 바꿔 쓰세요.

01   We are (go) to Italy next week.

02   I have (decide) to go to Italy next month.

03   It's hard asking someone with a (break) heart to fall in love again.

04   I watched an (interest) TV show about Korean history yesterday.

05   The movie is so (bore). Let's stop watching it.

06-10 괄호 안에서 둘 중에 알맞은 것을 고르세요.

06   A (satisfying / satisfied) customer is the best business strategy of all.

07   I have a full and (satisfying / satisfied) life. My work and my family are very important to me.

08   Stepping in dog poo is (disgusting / disgusted).

09   I'm totally (disgusting / disgusted) with her behavior.

10   I'm totally (confusing / confused) about what I'm going to do with my life.

11-15 제시된 동사의 –ing형 또는 p.p.형을 사용하여 다음 우리말을 영작하세요.

11   George는 매우 재미있는 단편 소설을 쓴다.   amuse

_____

12   매일 늦게까지 일하는 것은 매우 피곤하다.   tire

_____

13   그 영화는 매우 무시무시하다.   terrify

_____

14   Joseph은 자기 없이 떠난 것에 대해 나에게 짜증이 났다.   annoy

_____

15 나는 너무 오래 가르치면 진이 다 빠진 느낌이다. [feel, exhaust]

_____

16-20 다음 빈칸에 들어갈 알맞은 말을 고르세요.

16 A day of worry is more _____ than a week of work.

(A) exhaust

(B) to exhaust

(C) exhausting

(D) exhausted

17 We are losing privacy at an _____ rate – we have none left.

(A) alarm

(B) to alarm

(C) alarming

(D) alarmed

18 Isabella was really _____ when she fell over in front of her new boyfriend.

(A) embarrass

(B) embarrasses

(C) embarrassing

(D) embarrassed

19 I don't feel _____ with information. I really like it.

(A) overwhelm

(B) overwhelmed

(C) overwhelming

(D) to overwhelm

20 A nice hot bath is so _____ after a long day.

(A) relaxing

(B) relaxed

(C) relax

(D) to relax

문장 듣기 14-1

Set 02

01-05 다음 괄호 안의 단어를 올바른 형태로 바꿔 쓰세요.

01   Even when I'm sick and (depress), I love life.

02   Don't wake the baby (sleep) in the living room.

03   Ava called a lawyer (live) nearby.

04   Electrical machinery (produce) in Korea is exported all over the world.

05   A luxury car (belong) to the actor has been stolen.

06-10 괄호 안에서 둘 중에 알맞은 것을 고르세요.

06   Pictures (painting / painted) by Picasso usually sell for millions of dollars.

07   Students (arrived / arriving) late will not be allowed to enter.

08   (Whistled / Whistling) to himself, Oliver walked down the road.

09   (Sit / Sitting) under the tree, we ate cake and sandwiches.

10   (Read / Having read) the book, Lily went to bed.

11-15 분사(구문)을 사용하여 다음 우리말을 영작하세요.

11   몸이 아프다고 느껴 Patricia는 학교를 조퇴했다.   leave school early

_____

12   여권을 잃고 싶지 않아서 Harry는 그것을 어머니에게 줬다.   want to lose, give

_____

13   Emily의 기말 논문에 감명받아서 교수는 그녀에게 최고점을 줬다.
impress, term paper, the highest mark

_____

14   그 비행기는 스태프를 제외하고 300명을 싣는다.   carry, exclude

_____

15 세 아이를 포함하여 10명이 그 폭발에서 부상을 입었다. ｜include, injure in the explosion｜

_____

16-20 다음 빈칸에 알맞은 것을 고르시오

16 The time _____ money should be greater than the time that you are spending money.

(A) make　　　　　　　　　(B) making

(C) made　　　　　　　　　(D) makes

17 We have _____ time, and we have to maximize it.

(A) limit　　　　　　　　　(B) limits

(C) limiting　　　　　　　　(D) limited

18 Find answers to your questions about how to replace the _____ equipment at www.kinglish.com.

(A) exist　　　　　　　　　(B) exists

(C) existing　　　　　　　　(D) existed

19 Establishing _____ peace is the work of education.

(A) last　　　　　　　　　　(B) lasts

(C) lasting　　　　　　　　(D) lasted

20 _____, Michael is now able to spend more time fishing.

(A) Just retire　　　　　　　(B) Just retiring

(C) Having just retiring　　　(D) Having just retired

문장 듣기 14-2

Set 03

01-05 다음 괄호 안의 단어를 올바른 형태로 바꿔 쓰세요.

01 The secretary (wait) in the hall expected a visitor.

02 What shall we do for the (remain) two hours?

03 Generally (speak), the more expensive the car, the better it is.

04 Trump was sitting with his arms (fold).

05 Ms Lee is one of our most (experience) teachers.

06-10 괄호 안에서 둘 중에 알맞은 것을 고르세요.

06 (Not knowing / Knowing not) what to do, I called the police.

07 Thomas lived alone (forgetting / forgotten) by everybody.

08 Darren entered the room (sing / singing) a song.

09 For Jake, getting dressed is a (complicating / complicated) business.

10 Teaching elementary students is a (challenging / challenged) and rewarding job.

11-15 분사(구문)을 사용하여 다음 우리말을 영작하세요.

11 Sarah는 시끄러운 소음을 듣고 잠에서 깼다. hear, wake up

_____

12 엄밀하게 말하면 토마토는 채소가 아니다. strictly, vegetables

_____

13 그 상황들을 고려해 볼 때 당신은 너무 잘했다. give, circumstance, do really well

_____

14 입에 음식이 가득한 상태로 말하지 마라. talk, with, full

_____

15 Amelia는 또 늦어서 그녀의 남자친구를 화나게 했다. make, angry

_____

16-20 다음 빈칸에 들어갈 알맞은 말을 고르세요.

16 _____ his English, Daniel's promotion prospects were much better.

(A) Improve
(B) Improving
(C) Improved
(D) Having improved

17 Mr. Kim decided to lease office space on Kinglish Street instead of Church Lane, _____ a view of the lake.

(A) prefer
(B) preferred
(C) preferring
(D) to prefer

18 This article by Alexander tries to show _____ viewpoints on the issue.

(A) oppose
(B) opposing
(C) opposed
(D) to oppose

19 _____ that she has had three months to do this, she has made much progress.

(A) Give
(B) Giving
(C) Given
(D) To give

20 I've heard Italy is great. _____, I would rather spend my vacation in Spain.

(A) Therefore
(B) In the meantime
(C) In addition
(D) With that said

문장 듣기 14-3

15 전치사

◉ 전치사의 핵심

전치사는 영어로 preposition입니다. pre는 before라는 뜻이고 position은 '위치'라는 뜻이므로 **명사 앞에 위치하는 단어**라는 뜻이 쉽게 이해됩니다.

1 전치사와 접속사의 차이

전치사 뒤에는 명사, 동명사, 대명사가 오는 반면, 접속사 뒤에는 절(「주어 + 동사」)이 옵니다. 의미가 비슷한 전치사/접속사를 비교하여 익혀두세요.

의미	전치사	접속사
~ 때문에	because of, due to, owing to	because, since, as, for * for는 '~때문에'라는 접속사로 쓸 수 있음
~ 동안에	during	while
비록 ~이지만	despite, in spite of * in spite는 틀림	although, though, even though, even if
목적	for ~를 위하여	so that, in order that
조건	in case of ~할 경우에 / without ~이 없다면	in case (that) ~할 경우에 대비하여 / as long as = if, provided (that) = if / unless = if not ~이 아니라면
양보	like ~처럼	as if, as though 마치 ~인 것처럼

2 두 단어 이상이 한 덩어리로 구성된 전치사구

- due to 때문에 / because of 때문에 / in front of 앞에 / instead of 대신에 / as of ~부로 시작하여

3 김씨, 이씨, 박씨처럼 많이 쓰이는 at, on, in

- 기본적으로 at보다는 on이, on보다는 in이 더 큰 개념입니다. (at < on < in)

❶ at: 시간이 몇 시인지를 말할 때나 식사 시간을 가리킬 때

at 3 o'clock 3시에 / at midnight 한밤중에 / at the weekend 주말에 / at the end of the year 연말에 / at lunch (time) 점심 때 at은 시'점'의 느낌

대학과 공항에도 전치사 at을 씁니다.

at the airport 공항에서 / at the university 대학에서

❷ on: 요일이나 날짜를 가리키거나 날짜와 그날의 일부를 나타낼 때

on Friday 금요일에 / on her birthday 그녀 생일에 / on time 정각에 / on Friday night 금요일 밤에 /
on Friday morning 금요일 아침에 / on the morning of July 4 7월 4일 아침에

「on/upon + -ing」는 '어떤 일이 일어나자마자'라는 뜻인데 접촉의 on이 '어떤 사건이 일어나자마자 연
이어서(= 접촉해서)'라는 느낌을 살려 줍니다.

The catalog is updated quarterly and is free upon request.
그 카탈로그는 분기별로 업데이트 되며 요청만 하면 무료이다.

❸ in: 도시, 국가, 년, 월, 계절을 나타낼 때

in Seoul / in China / in 2020 / in December / in spring

무엇인가가 주변에 입체적으로 있는 경우 in을 사용합니다.

in the phone box 공중전화 박스 안에 / in my pocket 내 주머니에 / in the garden 정원에

❹ at, on, in을 쓰지 않는 경우

요일 앞에 쓰는 전치사는 on인데, this Friday 앞에는 전치사가 보이지 않습니다. 이상하죠? 원래 「on
+ 요일, in + 월, 계절, morning, afternoon, evening 등」으로 쓰여야 하지만, 날짜 앞에 every, this,
next, last, yesterday, tomorrow, some, one, each, all 등이 오면 전치사를 사용하지 않습니다.

4 시험에 정말 잘 출제되는 by와 until 구분

• until과 by 모두 우리말로는 '~까지'로 해석되지만 그 쓰임은 다릅니다. until은 그 시점까지 동작이
지속되는 것을 나타내고 by는 그때까지 행동이 완료되는 것을 나타냅니다.

❶ 지속, 지연의 의미를 갖는 동사와 잘 어울리는 until[till]

until[till]은 특정 시간까지(up to that time, up to a particular time) 동작이 지속되는 것을 나타냅니다.

■ until과 잘 어울리는 동사들: wait 기다리다 / stay 머물다, 유지하다 / remain 남다 / last 지속하다 /
continue 계속하다 / postpone 연기하다 = put off / delay 미루다, 지연시키다 / defer 미루다, 연기하
다)

❷ 배달, 완료의 의미와 잘 어울리는 by

by는 바로 그때(on)나 그 전에(before) 행동을 끝내는 것을 나타냅니다.

■ by와 잘 어울리는 동사들: finish 끝내다 / complete 완성하다 / be over 끝나다 / send 보내다 /
deliver 배달하다 / submit 제출하다

전치사는 평소에 문장을 읽으면서 관심을 가지고 그때그때 익혀나가는 것이 중요합니다. 기본을 정리하
는 데 긴 시간이 들진 않겠지만 영어를 평생 친구로 삼아 오랜 기간 즐기는 경지까지 이르시길 바랍니
다.

Set 01

01-05 다음 빈칸에 in, on, at 중에 올바른 전치사를 넣으세요.

01   I will meet you _____ 1:00 p.m.

02   You can't party all the time, especially _____ January!

03   After a really hectic week, I hate going out _____ a Friday evening.

04   Amelia always reads newspapers _____ the morning.

05   The car was going _____ a tremendous rate.

6-10 괄호 안에서 둘 중에 알맞은 것을 고르세요.

06   There is always light **(although / despite)** all of the darkness.

07   The game was canceled **(because / because of)** bad weather.

08   You cannot change strategy **(due to / because)** a trend.

09   I just love being around my family **(during / while)** the holidays.

10   What should I do **(in case / in case of)** fire?

11-15 다음 우리말을 영작하세요.

11   Robert는 3월 7일 아침에 사망했다. pass away

_____

12   나는 밤에 잠을 잘 잔다. sleep well

_____

13   Harry는 연설 중에 방을 걸어나갔다. walk out, speech

_____

14   나는 자정에 자서 6시에 일어난다. go to bed

_____

15   Bethany는 그녀의 첫 소설을 2015년에 썼다. write, first novel

_____

16-20 다음 빈칸에 들어갈 알맞은 말을 고르세요.

16 _____ the 21st century, we can't create security by building walls.

(A) In   (B) On

(C) At   (D) To

17 When you buy a new laptop, you usually get a computer mouse _____ no extra cost.

(A) in   (B) on

(C) at   (D) for

18 The baby was born _____ the morning of October 14.

(A) in   (B) on

(C) at   (D) to

19 I was in preschool and a girl actually kissed me _____ the cheek.

(A) in   (B) on

(C) at   (D) to

20 Trains leave the station every hour _____ the hour.

(A) in   (B) on

(C) at   (D) for

문장 듣기 15-1

Set 02

01-05 다음 빈칸에 in, on, at 중에 올바른 전치사를 넣으세요.

01 Security checks have become very strict _____ this airport.

02 I just used to have a really normal life, working _____ an office.

03 Call me _____ 556-0582.

04 Margaret is _____ the phone right now.

05 This painting is mostly _____ red.

06-10 괄호 안에서 둘 중에 알맞은 것을 고르세요.

06 Change your life today. Act now, (without / unless) delay.

07 Love yourself (instead / instead of) abusing yourself.

08 (Despite of / Despite) everything, I believe that people are really good at heart.

09 (In spite / In spite of) your fear, do what you have to do.

10 We should arrive at 5 p.m., (barring / unless) any unexpected delays.

11-15 다음 우리말을 영작하세요.

11 지난밤에 나는 책을 읽으면서 늦게까지 잠을 자지 않았다. stay up late

_____

12 다음 주 금요일에 당신을 뵙겠습니다. see

_____

13 John의 이름은 할아버지 이름을 따라 지어졌다. name

_____

14 그들의 봉급은 20% 올랐다. wage, increase

_____

15 우리의 시설 견학이 예약될 수 있다. tour, facility, arrange

_____

16-20 다음 빈칸에 들어갈 알맞은 말을 고르세요.

16 The landscape is beautiful _____ description.

(A) by
(B) beside
(C) to
(D) beyond

17 They decided to postpone their holiday _____ next month.

(A) by
(B) to
(C) on
(D) until

18 The document needs to be ready _____ next week.

(A) by
(B) until
(C) to
(D) for

19 Amelia is so far _____ schedule that she will never get this report done by Friday.

(A) beside
(B) by
(C) between
(D) behind

20 No one, _____ David Copperfield himself, knows how the trick is done.

(A) within
(B) between
(C) from
(D) barring

문장 듣기 15-2

Set 03

01-05 다음 빈칸에 올바른 전치사를 넣으세요.

01 Amelia is actually _____ jobs. (실직 상태인)

02 It would be quicker to go there _____ foot.

03 I'll have to inform Emma _____ Conner's kidnapping.

04 This language institute provides a service that is second _____ none.

05 We are open every day _____ Sundays.

06-10 괄호 안에서 둘 중에 알맞은 것을 고르세요.

06 There is a church (**before / in front of**) my house.

07 I must reach Seoul Station (**before / in front of**) 5 p.m.

08 I was sitting (**next / next to**) her listening to the music.

09 Teachers (**from across / to**) the country are coming to Seoul tomorrow.

10 Oliver's house is very nice, (**except / except for**) it is far from the subway station.

11-15 다음 우리말을 영작하세요.

11 Sarah는 서울 시청 쪽으로 걷고 있다. walk

_____

12 당신은 축구 외에 다른 스포츠도 하나요? play, any other sports

_____

13 그 말은 한국 토종이 아니다. native

_____

14 Emma는 서둘러 세미나에 가려 한다. a hurry, get to a seminar

_____

15　남이 어떻게 느끼는지에 상관없이 Darren은 자기가 옳다고 확신했다.　independent, sure

_____

16-20　다음 빈칸에 들어갈 알맞은 말을 고르세요.

16　Amy is very susceptible _____ flattery.

　(A) at　　　　　　　　　　　(B) to

　(C) for　　　　　　　　　　　(D) by

17　The road to success is always _____ construction.

　(A) in　　　　　　　　　　　(B) to

　(C) about　　　　　　　　　　(D) under

18　Michael is widely disliked in the company _____ his arrogance.

　(A) to　　　　　　　　　　　(B) at

　(C) for　　　　　　　　　　　(D) toward

19　I have been happily married for 10 years, _____ the age of 31.

　(A) for　　　　　　　　　　　(B) to

　(C) about　　　　　　　　　　(D) since

20　People can't function properly when they are deprived _____ sleep.

　(A) by　　　　　　　　　　　(B) of

　(C) for　　　　　　　　　　　(D) to

문장 듣기 15-3

Chapter 16 접속사

📍 접속사의 핵심

접속사는 **단어, 구, 절을 연결해주는 능력을 가지고 있는 연결어**입니다. **접속사 뒤에는 주로 「주어 + 동사」**가 오고 **전치사 뒤에는 명사**가 온다는 사실도 중요한 기본입니다. 특히 상관관계 접속사(not A but B, not only A but also B, both A and B, either A or B)를 친숙하게 익혀두세요.

1 대표적인 등위접속사(대등한 것을 연결)

- and, but, or이 많이 쓰이는 등위접속사입니다. 우리가 전치사로 잘 알고 있는 for도 예전부터 because 의미의 접속사로 쓰여 왔지만 최신 영어에서는 잘 쓰이는 편은 아닙니다.

- Give the boy a chance, and he might surprise you. 그 소년에게 기회를 줘라. 그러면 그가 당신을 놀라게 할 것이다.

- The plan caused not ruin but prosperity. 그 계획은 파멸을 야기시키지 않고 번영을 낳았다.

2 많이 쓰이는 접속사

- after ~한 후 / although, though, even though 비록 ~이지만 / as ~할 때, ~ 때문에 / as soon as ~하자마자 / as long as ~하는 한, ~라면 = if / because, now that, since ~ 때문에 / before ~하기 전에 / even if ~한다고 가정하더라도 / if, provided, providing 만약 ~라면 / if, whether ~인지 아닌지 / in case ~하는 경우에 대비하여 / once 일단 ~하면, ~하자마자 / since ~한 이래로, ~ 때문에 / unless 만약 ~이 아니라면 / until ~할 때까지 / when ~할 때, ~하면 / while ~ 동안에

3 상관관계 접속사

- both A and B A와 B 둘 다 / either A or B A 또는 B 둘 중 하나 / neither A nor B A도 B도 아닌 / not only A but also B A뿐만 아니라 B도 / not A but B A가 아니라 B / so ~ that … 너무 ~해서 …하다 / such + a/an(+ 형용사) + 명사 + that … 너무 ~해서 …하다 / so (that) + 주어 + may/can ~하기 위하여 (= in order that + 주어 + 동사)

4 때나 조건을 나타내는 접속사

- 때나 조건을 나타내는 접속사가 이끄는 부사절에서는 현재 시제로 미래를 나타냅니다.

- As soon as we can afford it, we will move out to the suburbs. 우리는 경제적인 여유가 생기자마자 교외로 이사 갈 것이다.

- I will not wear this dress if you object to it. 당신이 반대하면 이 드레스를 입지 않을 것이다.

5 before, after, since

> before, after, since 이 세 단어는 부사, 전치사, 접속사의 역할을 다 합니다. 문장에서 그 역할을 잘 관찰해 두세요.

- They have since recovered their losses. 그들은 그때 이래로 그들의 손실을 회복했다. `부사`
- Since 2000, I have been engaged in computer software work.
  2000년 이래로 나는 컴퓨터 소프트웨어 업종에 종사해왔다. `전치사`
- Since you are unable to answer, perhaps we should ask someone else.
  당신이 답할 수 없으니 아마도 우리는 누군가 다른 사람에게 물어봐야 한다. `접속사`

6 that

> that은 지시대명사나 형용사뿐 아니라 접속사, 관계대명사로 모두 쓰입니다.

❶ 접속사 또는 동격절을 이끄는 that 다음에는 완전한 문장이 옵니다.

■ 동격절을 이끄는 추상 명사들: fact / truth / idea / evidence / belief / suggestion / confirmation

The idea that the sun goes round the earth has long been discredited.
태양이 지구 주변을 돈다는 생각은 오랫동안 불신되어 왔다.

Iris agreed with my suggestion that we should change the date.
Iris는 우리가 날짜를 바꿔야 한다는 내 제안에 동의했다.

❷ 관계대명사로 쓰인 that 다음에는 불완전한 문장이 옵니다.

A book that remains shut is but a block. 읽지 않고 닫혀진 책은 그저 블록에 불과하다.

7 whether

> whether는 명사절, 부사절을 모두 이끌 수 있습니다. 명사절을 이끌 때는 주어 역할도 하고 특히 decide, ask, determine의 목적어 역할을 한다는 것을 익혀두세요.

- Please decide whether the following statements are true or false.
  다음 진술들이 사실인지 거짓인지를 결정하시오. `명사절`
- The moon is a moon whether it shines or not. 빛나건 아니건 간에 달은 달이다. `부사절`

Set 01

01-05 다음 빈칸에 올바른 접속사를 넣으세요.

01   I work hard, _____ I'm thankful people recognize that.

02   I tried to hit the nail _____ hit my fingers instead.

03   Are you coming to my birthday party _____ not?

04   Neither the blue dress _____ the red one looks right on me.

05   Life is either a great adventure _____ nothing.

06-10 괄호 안에서 둘 중에 알맞은 것을 고르세요.

06   With confidence, you have won (before / after) you have started.

07   I want to go fishing (but / because) I have to go to work today.

08   I'm getting good grades (although / because) I study every day.

09   Alexander was not doing well in his English course, (as long as / yet) overall he had a B average.

10   You can have a cat (if / although) you promise to take care of it.

11-15 상관관계 접속사들을 활용하여 다음 우리말을 영작하세요.

11   Megan은 사과와 아이스크림을 모두 원한다. both

_____

12   날씨가 매우 더웠을 뿐만 아니라 매우 습했다. not only, humid

_____

13   나는 공항까지 운전해서 가거나 버스를 탈 것이다. either, drive, take

_____

14   삶을 위해서건 죽음을 위해서건 당신 자신의 일을 잘하시오.

whether for, do one's own work

_____

15 결혼은 천국도 지옥도 아니다. [neither]

_____

16-20 다음 빈칸에 들어갈 알맞은 말을 고르세요.

16 It is important to stay positive _____ beauty comes from the inside out.

(A) when (B) because

(C) although (D) until

17 _____ we've got a few minutes to wait for the bus, let's have a cup of coffee.

(A) Since (B) After

(C) Before (D) Once

18 David does not smoke, _____ does he play cards.

(A) and (B) but

(C) or (D) nor

19 _____ you can laugh, you are not old.

(A) And (B) But

(C) As many as (D) As long as

20 _____ on this boat, always wear a life jacket.

(A) As (B) Since

(C) While (D) For

문장 듣기 16-1

Set 02

01-05 다음 빈칸에 올바른 접속사를 넣으세요.

01   Amy is not only a painter _____ a doctor.

02   James didn't arrive at the hotel _____ after midnight.

03   Now _____ Susan lives only two blocks from work, she walks to work.

04   Knowledge is of no value _____ you put it into practice.

05   John used to go fishing _____ he was a boy.

06-10 괄호 안에서 둘 중에 알맞은 것을 고르세요.

06   (Because / When) reading, only read.

07   To get rich, you have to be making money (while / if) you're asleep.

08   (Even though / Even if) Iris is rich, she lives in a small house.

09   I wouldn't buy the car (even though / even if) I got it for free!

10   (Even though / Even if) Clara was offered a job in Madrid, she wouldn't accept it.

11-15 다음 우리말을 영작하세요.

11   집에 도착하자마자 너에게 전화할게.   call, as soon as

   _____

12   일단 당신이 시작해 보면 그것을 즐기게 될 것이다.   once, begin, enjoy

   _____

13   Amelia는 내일이나 되어야 올 것이다.   until

   _____

14   당신이 나를 필요로 하는 동안 나는 여기 머물겠다.   stay, as long as

   _____

15 기차가 늦지 않으면 우리는 그곳에 오후 9시에 도착할 것이다. unless

_____

16-20 다음 빈칸에 들어갈 알맞은 말을 고르세요.

16 John is a singer living on social assistance _____ waiting for his moment to shine.

(A) while   (B) when

(C) because   (D) as

17 _____ crossing, walk straight across the road.

(A) If   (B) Unless

(C) Despite   (D) When

18 Weight doesn't matter _____ you're happy with yourself.

(A) although   (B) as long as

(C) as soon as   (D) unless

19 Never look back _____ you are planning to go that way.

(A) when   (B) if

(C) without   (D) unless

20 Over every mountain there is a path, _____ it may not be seen from the valley.

(A) since   (B) because

(C) now that   (D) although

문장 듣기 16-2

Set 03

01-05 다음 문장을 우리말로 해석하세요.

01 Amy carries a gun in case she is attacked.

02 They will take Charlie to another doctor if he doesn't get better.

03 Provided you pay me back by next Monday, I'll lend you the money.

04 Emma ran as if ghosts were chasing her.

05 Young as she is, she has a lot of experience.

06-10 괄호 안에서 둘 중에 알맞은 것을 고르세요.

06 I have bought some beef (if / in case) my friends stay for dinner.

07 I will open the umbrella (if / in case) it rains.

08 The essay is good, (in that / if) it's well written.

09 (Suppose / Propose) you won the lottery, what would you do with the money?

10 Margaret is safe, (as far as / as long as) I know.

11-15 다음 우리말을 영작하세요.

11 내 견해로는 그것은 훌륭하다. as far as, concern

_____

12 크리스는 이제 부모이므로, 자신이 더 책임감 있는 사람이라고 믿는다.
    now that, responsible

_____

13 우리는 더 많은 짐을 가져가기 위해서 그곳에 자동차로 갈 것이다.
    so that, take more luggage

_____

14 Patricia는 내가 여러 번 그녀를 도왔다는 사실에도 불구하고 나를 돕기를 거절했다.
    refuse, despite the fact

_____

15 그 시장은 건물들이 이 지역에 지어져야 한다는 제안을 거절했다. | reject, suggestion |

_____

16-20 다음 빈칸에 들어갈 알맞은 말을 고르세요.

16 Ten workers have lost their life _____ on duty.

(A) when (B) while

(C) during (D) for

17 Hardly had I reached Tokyo Station _____ the train came.

(A) while (B) when

(C) since (D) for

18 As far as I _____, you were put on this world to entertain everyone.

(A) concern (B) concerned

(C) concerning (D) am concerned

19 I wrote down Megan's address _____ I should forget it.

(A) when (B) if

(C) in case (D) although

20 _____ the cameras are turned off, the actress is able to relax.

(A) By the time (B) While

(C) The moment (D) Before

문장 듣기 16-3

Chapter 17 관계사

📍 관계사의 핵심

관계사는 **어떤 단어나 문장을 뒤의 문장과 연결시키는 기능**을 합니다. 명사를 대신하는 관계사를 관계대명사라고 하고 부사를 대신하는 관계사를 관계부사라고 합니다.

1 관계대명사 who

- 주격 관계대명사 who 앞에는 사람이 옵니다. who가 주어를 대신해서 그 뒤에는 동사가 바로 나옵니다.

- I know a woman who speaks Chinese. 나는 중국어를 하는 여자를 안다.

2 관계대명사 whom

- 목적격 관계대명사 whom 앞에는 사람이 옵니다. whom이 목적어를 대신해서 뒤에는 「주어 + 동사」가 바로 나옵니다. 목적격 관계대명사 whom을 구어체에서 who로 쓰기도 합니다.

- Whom the God loves die young. 신이 사랑하는 사람은 일찍 죽는다.

- Be a person who people need. 사람들이 필요로 하는 사람이 되어라.

3 관계대명사 whose

- 소유격 관계대명사 whose는 소유격 역할을 하기 때문에 그 뒤에 명사가 나옵니다. whose는 사람뿐 아니라 사물도 받습니다.

- Choose a stylist recommended by someone whose hair you like.
  당신이 좋아하는 머리 스타일을 한 사람이 추천하는 미용사를 택하시오.

- I'd like a room whose window looks out over the lake. 나는 호수가 내려다보이는 창을 가진 방이 좋아요.

4 특별한 관계대명사 what

- what은 the thing which의 의미로 '~하는 것'으로 해석하며 선행 명사(the thing)를 포함한 관계대명사입니다.

- Don't give up. Do what you love. The rest will naturally come.
  포기하지 마세요. 당신이 좋아하는 일을 하세요. 나머지는 자연스럽게 따라옵니다.

- You will soon repent what you did. 당신은 당신이 한 일을 후회할 것이다.

5 **that**

> that은 선행사로 사람과 사물을 모두 쓸 수 있습니다. that은 선행사가 사물이면 which로, 사람이면 who로 바꿔 쓸 수 있습니다.

- I read a book that was a real tear-jerker. It made me cry all day.
  나는 눈물 나게 하는 책을 읽었다. 이 책이 나를 하루 종일 울게 했다.
- This is the woman that owns the building. 이 여자분이 그 건물 소유주이다.

> **주의** 쉼표(,) 다음에는 **that**을 쓸 수 없음
> ---
> 선행사 뒤에 쉼표(,)가 없을 때는 **that, which**가 모두 가능하지만 쉼표(,)가 있다면 **which** 자리에 **that**을 쓸 수 없습니다. 쉼표를 우습게 보면 안됩니다.
> The wisdom of nations lies in their proverbs, which are brief and pithy.
> 민족의 지혜는 속담에 있는데 그것들은 짧고 함축적이다.

6 「전치사 + 관계대명사」 구문

- Behavior is a mirror in which everyone shows his image.
  행동은 모두가 자신의 이미지를 보여주는 거울이다.
  ➡ 이 문장은 Behavior is a mirror. Everyone shows his image in the mirror.가 합쳐진 것입니다.

위 문장에서 which 대신에 that을 쓰면 틀립니다. that과 which는 서로 대용할 수 있지만 쉼표(,) 다음과 전치사 다음에는 which만 가능합니다.

7 관계부사(when, where, why, how)

> 관계부사는 「접속사 + 부사」라고 생각하면 쉽습니다. 말 그대로 두 문장을 연결해서 관계시켜 주는 부사입니다.

- Now is the time when we must all live as economically as possible.
  지금은 우리가 가능한 한 경제적으로 살아야 할 때이다.
  ➡ 이 문장은 Now is the time. + We must all live as economically as possible at the time.입니다. 관계부사 when은 at which, in which를 대신하는 것입니다.

- This is the place where I hid some money. 여기는 내가 돈을 좀 숨긴 곳이다.
  ➡ 이 문장은 This is the place. + I hid some money in the place.입니다. 관계부사 where는 in which를 대신한 것입니다.

- I'd like to know the reason why you're so late. 나는 왜 네가 늦었는지 그 이유를 알고 싶다.
  ➡ the reason why는 덩어리로 함께 잘 어울려 쓰입니다. 여기서 why가 관계부사 역할을 합니다.

- You will learn how this office functions. 당신은 이 사무실이 어떻게 돌아가는지 알게 될 것이다.
  = You will learn the way this office functions.
  ➡ how는 the way와 함께 쓰지 않고 둘 중에 하나만 씁니다.

Set 01

01-05 다음 빈칸에 who, which, whose 중에 올바른 관계대명사를 넣으세요.

01   We don't know the person _____ donated this building.

02   Sue went to the school _____ her mother went to.

03   This is the photo _____ shows my language institute.

04   This is the woman _____ laptop was stolen.

05   Never go to a doctor _____ office plants have died.

06-10 괄호 안에서 둘 중에 알맞은 것을 고르세요.

06   A book (that / who) is shut is but a block.

07   Kindness is the language (who / which) the deaf can hear and the blind can see.

08   I am reading a book (whose / who) cover is red and yellow.

09   Sue held out her hand, (that / which) Jay shook.

10   I've got a lot of friends (whom / with whom) I discuss English grammar.

11-15 다음 우리말을 영작하세요.

11   오늘 오전에 내 전화를 받은 여행사 직원은 매우 친절했다.   travel agent

_____

12   이 사무실은 인턴이 사용할 새 책상이 필요하다.   need, be used

_____

13   이 사람은 내가 Jessica의 파티에서 만난 여자다.   meet

_____

14   소설로 상을 받은 Megan이 그 세미나를 이끌도록 선정되었다.   novel, be chosen

_____

15 그 노인이 말하는 한 여자만이 있었다. [speak]

_____

16-20 다음 빈칸에 들어갈 알맞은 말을 고르세요.

16 A leader is one _____ knows the way, goes the way, and shows the way.

(A) who

(B) which

(C) whose

(D) those

17 The key is to keep company only with people, _____ presence calls forth your best.

(A) who

(B) which

(C) whose

(D) that

18 Education is the most powerful weapon _____ you can use to change the world.

(A) which

(B) what

(C) this

(D) who

19 Education is the foundation _____ we build our future.

(A) which

(B) who

(C) upon which

(D) to which

20 Together, we can create a world _____ every human being can thrive.

(A) which

(B) who

(C) that

(D) in which

문장 듣기 17-1

01-05 다음 문장을 우리말로 해석하세요.

01 I know the house where my English teacher lives.

02 There must be some reason why Scott didn't accept the proposal.

03 I want a place where I can have horses.

04 We all go through times when we need help.

05 The day when I met Jessica was the best day of my life.

06-10 괄호 안에서 둘 중에 알맞은 것을 고르세요.

06 I didn't like (**the way** / **the way how**) I looked in pictures.

07 The wonderful weather is the reason (**why** / **how**) I moved here.

08 This picture was taken in the amusement park (**which** / **where**) I used to play.

09 Autumn is a second spring (**when** / **which**) every leaf is a flower.

10 Liberty means responsibility. That is (**how** / **why**) most men dread it.

11-15 다음 우리말을 영작하세요.

11 올바른 것이 항상 인기 있는 것은 아니다. [what, right, popular]

_____

12 아름다운 것은 중요한 전부이다. [what, count]

_____

13 우리는 당신이 필요로 하는 것을 줄 수 없다. [give, what]

_____

14 나는 내가 글을 쓰는 이유를 찾지 못해왔다. [seek, the reason]

_____

15 중요한 것은 당신이 가진 것을 가지고 당신이 하는 일이다. [what을 3회 사용]

_____

16-20 다음 빈칸에 들어갈 알맞은 말을 고르세요.

16 The good old days, _____ each idea had an owner, are gone forever.

(A) that　　　　　　　　　　(B) where

(C) when　　　　　　　　　　(D) how

17 If we lose love and self–respect for each other, this is _____ we finally die.

(A) what　　　　　　　　　　(B) that

(C) how　　　　　　　　　　(D) where

18 The reason _____ worry kills more people than work is that more people worry than work.

(A) where　　　　　　　　　　(B) when

(C) how　　　　　　　　　　(D) why

19 Yesterday is history, tomorrow is a mystery, but today is God's gift, that's _____ we call it the present.

(A) why　　　　　　　　　　(B) where

(C) how　　　　　　　　　　(D) when

20 This is _____ you start to get respect: by offering something that you have.

(A) when　　　　　　　　　　(B) how

(C) where　　　　　　　　　　(D) why

다음 문장을 우리말로 해석하세요.

01   Michelle has two daughters who are teachers.

02   Charlie has two daughters, who are doctors.

03   I'm a perfectionist, which is bad at times but very good at other times.

04   I have the same problems that everybody else does.

05   Whichever road you take to Busan, you will need to drive carefully.

괄호 안에서 둘 중에 알맞은 것을 고르세요.

06   Everyone (**who** / **whom**) appears in a scene gets paid.

07   All (**that** / **which**) a man achieves is the direct result of his own thoughts.

08   Emma got married again, (**that** / **which**) surprised everybody.

09   We went to a restaurant (**where** / **which**) Iris had recommended to us.

10   Do the best (**that** / **which**) you can do in the place where you are, and be kind.

다음 우리말을 영작하세요.

11   당신은 당신이 좋아하는 아무것이나 가져도 좋다.　take, like

　　　_____

12   David는 Jenny가 사랑에 빠진 남자이다.　fall in love

　　　_____

13   누구든 행복한 사람이 또한 남들을 행복하게 만들 것이다. 〈Anne Frank〉
make others happy

　　　_____

14   당신을 즐겁게 하는 아무 책이나 읽어라.　whichever

　　　_____

15 누구든 마지막으로 떠나는 사람이 문을 잠가야 한다. `leave, last, lock`

_____

16-20 다음 빈칸에 들어갈 알맞은 말을 고르세요.

16 Amelia wrote a book the title _____ I can't remember.

(A) which
(B) of which
(C) where
(D) in which

17 I've never loved anybody _____ I love my children.

(A) who
(B) whom
(C) the way
(D) the way how

18 The hotel _____ the banquet is taking place is located in the western part of Seoul.

(A) which
(B) in which
(C) in that
(D) in there

19 Daniel Fleming is an actor _____ on–screen performances are consistently praised by movie critics.

(A) who
(B) whose
(C) what
(D) their

20 We will sell this building to _____ has the money to buy it.

(A) who
(B) whoever
(C) what
(D) which

문장 듣기 17-3

Chapter

18 일치

일치의 핵심

일치는 영어로 ageement라고 합니다. 이 단어가 동의나 일치의 의미이니 쉽게 이해가 가죠? **일치는 크게 두 가지로 수의 일치와 시제의 일치**가 있습니다.

1 수의 일치

- 주어와 동사의 수의 일치는 단수, 복수와 관련하여 초, 중, 고등학교뿐만 아니라 공인 영어 시험에서도 중요한 기본이 됩니다.

❶ a list of, a series of, a collection of + 복수 명사 + 단수 동사

A list of phonetic symbols <u>is</u> given in the front of the dictionary.
발음기호 목록이 그 사전 앞에 제시된다.

There <u>is</u> a series of special exhibitions throughout the year.
1년 내내 일련의 전시회들이 있다.

❷ and로 연결되어 있어도 한 개념이면 단수

Romeo and Juliet <u>is</u> a tragedy written by William Shakespeare.
Romeo and Juliet은 William Shakespeare가 쓴 비극이다.

The Bed and Breakfast also <u>features</u> traditional Korean meals.
그 민박집은 전통 한식을 특별히 제공한다.

❸ or, nor는 그 뒤에 나오는 단어에 수를 일치

Neither the dishes nor the serving bowl <u>goes</u> on this shelf.
접시들도 그 밥그릇도 이 선반에 넣는 것이 아니다. `bowl에 수를 일치`

❹ 고유명사는 단수 취급

The Hyundai Motors <u>is</u> a South Korean multinational automotive manufacturer.
현대자동차는 한국의 다국적 자동차 제조업체이다.

❺ 삽입어구는 무시

The president, along with her secretary, <u>is</u> expected shortly.
사장님이 비서를 대동하고 곧 올 예정이다. `삽입어구 무시`

❻ 겉으로 봐서 복수지만 단수 개념이면 단수 취급

100 miles <u>is</u> too far to walk. 100마일은 걷기에 너무 멀다.

20 years <u>is</u> the maximum sentence for that offense. 20년은 그 범행에 대한 최고 형량이다.

❼ a number of + 복수 명사 + 복수 동사 / the number of + 복수 명사 + 단수 동사

A number of people <u>have</u> been employed to deal with this project.

이 프로젝트를 다루기 위해 많은 사람들이 고용되었다.

The number of people we need to hire <u>is</u> 20. 우리가 고용할 필요가 있는 사람의 수는 20명이다.

❽ 관계대명사 뒤의 동사는 선행 명사에 수를 일치

Women who <u>are</u> dieting can become iron deficient.

다이어트를 하는 여성들은 철분이 부족해질 수 있다.

❾ There is[are] ~ / Here is[are] ~

There is[are] ~ 구문과 Here is[are] ~ 구문은 그 뒤에 나오는 명사의 수에 동사를 일치시킵니다.

There <u>is</u> a lack of knowledge about the new tax system. 새로운 세제에 대한 지식의 부족이 있다.

There <u>are</u> times when I hate her. 나는 그녀가 미워지는 때가 있다.

2 시제의 일치

- 주절의 동사가 현재, 미래, 현재완료 시제이면, 종속절의 시제는 과거, 현재, 미래 모두 가능합니다. 하지만 주절의 동사가 과거 시제이면, 종속절의 시제는 과거와 과거완료만 가능합니다.

- I don't know what the future will bring. 나는 미래가 무엇을 가져올지 모른다.

- I found that she had gone to the station to meet Jay.

  나는 그녀가 Jay를 만나러 역에 간 것을 알게 되었다.

  하지만 시제 일치의 예외가 발생하는 상황도 있으니 잘 익혀두세요.

❶ 때나 조건의 접속사가 쓰인 부사절에서는 현재로 미래를 나타냄 (주절은 미래)

If the devil finds a man idle, he'll set him to work.

악마는 한 사람이 게으른 것을 발견하면 그를 일하게 할 것이다. (게으르면 나쁜 짓을 하기 쉽다.)

❷ 영구적인 상황(permanent situation)에는 주절이 과거나 과거완료 시제라도 종속절에 현재 시제를 씀

My teacher said yesterday that water boils at 100 degrees centigrade.

선생님이 어제 물은 100도에서 끓는다고 말했다.

❸ 역사적 사실은 과거 시제로 나타냄

My father said this morning that the Korean War began on June 25, 1950.

1950년 6월 25일에 한국전쟁이 시작되었다고 아버지가 오늘 아침에 말씀하셨다.

Set 01

01-05 다음 괄호 안에 주어진 동사를 올바른 형태로 고치세요.

01 The boss and secretary (be) flying to Madrid tomorrow morning.

02 Physics (be) a compulsory subject in this school.

03 Two weeks (be) a long time to wait for the office supplies.

04 Fish and chips (be) a kind of food that originally came from the United Kingdom.

05 There (be) several books on the chair.

06-10 괄호 안에서 둘 중에 알맞은 것을 고르세요.

06 The list of the 100 best novels (is / are) on the desk.

07 A bouquet of flowers (is / are) on the chair.

08 Recently, there (has / have) been a series of attacks on women.

09 This wonderful collection of photographs (has / have) long been recognized as a classic.

10 There (is / are) a number of different opinions on the new tax law.

11-15 다음 우리말을 영작하세요.

11 어떤 사람들은 성공을 꿈꾼다. dream of

_____

12 아이들은 우리의 미래이다. future

_____

13 모든 동물들은 살기 위해 먹어야 한다. in order to

_____

14 우리 각각은 우리만의 운명을 가지고 있다. each, destiny

_____

15 모든 질문에 답하려고 노력하시오. try, answer

_____

16-20 다음 빈칸에 들어갈 알맞은 말을 고르세요.

16 The number of times I have fallen down _____ the number of times I have gotten up.

(A) is   (B) are

(C) has   (D) have

17 All interns receive brochures that _____ information about their responsibilities.

(A) contain   (B) contains

(C) contained   (D) containing

18 The books that _____ listed on this list will be purchased by the librarian.

(A) is   (B) was

(C) are   (D) will

19 A number of people _____ for the train.

(A) waits   (B) is waiting

(C) is waited   (D) are waiting

20 The efforts of the dog to reach the top shelf _____ in vain.

(A) is   (B) is being

(C) was   (D) were

문장 듣기 18-1

Set 02

01-05 다음 괄호 안에 주어진 동사를 올바른 형태로 고치세요.

01 The coach, as well as the team, (be) ready for the game.

02 The poor (wish) to be rich.

03 Neither David nor Amy (like) doing the dishes.

04 Either you or Amelia (have) to finish the report before 3 p.m.

05 Either of the two offers (be) better than my current job.

06-10 괄호 안에서 둘 중에 알맞은 것을 고르세요.

06 Unless we love and are loved, each of us (is / are) alone.

07 Writers are people who (put / puts) pen to paper every day.

08 Most of the money I made (has / have) gone back to South Korea.

09 Most of the women in film (is / are) there to be beautiful.

10 The United States (is / are) historically a nation of immigrants.

11-15 다음 문장을 영작하시오.

11 그 소설가이자 비평가는 서울에 살고 있다. novelist, critic

_____

12 〈로미오와 줄리엣〉은 셰익스피어가 쓴 비극이다. tragedy

_____

13 그들 모두 준비가 되어있지 않다. neither, ready

_____

14 나에게는 세 명의 똑똑한 학생이 있고 나머지는 보통이다. bright, average

_____

15 의자 위에 안경이 하나 있다. a pair

_____

16-20 다음 빈칸에 들어갈 알맞은 말을 고르세요.

16 The number of visitors at protected areas _____ by 33% compared to the previous year.

(A) increase
(B) increasing
(C) have increased
(D) has increased

17 The novelist, who lives in Boston with his wife and their two children, _____ himself as naturally funny.

(A) describe
(B) describes
(C) describing
(D) to describe

18 Both James and Emma _____ at Oxford University in the early 2000s.

(A) is
(B) was
(C) are
(D) were

19 Books and television are different. _____ of them should replace the other.

(A) Either
(B) Neither
(C) No
(D) None

20 Emily, along with a few other officials, _____ charged in the case.

(A) being
(B) to be
(C) was
(D) were

문장 듣기 18-2

Set 03

01-05 다음 괄호 안에 주어진 동사를 올바른 형태로 고치세요.

01 Breaking and entering (be) against the law.

02 Half of my employees (be) women.

03 Half of the cars (be) of a light color.

04 There (be) a lot of choices.

05 How much of this book (be) fact?

06-10 괄호 안에서 둘 중에 알맞은 것을 고르세요.

06 Iris finished her essay, and (**went / go**) out for dinner.

07 Now, ten years (**have / has**) passed since my father died.

08 Three fourths of the earth (**is / are**) covered by water.

09 When I went to the bakery, I (**buy / bought**) a birthday cake.

10 Generally salted water (**boil / boils**) at a higher temperature than pure water.

11-15 다음 우리말을 영작하세요.

11 내 선생님은 2차 대전이 1939년에 발발했다고 말씀하셨다. | break out |

_____

12 Amelia는 영어를 가르친다고 말했다. | teach |

_____

13 경찰이 그 사고를 조사 중에 있다. | investigate |

_____

14 거기 도착하자마자 나에게 전화해 줘. | as soon as, get there |

_____

15 Damian이 비서와 함께 곧 올 것으로 예상된다. | along with, be expected shortly |

_____

16-20 다음 빈칸에 들어갈 알맞은 말을 고르세요.

16 Each student needs to bring _____ own science textbook.

(A) their   (B) his or her

(C) them   (D) him

17 10 years _____ the maximum sentence for the crime.

(A) are   (B) is

(C) have   (D) has

18 The cat, who is chewing on my trousers, _____ usually good.

(A) is   (B) are

(C) has   (D) have

19 Neither the bear nor the tigers _____ escaped from the zoo.

(A) is   (B) are

(C) has   (D) have

20 *The Old Man and the Sea* _____ a short novel written by Ernest
    Hemingway in 1951 in Cuba.

(A) is   (B) are

(C) have   (D) has

문장 듣기 18-3

특수구문

⚐ 특수구문의 핵심

문장의 순서가 뒤바뀌어 달라지는 것을 도치라고 합니다. 일반적으로 영어 원서에는 특수구문, 특히 도치구문을 강조하지는 않지만 우리나라에서는 도치구문을 중심으로 수능 시험을 비롯한 각종 영어 시험에 특수구문을 묻는 문제가 나옵니다.

1 도치

❶ 부정어 도치

다음의 부정어(구)가 앞에 올 때 문장은 도치됩니다.

never 절대 / hardly 거의 아니게, ~하자마자 / seldom 좀처럼 아니게 / rarely 좀처럼 아니게 / under no circumstances 어떤 상황에서도 / at no time 결코 아니게 / not only ~뿐 아니라 / no sooner ~하자마자 / little 좀처럼 아니게 / not since 그때 이래로 아니게 / never before 전에는 전혀 아니게 / not until ~하고 나서야 / in no way 결코 / scarcely 좀처럼 아니게 / only later 나중에서야 / nowhere 어디에도 아니게 / only in this 오로지 여기에서 / on no account 결코 아니게

Never have I heard such a fascinating story. 나는 이렇게 매혹적인 이야기를 들어본 적이 없다.

❷ 가정법 if 생략 도치

Were I rich enough, I would buy this building. 내가 충분히 부자라면 이 건물을 살 텐데.

→ Were I rich enough = If I were rich enough

Had Amelia been wise, she would have bought the matching coffee cups.
Amelia가 현명했다면 그에 어울리는 커피 잔을 샀을 텐데.

→ Had Amelia been wise = If Amelia had been wise

❸ 업무용 편지에 많이 등장하는 특별한 도치구문

Enclosed please find ... 도치구문은 꼭 외워두세요!

Attached you will find the minutes. 회의록을 첨부하니 확인하세요.

→ You will find the minutes enclosed.의 도치구문

Enclosed you will find your pocketbook. 소책자를 동봉하오니 확인하세요.

→ You will find your pocketbook enclosed.의 도치구문

Please find enclosed our price list. 저희 가격표를 동봉하오니 확인하세요.

→ Please find our price list enclosed.의 도치구문

Please find attached the updated contract. 업데이트된 계약서를 첨부하오니 확인하세요.

➡ Please find the updated contract attached.의 도치구문

2 강조

① 강조의 do
강조의 do란 없어도 되는 do를 문장을 강조하느라 동사 앞에 넣은 경우를 말합니다.

I really do love her. 나는 진정 그녀를 사랑한다.

② it be ~ that[who] 강조구문
If you tell lies, it is you who will suffer in the end.

네가 거짓말을 하면 결국 고통 받는 것은 너다. you가 강조되는 강조구문

It is money that encourages some people to be addicted to some harmful habits.

어떤 사람들을 어떤 해로운 습관에 중독되게 하는 것이 바로 돈이다. money가 강조되는 강조구문

it be ~ that 강조구문은 it be ~ that을 모두 빼버려도 완전한 문장이 남는 특징이 있습니다.

③ 삽입 강조 표현 if ever와 if any(혹시, 설사)
if ever는 동사를, if any는 명사를 수식하는 삽입 강조 표현입니다.

Connor seldom if ever travels abroad. Connor는 좀처럼 해외를 나가지 않는다.

There are few, if any, mistakes in this book. 이 책에는 설사 있다 해도 거의 오류가 없다.

3 생략

① 접속사 다음 「주어 + 동사」 생략
When young, Bethany traveled to Spain and Portugal.

젊은 시절 Bethany는 스페인과 포르투갈을 여행했다.

② when, while, before, after, since + (주어 생략) + -ing형
when, while, before, after, since 다음에 동사가 능동의 의미이면 주어를 생략하고 -ing형을 연결해서 쓰는 경우가 시험에 자주 출제됩니다. 여기서 -ing를 학자에 따라 동명사로 보기도 하고 분사로 보기도 합니다. 필자가 원서를 보기로는 동명사(gerund)로 설명이 많이 나옵니다.

Elizabeth stopped when spotting it. = Elizabeth stopped when she spotted it.

③ as indicated/shown/mentioned/reported 구문
As reported, the two CEOs have been discussing a possible merger.

보도된바 대로 두 최고경영자가 가능한 합병에 대해 논의해왔다.

➡ As (it was) reported로 이해하면 됩니다.

As indicated above, the results were disappointing.

위에 암시된 대로 결과가 실망스러웠다.

➡ As (they were/it was) indicated로 이해하면 됩니다.

Set 01

01-05 다음 문장을 우리말로 해석하세요.

01   Here comes the bus!

02   Here you are.

03   Where there's life, there's hope.

04   May you live to be 100.

05   Be it ever so humble, there's no place like home.   *humble 초라한

06-10 괄호 안에서 둘 중에 알맞은 것을 고르세요.

06   (You have / Have you) ever seen a man knitting socks?

07   What a beautiful day (it is / is it)!

08   How big (that tree is / is that tree)!

09   (How / What) beautifully the leaves grow old!

10   Where there is no vision, (there / it) is no hope.

11-15 다음 우리말을 영작하세요.

11   내가 역에 도착하자마자 기차가 왔다.   no sooner, than

_____

12   나는 전에 이보다 더 아름다운 여자를 본 적이 없다.   never

_____

13   Jill은 좀처럼 휴가를 떠나지 않는다.   hardly ever, go on holiday

_____

14   영어 숙제를 끝낸 후에야 너는 나갈 수 있다.   only after

_____

15   그는 아내 생일을 잊었을 뿐 아니라 혼자 여행을 갔다.   not only, travel alone

_____

16-20 다음 빈칸에 들어갈 알맞은 말을 고르세요.

16   _____ have I read such an interesting book.

(A) So   (B) Such

(C) Very   (D) Seldom

17   Rarely _____ an interviewer ask questions you did not expect.

(A) do   (B) does

(C) have   (D) has

18   _____ had we started studying than there was a power failure.

(A) Never   (B) Hardly

(C) No sooner   (D) Scarcely

19   Only then _____ I realize that he had been lying to me all the while.

(A) do   (B) did

(C) have   (D) had

20   _____ does this book mention the names of the students involved.

(A) Nowhere   (B) When

(C) Where   (D) What

문장 듣기 19-1

Set 02

01-05 다음 문장을 우리말로 해석하세요.

01 We're all idealistic when young.   *idealistic 이상주의적인

02 Meditation while walking has a long history.   *meditation 명상

03 Stay cool when working in the heat.

04 Don't forget to turn off the light before going to bed.

05 After graduating in 2010, Joe went into the field of history.   *go into ~에 진출하다

06-10 괄호 안에서 둘 중에 알맞은 것을 고르세요.

06 Linda is worried about the math exam. So (I am / am I).

07 Ava arrived yesterday. (So I did / So did I). We all arrived yesterday.

08 Megan likes her job. And so (is / does) Charlie.

09 Damian should leave now. And so (is / should) you.

10 A: I went to Tokyo last month.   B: So (did I / was I).

11-15 다음 우리말을 영작하세요.

11 필요하다면 제가 당신에게 갈 수 있습니다. necessary, come

_____

12 희망이 없다면 마음이 부서질 것이다. 〈Thomas Fuller(영국 목사)〉 were it not for, break

_____

13 당신의 도움이 없었다면 나는 성공하지 못했을 것이다. had it not been for

_____

14 나는 그 배우와 이야기를 나누었을 뿐 아니라, 심지어 그의 사인도 받았다. not only

_____

15 내가 방에 들어가자마자 전화가 울렸다. scarcely, when

_____

16-20 다음 빈칸에 들어갈 알맞은 말을 고르세요.

16 Under _____ circumstances should you lend Emma any money.

(A) any (B) some

(C) no (D) what

17 _____ it not been for his mother's encouragement, he could not have finished writing the book.

(A) If (B) When

(C) Have (D) Had

18 Young _____ I am, I already know what career I want to follow.

(A) as (B) though

(C) if (D) when

19 All photographs are by the author unless otherwise _____.

(A) state (B) stated

(C) stating (D) to state

20 While _____ the book, I have picked up more than 20 printing mistakes.

(A) read (B) reading

(C) to read (D) have read

문장 듣기 19-2

Set 03

01-05 다음 문장을 우리말로 해석하세요.

01 Were I you, I wouldn't do it.

02 It is not death, it is dying that alarms me. 〈Michel de Montaigne(몽테뉴)〉

03 It was not until 1911 that the first of the vitamins was identified.

04 Little did I dream of such a victory in this election.

05 On no account will I lend you the money.

06-10 괄호 안에서 둘 중에 알맞은 것을 고르세요.

06 (During / While) on board the aircraft, please refrain from smoking cigarettes.

07 The data can be accessed over the Internet whenever and wherever (needed / needing).

08 (In case of / If) possible, be funny.

09 (Though / Despite) still poor, Latvia is a potential rich country.

10 I like to go hiking (what / whenever) possible.

11-15 다음 우리말을 영작하세요.

11 너는 이 책을 좋아하지 않는군. 나도 그래. | neither |

_____

12 박식한 사람들이 꼭 현명한 것은 아니다. | learned men, necessarily |

_____

13 그는 좀처럼 해외 여행을 가지 않는다. | seldom if ever |

_____

14 그 책에는 혹시 실수가 있다 해도 거의 없다. | few, if any |

_____

15 위에 언급한 대로 나는 가족 모임을 위한 장소를 찾고 있다. state, site, a family reunion

_____

16-20 다음 빈칸에 들어갈 알맞은 말을 고르세요.

16 _____ please find a copy of the letter I wrote to Amelia.

(A) Attached   (B) Attach

(C) Attaching   (D) To attach

17 As _____, the two companies have been discussing a possible merger.

(A) report   (B) to report

(C) reported   (D) reporting

18 The photographs in this book date from the 1970s, unless _____ stated.

(A) if   (B) when

(C) often   (D) otherwise

19 No sooner had she finished dinner _____ she started feeling ill.

(A) when   (B) than

(C) then   (D) while

20 Not for a moment _____ I would be offered the competitive job.

(A) I thought   (B) I think

(C) did I think   (D) was I thought

문장 듣기 19-3

📍 구동사(Phrasal Verb)의 핵심

구동사는 「동사 + 전치사」, 「동사 + 부사」의 형태로 원래 동사와는 다른 다양한 의미를 갖게 되어 재미있으면서도 어려운 부분입니다. 우리가 추측으로 이해할 수 있는 것도 있고 이해가 전혀 안 되어 사전을 찾아봐야 하는 경우도 있습니다. 구동사를 복합동사(compound verb)라고도 합니다. 한 덩어리에 포함된 동사의 개수에 따라 이어동사(two-part words/verb) 또는 삼어동사(three-part words/verb)라고도 합니다.

1 쉽게 이해할 수 있는 구동사

- Megan was so shocked she had to lean against the walkway railing.

  Megan은 너무 놀라서 보도 난간에 기대야만 했다.

  ➡ 어디에 몸을 기대는 것을 lean against라고 하는 것은 쉽게 이해할 수 있습니다.

- Please wait for me until I come back.

  내가 돌아올 때까지 나를 기다려 주세요.

  ➡ 되돌아(back) 오다(come)로 쉽게 이해할 수 있습니다.

2 조금만 더 생각해보면 이해할 수 있는 구동사

❶ bring up: 양육하다, 제기하다

Many women still take career breaks to bring up children.

많은 여성들이 아이들을 키우기 위해 여전히 경력 단절을 택한다.

➡ bring(데리고) up(키우다) = 양육하다

I didn't want to bring up the matter to him last night.

나는 지난밤에 그에게 그 문제를 꺼내고 싶지 않았다.

My boss hates to bring up business at lunch.

우리 사장님은 점심 먹을 때 사업 얘기를 꺼내는 것을 싫어한다.

➡ 문제를 bring(가져다) up(올리다) = 제기하다, 꺼내다

❷ take off: 이륙하다, 성공적이 되다, 벗다

We eventually took off at 7 o'clock and arrived in London at 11:30.

우리는 결국 7시 정각에 이륙하여 11시 30분에 런던에 도착했다.

➡ 데리고(take) 땅에서 뜨다(off) = 이륙하다

We need to employ more engineers if the scheme is going to really take off.

우리는 그 계획을 정말 성공하게 하려면 엔지니어들을 더 고용할 필요가 있다.

➜ 어려움에서 벗어나(off) 가다(take) = 성공하다

In 2015, Lauren met Kyle, and her career took off.

2015년에 Lauren은 Kyle을 만나서 그녀의 경력에 날개를 달았다.

➜ 어려움에서 벗어나(off) 가다(take) = 성공하다

Jessica took off her glasses. Jessica는 안경을 벗었다

➜ 몸에서 off(떼어서) take(가져가다) = 벗다

이렇게 동사 뒤에 나오는 전치사나 부사의 1차적인 의미를 새기고 생각하면서 이해하는 것이 구동사 공부의 중요한 포인트입니다.

3   이해하기 쉽지 않은 구동사

- I couldn't make out what my teacher meant. 나는 선생님이 하시는 말씀을 이해할 수 없었다.
    ➜ 작업을 해서(make) 풀어내다(out) = 이해하다(understand)

- I'm going to make out a receipt for you. 당신을 위해 영수증을 작성해드리겠습니다.
    ➜ 만들어(make) 내다(out) = 작성하다

위의 표현은 그런대로 이해할 만하지만 make out은 '비교적 오래 스킨십을 하다(passionate kissing for an extended period of time)'라는 의미로도 많이 사용됩니다. 이것은 참 이해가 어렵지요? 이런 경우는 우리가 어쩔 수 없이 암기해야 합니다. 그러나 대부분의 경우 조금만 생각하면 충분히 이해할 수 있는 구동사 표현들이 많습니다. 동사와 그 뒤에 나오는 전치사나 부사를 1차적으로 이해하면서 암기하여 숙달하는 것이 영어 공부의 재미이고 큰 보람입니다. 본 챕터에 이해를 돕도록 해설을 충분히 제공하고 있으니 잘 익히시고 영어의 고수가 되시길 기도드립니다.

Set 01

01-05 다음 문장을 우리말로 해석하세요.

01 You should never look down on poor people.

02 I hope I will get along with everyone.

03 Oscar came across an old friend of his in London.

04 This street is named after the famous South African leader, Nelson Mandela.

05 A huge mirror was leaning against the wall.

06-10 괄호 안에서 둘 중에 알맞은 것을 고르세요.

06 Are you for or (**against / to**) the death penalty?

07 I will look (**after / at**) your son when you are on a business trip.

08 My teacher warned (**against / around**) making hasty decisions.

09 When I finished college, I traveled (**about / around**) the countries in Europe with my mom.

10 These books aim (**in / at**) improving your English skills.

11-15 다음 우리말을 영작하세요.

11 물에 빠진 사람은 지푸라기라도 잡으려 한다. drowning man, catch

_____

12 나는 당신과 떨어져 사느니 차라리 죽겠다. would rather, stay away

_____

13 그 시장은 머리 위 전선들을 없애기로 결심했다. do, overhead wires

_____

14 너는 네가 말한 것을 지켜야 한다. abide

_____

15 속도를 낮춰. 넌 지금 제한 속도를 넘기고 있어. | break, the speed limit |

_____

16-20 다음 빈칸에 들어갈 알맞은 말을 고르세요.

16 The city is going to tear _____ the old hospital and build a new one.

(A) at   (B) down

(C) on   (D) up

17 Let's concentrate _____ the matter in hand for now, and leave other issues till later.

(A) on   (B) to

(C) for   (D) at

18 Workers are left idle when machines break _____.

(A) down   (B) up

(C) in   (D) out

19 There are five servants in this restaurant to wait _____ the guests.

(A) for   (B) to

(C) at   (D) on

20 The wine is made _____ organically grown grapes.

(A) of   (B) to

(C) from   (D) by

문장 듣기 20-1

Set 02

01-05 다음 문장을 우리말로 해석하세요.

01 Never expect Jane to come up with a brilliant idea.

02 John came down with the flu.

03 Emily put in for a pay increase.

04 Hard work can often make up for a lack of ability.

05 I couldn't make out what Megan meant.

06-10 괄호 안에서 둘 중에 알맞은 것을 고르세요.

06 This allowed Charles to lay (aside / out) money to start his business.

07 His blindness of both eyes resulted (in / from) a traffic accident.

08 I hope the professor will take (in / into) account the fact that I was ill just before the exams.

09 The plane will take (off / on) in thirty minutes.

10 The president decided to call (on / off) his regular press conference.

11-15 다음 우리말을 영작하세요.

11 부모님이 나를 역에서 배웅해 주셨다. see

12 너는 결정을 더 이상 미룰 수 없다. put, any longer

13 그 돈을 일찍 인출하는 것은 5%의 벌금을 초래할 것이다. withdraw, result, penalty

14 행복은 주는 데 있다. consist

15 모든 사람들은 미래에 사용할 돈을 저축해둬야 한다. | lay, future use |

_____

16-20 다음 빈칸에 들어갈 알맞은 말을 고르세요.

16 How many people do you think will be _____ in this merger?

(A) laid down

(B) laid into

(C) laid off

(D) lay out

17 Emily had to _____ Harry on Monday when he didn't show up.

(A) stand in for

(B) stand down

(C) stand by

(D) stand out

18 Margaret has _____ a job at the hospital.

(A) put off

(B) put up with

(C) put on

(D) put in for

19 If you feel the urge to eat candy, try not to _____ it.

(A) give away

(B) give out

(C) give in to

(D) give off

20 I am not sure which university to apply to, but I have narrowed my list _____ to two.

(A) up

(B) down

(C) at

(D) for

문장 듣기 20-2

Set 03

01-05 다음 문장을 우리말로 해석하세요.

01 Jennifer passed out as soon as she saw the blood.

02 My aunt passed away last month.

03 The factory turns out 10,000 cars a year.

04 Car sales have not lived up to expectations this year.

05 Will you pick me up after the party?

06-10 괄호 안에서 둘 중에 알맞은 것을 고르세요.

06 Fill (out / up) my glass with milk, please.

07 I'll get back (at / to) you later with those figures.

08 I had to look (out / up) the word in a dictionary.

09 Susan likes to show (off / up) how well she speaks French.

10 Let's eat (in / out) tonight — I don't feel like cooking.

11-15 다음 우리말을 영작하세요.

11 우리는 해가 지는 모습을 보려고 차를 길가에 댔다. pull, sunset

_____

12 그 불을 진화하는 데 세 시간이 걸렸다. take, put

_____

13 Jessica는 팀장으로서 사임하기로 결정했다. decide, step, as captain

_____

14 라디오 볼륨을 낮춰주시겠어요? would you, turn

_____

15 이 양식을 작성해서 나에게 우편으로 부쳐 주세요. fill, application form, mail

_____

16-20 다음 빈칸에 들어갈 알맞은 말을 고르세요.

16 Patricia mistakenly believed that she could get _____ not paying her taxes.

(A) out   (B) off

(C) out of   (D) away with

17 Most of the crimes may _____ a question of money.

(A) ask out   (B) break up

(C) result in   (D) boil down to

18 Since she had a very strong alibi, the police ruled her _____ as a suspect.

(A) in   (B) on

(C) out   (D) to

19 You should _____ Darren's new book. It's really exciting.

(A) make out   (B) check out

(C) figure out   (D) fill out

20 Positive thinking is the notion that if you think good thoughts, things will _____ well.

(A) work out   (B) leave out

(C) put out   (D) pass out

문장 듣기 20-3

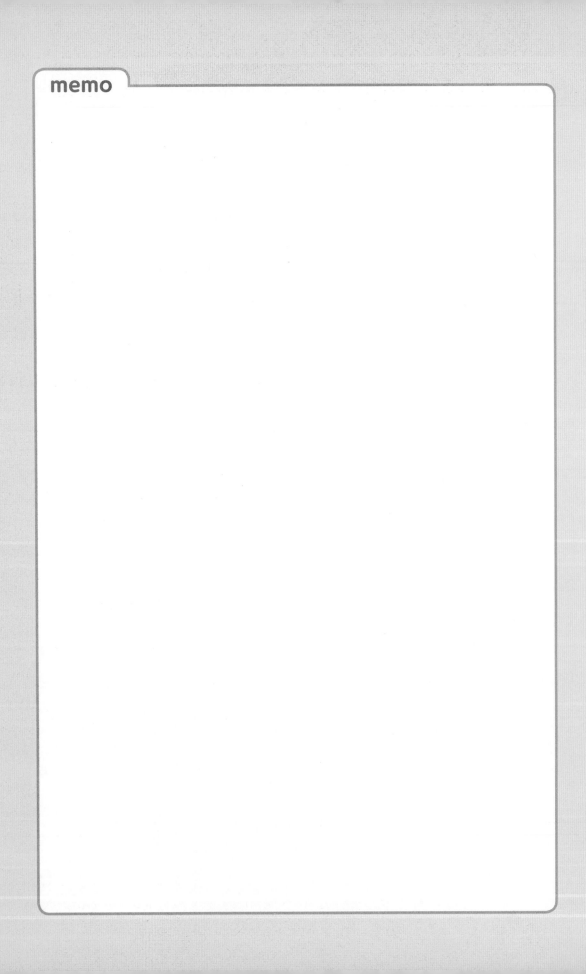

memo

김대균
영문법
문제집

정답과 해설

랭기지플러스

문제로 익히는 영문법 총정리

김대균 영문법 문제집

랭기지플러스

Set 01
본문 p.12

01-05	01 3	02 2	03 3	04 2	05 2
06-10	06 is	07 are	08 lump	09 shoals	10 machinery

11-15 11 Frank, you have long hair. / 12 Many Koreans love fried chicken. / 13 There's an opening for a marketing manager in my company. / 14 This recipe makes five dozen cookies. / 15 Politics is a lot tougher than physics.

16-20	16 (D)	17 (D)	18 (B)	19 (D)	20 (A)

해설

01 man, picture, father / 명사는 주어, 목적어, 보어의 역할을 하고 전치사 다음에 오기도 합니다.
해석 이 그림의 남자는 나의 아버지이다.

02 Smoking, flight / -ing형 명사가 중요합니다. 이 문장의 smoking과 다음 문제에 나오는 planning을 포함하여 opening, marketing, meeting, training 등도 자기 목적어 없이 단독으로 쓸 경우 명사이며 동명사가 아닙니다.
해석 흡연은 이 비행기에서 금지되어 있습니다.

03 government, planning, October / planning은 셀 수 없는 명사입니다. 참고로 plan은 그 앞에 a가 붙는 셀 수 있는 명사입니다.
해석 정부는 매년 10월에 경제 계획을 한다.

04 job, policy / 보통 -ment가 붙으면 명사지만 implement(실행하다)는 동사입니다.
해석 당신의 일은 이 정책을 실행하는 것이다.

05 statement, denial / approval, denial은 형용사 같이 생겼지만 명사임에 주의해야 합니다.
해석 그의 진술은 부인이 아니다.

06 family는 한 개의 집단을 가리킬 때 단수로 취급합니다.
해석 그녀의 가족은 이 주에서 가장 오래된 가문 중의 하나이다.

07 family가 각 개인을 의미할 때는 복수로 취급합니다. 이 문장에서 의사는 각자 노력해서 된 직업이지 한 덩어리를 의미하지 않습니다.
해석 그녀의 가족은 모두 다 의사다.

08 설탕을 세는 방법은 a lump of나 a spoonful of가 있습니다. load는 '짐'을 가리키는 단어입니다.
해석 각설탕 하나를 보통 차나 커피에 넣는다.

09 물고기는 a school of fish 또는 a shoal of fish와 같이 셉니다. 둘 다 '고기 떼'를 가리키지만 a school of fish는 tuna(참치)처럼 행동이 통일되게 움직이는 물고기 떼를, a shoal of fish는 제멋대로 움직이는 물고기 떼를 가리킵니다.
해석 재빠르게 돌아다니는 이 작은 물고기 떼 보이니?

10 machine은 셀 수 있는 명사로 그 앞에 a가 필요하고 machinery는 셀 수 없는 명사로 a 없이 쓰입니다. 단, 두 단어 모두 특정적인 것을 나타낼 경우 그 앞에 the가 올 수 있습니다.
해석 이 터널들은 중장비의 도움으로 굴착되었다.

11 hair는 사람의 머리카락을 가리킬 때 셀 수 없는 명사로 단수 형태로 쓰고, 복수인 hairs로 쓰면 '털'이라는 뜻이 됩니다.

12 chicken은 '닭고기'를 의미할 때 셀 수 없는 명사입니다. 그냥 '닭 한 마리'를 의미할 때는 셀 수 있는 명사로, a chicken이라고 씁니다.

13 opening은 행사의 '개장'이라는 의미도 있지만 지금처럼 '빈 일자리'라는 의미로 많이 사용됩니다.

14 dozen, score, hundred, thousand, percent 등이 수사 다음에 올 때는 복수일지라도 반드시 단수형을 씁니다.

> ex. We've driven five hundred miles in the last 7 hours. 우리는 지난 7시간 동안 500마일을 운전했다.

15 학문명은 단수로 취급합니다. mathematics(수학)도 단수 취급합니다. 그러나 statistics는 '통계 수치'를 의미할 때 복수, '통계학'을 의미할 때 단수입니다.

> ex. Statistics is the grammar of science. 통계학은 과학의 문법이다. 〈Karl Pearson〉
> ex. Statistics are no substitute for judgment. 통계 수치들이 판단의 대체물이 될 수는 없다. 〈Henry Clay〉

16 소유대명사(my, your, his, her, its, our, their) 다음에는 명사가 옵니다. 명사의 위치를 잘 확인해두고 명사의 형태도 기억해 둡시다! 보통 -ment로 끝나는 단어들은 명사입니다. 단, 앞에서 다룬 implement는 동사이고 명사형은 implementation입니다.

> 해석 기억을 상기시켜 줄 비서를 두지 않으면 그녀는 어떤 약속도 지킬 수가 없을 것이다. (그녀는 건망증이 심하다. = She is very forgetful.)

17 보통 동사 다음 목적어 자리에는 명사가 들어갑니다.

> 해석 이 발표는 일곱 개의 자리를 채울 임명을 요청하기 위한 것이다.

18 「형용사 + _____ + (전치사)」에서 빈칸은 명사 자리입니다.

> 해석 다리 부상 때문에 그녀는 경연 대회에 적극 참여하지 못한다.

19 「a/the + (형용사) + _____ + of」의 빈칸은 명사 자리입니다.

> 해석 그 학교는 도서관에 이 책들의 구색을 잘 갖추고 있다.

20 advice는 셀 수 없는 명사입니다. 그래서 그 뒤에 -s가 붙을 수 없습니다. advise는 동사입니다.

> 해석 조언 좀 할게. John과 거리를 둬.

Set 02

본문 p.14

| 01-05 | 01 access | 02 equipment | 03 furniture | 04 software | 05 poetry |
| 06-10 | 06 pencils | 07 economy | 08 is | 09 scissors | 10 bread |

11-15 11 Love is patient. / 12 Bad news travels at the speed of light. / 13 Information is power! / 14 The future of advertising is the Internet. / 15 A Mr. Lee called you ten minutes ago.

| 16-20 | 16 (B) | 17 (B) | 18 (B) | 19 (D) | 20 (C) |

해설

01 access는 「have/gain + access to」의 형태로 자주 쓰입니다. 참고로 명사 access는 어떤 것을 접근하여 완전히 활용하는 것을 의미하고 명사 approach는 그냥 '접근'의 의미입니다. 두 단어를 명사로 쓸 때는 뒤에 to가 필요하지만, 동사로 쓸 때는 타동사로 to가 필요 없습니다.

> 해석 해커들은 그 회사 파일들에 대한 완전한 접근 권한을 손에 넣었다.

02 equipment 앞에 the, this는 올 수 있습니다. 그러나 an, one, two 등 수를 나타내는 말은 올 수 없습니다.

> 해석 이 장비는 적들을 탐지하는 데 사용된다. (즉 radar equipment라는 것)

03 furniture는 chair, desk, bed 등을 총괄하는 집합적인 명사로, 셀 수 없는 명사여서 그 뒤에 -s도 붙지 않고 그 앞에 a도 올 수 없습니다.

해석　Clara는 새 옥외용 가구 몇 점을 샀다.

04 -ware로 끝나는 단어인 hardware, kitchenware 등은 셀 수 없는 명사입니다.

해석　Sue, 내가 이 소프트웨어 설치하는 것 좀 도와 줄래?

05 poetry는 셀 수 없는 명사로 poems와 같습니다.

해석　Iris는 어릴 적부터 시를 쓰기 시작했다.

06 pencil은 셀 수 있는 명사여서 a pencil 또는 pencils로 쓸 수 있습니다.

해석　나는 연필들과 빈 종이를 그녀의 책상 위에서 발견했다.

07 전치사 to 뒤에는 명사가 옵니다. economic은 '경제의'라는 뜻의 형용사입니다. cf. economical 경제적인, 절약하는

해석　관광업은 지역 경제에 수백만 달러를 기여한다.

08 linguistics는 '언어학'이라는 뜻의 학문명으로, economics(경제학), mathematics(수학)처럼 단수로 취급합니다.

해석　언어학은 과학에 훨씬 가깝다.

09 가위는 날이 두 개여서 항상 복수로 씁니다. 그리고 a pair of scissors(가위 하나)라는 표현도 암기해두세요.

해석　나에게 그 가위 좀 건네 주실래요?

10 bread는 셀 수 없는 명사로 뒤에 -s가 붙을 수 없습니다.

해석　하늘은 두 눈에 일용할 양식이다.

11 love는 추상명사로 셀 수 없어서 a love나 loves 형태로 쓰지 않습니다.

12 news는 셀 수 없는 명사로 a news나 newses의 형태로 쓰지 않습니다.

13 information은 셀 수 없는 명사여서 an information이나 informations는 틀립니다. knowledge(지식)도 마찬가지입니다.

ex.　Knowledge is power. 지식은 힘이다.

14 advertising은 셀 수 없는 명사로 그 앞에 an을 쓰지 않습니다.

15 Mr. Lee는 고유명사라서 앞에 a를 쓰지 않지만 막연하게 잘 모르는 사람을 나타내기 위해 a를 썼습니다.

16 beauty는 셀 수 없는 명사입니다. 셀 수 없는 명사는 앞에 a가 올 수 없고 복수 형태도 없습니다.

해석　아름다움은 힘이고, 미소는 그 검이다.

17 이 문제의 핵심은 의미가 아니라 단수, 복수입니다. description만 셀 수 있는 명사이고 나머지 단어는 셀 수 없는 명사로 그 앞에 a가 올 수 없습니다. a는 기본적으로 '하나'라는 의미로 셀 수 있는 명사 앞에 옵니다.

해석　Clara는 그 강도에 대해 아주 상세하게 경찰에 설명했다.

18 change는 '잔돈'의 의미로 쓰일 때 셀 수 없는 명사입니다. 이 단어가 '변화'의 의미로 쓰일 때는 셀 수 있는 명사도 되고 셀 수 없는 명사도 됩니다. (A) coin은 셀 수 있는 명사로 복수형을 써야 합니다. (D) money는 셀 수 없고, (C) charge는 '부과금'이라는 뜻으로 이 문장에 의미상 적절하지 않습니다.

해석　나의 할머니는 항상 주머니에 많은 잔돈을 가지고 다니시곤 했다.

19 retirement party는 복합 명사입니다. 예를 들어 convenience store(편의점), registration form(등록 양식)도 명사들이 함께 어울리는 복합 명사입니다.

해석　우리는 창의적이고 간단한 은퇴 파티 아이디어들을 제공할 수 있습니다.

20 removal은 형용사처럼 생겼지만 approval(승인), denial(부인)처럼 명사입니다.

해석 Joe는 낙서 제거를 도우라고 지시받았다.

Set 03

본문 p.16

01-05	01 2	02 2	03 2	04 2	05 2
06-10	06 brown rice, white rice	07 sugar		08 the money	09 a hair
	10 scenery				

11-15 11 How many pieces of baggage do you have? / 12 Diligence is the mother of good luck. / 13 Traffic is only one of the side effects of growth. / 14 Success is the result of hard work. / 15 The best way to learn is by experience.

16-20	16 (B)	17 (C)	18 (B)	19 (B)	20 (C)

해설

01 Confidence, training / training은 -ing형 명사입니다.
해석 자신감은 훈련에서 나온다.

02 photocopying, publication / -ing형 명사를 기억하세요. 「a/the + ＿＿＿＿ + of」의 빈칸에는 일반명사가 들어갑니다.
해석 이 간행물은 복사가 금지되어 있다.

03 jobs, beginning / beginning도 -ing형 명사입니다.
해석 나는 처음부터 나의 일을 즐겼다.

04 increase, shipping / shipping도 '배송'이라는 뜻의 일반명사입니다.
해석 온라인 배송이 크게 증가해왔다.

05 government, spending / spending도 명사입니다. 여기 다섯 가지 문제에 나오는 -ing형 명사는 꼭 기억하세요.
해석 정부는 지출을 통제하려고 노력하고 있다.

06 rice는 셀 수 없는 명사입니다. 가루(flour)나 알갱이가 작은 것(sand, rice)은 일반적으로 셀 수 없는 명사입니다.
ex. Mix one part sand to three parts cement. 모래와 시멘트를 1:3의 비율로 섞으시오.
해석 현미와 백미 중 어느 것을 선호하세요?

07 sugar 역시 앞의 6번에서 설명한 flour, rice, sand처럼 가루나 작은 알갱이에 속하므로 셀 수 없는 명사입니다. 이 단어는 그 앞에 spoonful을 써서 a spoonful of sugar로 씁니다.
해석 나는 내 커피에 설탕을 넣지 않는다.

08 money는 셀 수 없는 명사입니다.
해석 John은 높은 이자가 나오는 은행 계좌에 돈을 투자했다.

09 hair는 머리카락 전체를 가리킬 때는 셀 수 없는 명사이며, 머리카락 하나 또는 털을 나타낼 때는 셀 수 있는 명사로 씁니다.
해석 여기 보세요! 내 수프에 머리카락이 하나 들어가 있어요.

10 scene은 장면 하나를 가리키는 셀 수 있는 단수 명사로 이 문장에 맞지 않습니다. 형태로 봐도 some of the most awesome scenes가 되어야 합니다. 일반적으로 '풍경'은 scenery를 씁니다.
해석 이 지역은 몇몇 가장 멋진 풍경을 가지고 있다.

11 baggage는 셀 수 없는 명사여서 이 단어에 -s가 붙지 않고 how many pieces of baggage처럼 복수 의미를 표현

합니다.

12 luck은 셀 수 없는 명사입니다.

ex. Good luck with the match. 경기 잘하길 빈다.

13 traffic은 셀 수 없는 명사로, '교통, 교통 체증'의 의미로 쓰입니다. 교통 체증은 traffic jam 또는 congestion으로도 씁니다.

14 work가 '일'의 의미일 때는 셀 수 없는 명사입니다.

ex. I've got so much work to do. 나는 할 일이 많다.

참고로 work가 '작품'을 의미할 때는 셀 수 있는 명사입니다.

ex. The museum has many works by Picasso. 그 박물관은 피카소의 많은 작품들을 가지고 있다.

➤ 재미있는 표현을 알려드리면, works가 공장의 의미로 a steel/iron works(제철소)와 같이 쓰이기도 합니다.

15 '경험'이라는 뜻을 가진 experience는 셀 수 없는 명사입니다. 그런데 개인적으로 벌어진 경험담을 가리킬 때 experience는 셀 수 있는 명사입니다.

ex. I had a pretty unpleasant experience at the party. 나는 그 파티에서 정말 불쾌한 경험을 했다.

16 wood는 물질명사라서 셀 수 없습니다. 셀 수 없는 명사 앞에는 a가 올 수 없고 복수형도 없습니다. (D) wooded는 '숲이 우거진'이라는 의미의 형용사입니다.

해석 플루트는 세 개의 마디로 된 나무나 철로 만들어진다.

17 permission은 셀 수 없는 명사로 복수형이 없습니다. 그리고 permit은 명사로 쓸 때 '허가증'이라는 뜻으로 셀 수 있습니다.

해석 출장을 가려면 상사에게 허가를 받아야 한다.

18 일반적으로 ink는 물질명사로 셀 수 없는 명사입니다. 그래서 앞에 a를 넣지 않고 씁니다.

해석 양식에 기재할 때는 검은 잉크로 선명하게 쓰세요.

19 바지는 두 갈래로 나뉘므로 복수형으로 쓰고 그 앞에 a pair of를 씁니다. trousers, jeans도 마찬가지입니다. 즉 a pair of pants/trousers/jeans로 씁니다.

해석 나는 내가 하얀 바지를 입은 모습이 마음에 들지 않았다.

20 furniture는 셀 수 없는 명사입니다. chair, desk는 셀 수 있는 명사이므로 그 앞에 a/the가 필요합니다.

해석 가구는 항상 편안해야 한다.

★ 요건 몰랐지? ❶ 원어민적인 사고방식 – 셀 수 없는 집합명사

다양한 명사들의 한 그룹을 의미하는 다음 단어들은 셀 수 없는 명사들입니다.

- change 잔돈 (nickels 5센트 동전, dimes 10센트 동전, pennies 페니)
- furniture 가구 (chairs 의자, tables 탁자)
- hardware 철물 (tools 도구들)
- jewelry 보석 (necklaces 목걸이, rings 반지, watches 시계)
- machinery 기계, 기계류 (machines 기계들)
- mail 우편물 (letters 편지, postcards 우편 엽서)
- makeup 화장품 (lipstick 립스틱, mascara 마스카라)
- money 돈 (bills 지폐들, nickels 5센트, dimes 10센트)

★ 요건 몰랐지? ❷ 단어가 -ery나 -ry로 끝나면 어떤 의미가 있을까요?

1. 사물이나 사람의 집합적인 것
- machinery = a group or collection of machines 기계의 총칭
- greenery 식물들
- Jewry = Jews as a group 유대인들
- cutlery 나이프, 포크, 스푼 등을 포함하는 주방 칼붙이들의 총칭

2. 직업이나 상황, 활동
- dentistry = occupation of a dentist 치과 의사직
- rivalry = condition of being a rival 라이벌 관계
- robbery = activity of robbing or being robbed 강도 행위
- archery 궁술(활을 가지고 하는 활동)

★ 요건 몰랐지? ❸ 보통 -al로 끝나는 단어들은 형용사로 아는데 명사가 되는 경우가 많습니다.

아래 정리된 것들 중에는 형용사가 되는 경우도 있어서 뜻을 표시해 드립니다.

appraisal 평가 / approval 승인 / arrival 도착 / burial 매장 / capital 자본 / chemical 화학 물질 / commercial 광고, 상업의 / dismissal 해고 / disposal 처리 / individual 개인, 개인의 / manual 설명서 / material 재료, 자료 / potential 잠재력 / professional 전문직 종사자, 전문적인 / proposal 제안 / referral 소개 / refusal 거절 / removal 제거 / renewal 갱신 / rental 임대, 임대의 / retrieval 정보 검색, 되찾아 옴 / rival 경쟁자 / terminal 갈아타는 곳, 컴퓨터 단말기 / trial 시험, 시도 / withdrawal 인출

Set 01

본문 p.20

01-05 | 01 her | 02 them | 03 other | 04 hers | 05 himself

06-10 | 06 Each | 07 others | 08 himself | 09 mine | 10 the other

11-15 | 11 We have much[lots of, a lot of] rain in summer. / 12 It is getting dark in here. / 13 It is January 20th. / 14 Sue is a close friend of mine. / 15 Each of the children received a special gift.

16-20 | 16 (B) | 17 (D) | 18 (B) | 19 (C) | 20 (D)

해설

01 빈칸에는 여자 단수를 받는 목적격 her가 들어가야 합니다.
해석 A: 언제 Mary를 봤니? B: 나는 그녀를 어제 봤어.

02 두 사람을 받는 목적격은 them입니다.
해석 A: 어제 Sue와 Jay를 만났니? B: 응, 나는 그들을 한 카페에서 만났어.

03 each other는 '서로서로'의 의미입니다.
해석 나는 Clara에게 말했고, Clara는 나에게 말했다. = 우리는 서로 이야기를 나눴다.

04 Susan이 여자이므로 '그녀의 것'을 의미하는 소유대명사 hers가 정답입니다.
해석 이 책은 Susan의 것이다. = 이 책은 그녀의 것이다.

05 John이 남자이고 스스로 면도하다가 다친 것이므로 재귀대명사 himself가 정답입니다.
해석 John은 어제 면도하다가 베었다.

06 each는 명사, 형용사, 부사로 모두 쓰일 수 있고 every는 형용사로만 쓰입니다. 빈칸은 주어 자리이므로 명사 each가 정답입니다.
해석 우리는 각각 자전거가 있다.

07 some ~ others 구문으로 some people이 복수 명사이므로 others(= other people)가 정답입니다.
해석 몇몇 사람들은 비를 느낀다. 반면에 다른 사람들은 그냥 가만히 비에 젖을 뿐이다.

08 주어가 또 다시 나오는 경우 주어의 인칭에 맞는 재귀대명사를 사용합니다.
해석 사람은 자기 자신을 위해 나무를 심지 않는다. 후손을 위해 나무를 심는다.

09 이중소유격이 문제의 핵심입니다. of도 소유의 의미인데 mine(나의 것)이라는 소유대명사를 또 사용하는 것이 이중소유격의 특징이니 잘 기억해두세요.
해석 Chris Rock은 내 좋은 친구 중 하나이다.

10 둘 중에 하나가 one이고 다른 하나는 the other입니다. 그 이유는 특징적인 것 앞에는 the가 와야 하기 때문입니다.
해석 이 회사에는 두 사람의 직원뿐이다. 한 명은 한국 사람이고 다른 한 명은 일본 사람이다.

11 일반 주어 We나 They를 쓸 줄 아는 것이 기본기입니다. 예를 들어 "캐나다 사람들은 영어를 쓰나요?"는 Do they speak English in Canada?입니다.

12 이 문장에서 '이곳'이 주어가 아닙니다! 비인칭 주어 it을 주어로 쓸 수 있는 게 기본 실력입니다.

13 날짜, 시간에는 비인칭 주어 it을 많이 씁니다.

ex. It's 3 p.m. 오후 3시이다.

14 이중소유격을 기억합시다! of도 소유의 의미인데 그 뒤에 mine도 소유대명사여서 이중소유격이라는 이름이 붙었습니다. Sue is a close friend of me.라고 하면 틀립니다.

15 이 문장에서는 each를 명사 주어로 사용합니다. each는 단수 취급하는 단어로 형용사, 명사, 부사로 모두 쓰입니다.
ex. Each child received a special gift. 각각의 어린이들은 특별한 선물을 받았다.

16 prices를 받는 것은 복수 대명사 those입니다. 수식을 받을 수 있는 대명사는 단수는 that, 복수는 those입니다.
해석 휘발유 값이 작년 대비 5% 올랐다.

17 주어가 나왔는데 또 다시 나오는 경우 재귀대명사를 씁니다.
해석 나는 모든 여성이 자기 자신을 사랑하고, 자신에게 자연적으로 주어진 것을 포용하기 바란다.

18 명사를 수식하는 것은 형용사인데 인칭대명사에서는 소유격이 형용사 역할을 합니다.
해석 Jay는 자기 지점에서 자신이 가장 경험이 많다고 생각한다.

19 둘 중에 하나는 one, 그 나머지는 the other입니다.
해석 두 남자가 똑같은 감옥의 창살 밖을 내다본다. 한 사람은 진흙을, 다른 사람은 별을 바라본다.

20 문맥상 다른 사람들의 어리석음에 의해서 돈을 버는 것이므로 막연한 다른 사람들을 나타내는 others가 정답입니다. other는 보통 혼자서 사용하지 못하고 명사를 수식하는 역할을 합니다.
해석 가장 좋은 계획은 남들의 어리석음을 이용하여 수익을 얻는 것이다.

Set 02
본문 p.22

01-05	01 him, her	02 one	03 them	04 herself	05 mine
06-10	06 the others	07 Those	08 that	09 that	10 is

11-15 11 Iris gave me this book. 또는 Iris gave this book to me. / 12 Doctors and nurses help one another. / 13 I did it by myself. / 14 Each of us has a bicycle. / 15 All I need is a hot shower.

16-20	16 (D)	17 (B)	18 (B)	19 (D)	20 (C)

해설

01 대명사의 목적격이 정답입니다. 영어에서 격 변화가 남아 있는 곳이 바로 대명사 부분입니다.
해석 A: 너는 Jay와 Sue와 함께 가니? B: 네, 저는 그와 그녀와 함께 가요.

02 막연한 dress 하나를 가리킬 때 one을 쓰고 바로 그 dress를 가리킬 때 it을 씁니다.
해석 A: 어떤 드레스를 원하세요? B: 저는 푸른색 드레스를 원해요.

03 Susan과 David를 받는 복수 대명사 목적격 them이 적절합니다.
해석 나는 이 책을 Susan과 David에게 줬다. = 나는 그 책을 그들에게 줬다.

04 자기가 혼자서 직접 했다는 문맥이므로 재귀대명사 herself가 정답입니다.
해석 딸아이가 혼자서 설거지를 했다. = 그녀는 혼자서 직접 설거지를 했다.

05 이 책들이 '내 것'이므로 소유대명사 mine이 정답입니다.
해석 나는 이 책들을 오늘 아침에 샀다. 이것들은 나의 것이다.

06 전체 다섯 명 중에 두 사람이 언급되었고 그 외에 나머지 사람들이므로 그 나머지 세 명은 the others입니다.

07 수식을 받을 수 있는 대명사는 단수는 that, 복수는 those입니다.

> 해석 우는 사람들이 웃는 사람들보다 더 빨리 회복한다.

08 수식을 받을 수 있는 대명사는 단수는 that, 복수는 those입니다.

> 해석 내 수업의 출석률은 김 선생님의 출석률보다 좋다.

09 수식을 받을 수 있는 대명사는 단수는 that, 복수는 those입니다.

> 해석 내 사무실 복사기가 고장이 나서 나는 네 사무실의 복사기를 써야 한다.

10 주어로 쓰인 Each는 단수 취급을 하는 명사입니다.

> 해석 당신이 가지고 있는 각각의 우표들은 100달러 이상의 가치가 있다.

11 대명사의 격 변화는 영어의 특징이니 꼭 암기하세요! '나'의 목적격은 me입니다.

12 '서로서로'는 each other, one another가 있습니다. 예전에는 each other는 '둘이 서로서로', one another는 '셋 이상 서로서로'라고 설명하는 교재가 많았지만 요즘은 큰 차이 없이 쓰이고 있습니다.

13 재귀대명사는 주어를 강조할 때 씁니다. by oneself는 '홀로', for oneself는 '혼자 힘으로'의 의미입니다.

14 each는 주어로 쓰일 수 있고 every는 주어가 될 수 없습니다. 그 이유는 each는 명사, 형용사, 부사로 모두 쓰이고, every는 형용사로만 쓰이기 때문입니다. 형용사는 주어가 될 수 없습니다.

15 all 역시 each처럼 명사, 형용사, 부사가 모두 될 수 있는 단어입니다. 이 문장처럼 전체를 하나로 볼 때 all은 단수로 취급합니다. (《김대균 영문법》 36쪽 참고)

> ex. All you need is love. 당신이 필요로 하는 전부는 사랑입니다.

16 빈칸은 명사 주어 자리입니다. 부정어도 품사가 있습니다. no는 형용사, not과 never는 부사로 쓰입니다.

> 해석 내 친구들 중에 누구도 연예계에 종사하고 있지 않다.

17 one after another는 '차례차례'라는 표현이니 덩어리로 암기해두세요!

> 해석 선수들이 차례차례 경기장에 들어온다.

18 who 뒤에 has가 나온 것으로 봐서 빈칸은 단수형 명사가 들어가야 하는데 보기 중에 수식을 받을 수 있는 단수 명사는 (B) Anyone뿐입니다. (A) Those는 수식을 받을 수 있지만 복수 명사 취급을 합니다.

> 해석 실수를 해 본 적이 없는 사람은 새로운 것도 해 본 적이 없다.

19 일반 주어를 일관되게 사용하는 흐름의 글이므로 앞에 나오는 one을 그대로 쓰는 것이 적절합니다.

> 해석 사람은 최고를 계속 유지하고자 원한다면 10년마다 전술을 바꿔야 한다. 〈나폴레옹〉

20 Opportunities를 받는 목적격 them이 정답입니다.

> 해석 기회는 일출과 같다. 너무 오래 기다리면 놓친다.

Set 03

01-05	**01** his	**02** hers	**03** my	**04** Most	**05** None
06-10	**06** is	**07** the other	**08** both	**09** anything	**10** something

11-15 **11** Do they speak English in Australia? / **12** Leave us. / **13** Please help yourself to some cake. / **14** Some of you here have already met Iris. / **15** Both of the cafes are very good.

16-20	**16** (C)	**17** (D)	**18** (B)	**19** (B)	**20** (C)

해설

01 his는 he의 소유대명사(그의 것)이자 소유격(그의)입니다.

해석 이것은 Jay의 책이다. = 이 책은 그의 것이다.

02 이중소유격이라는 말은 of도 소유의 의미인데 hers(소유대명사)를 연이어 쓰면서 생긴 이름입니다. 이중소유격 용법을 주의하세요. 여기서 an uncle of her가 아닌 an uncle of hers입니다.

해석 Sue는 그녀의 삼촌을 방문할 예정이다.

03 「형용사 + 명사」 앞에는 소유격이 온다는 것을 꼭 기억하세요.

해석 나는 나만의 아파트를 가지고 싶다.

04 most of the people은 특정 그룹의 사람을 가리킵니다.

➥ Most people want a quiet life.(대부분의 사람들은 조용한 삶을 원한다.) 이 문장에서 people은 일반적인 사람들을 가리킵니다. 이러한 영어의 섬세한 차이를 구분하는 태도가 중요합니다.

해석 이곳 사람들 대부분은 내게 낯선 사람들이다.

05 none은 명사로 부정적인 의미를 갖습니다.

ex. All of the ducks didn't survive. (X)

부분 부정을 만들려면 다음과 같이 써야 합니다.

ex. Not all the ducks survived. 모든 오리들이 다 살아남은 것은 아니다. – 이 문장은 일부는 살아남고 일부는 죽었다는 의미입니다.

해석 어느 오리도 살아남지 못했다.

06 all은 사물을 의미할 때 단수로 쓰며 수식을 받을 경우에도 단수입니다.

ex. All is not gold that glitters. 반짝이는 모든 것이 다 금은 아니다.

해석 당신이 필요한 모든 것은 사랑이다.

07 앞에 나온 the red one이 아니라 그 외에 다른 색깔을 원한다는 특정적인 것이므로 the other로 the가 붙어야 합니다.

해석 나는 빨간 것이 싫다. 나는 다른 색을 더 좋아한다.

08 부모님은 두 명이므로 막연한 아무나(any)로 지칭할 수 없습니다.

해석 나는 나의 부모님 두 분을 다 사랑한다.

09 부정문에는 any가 쓰이는데 명사 자리이므로 명사 역할을 하는 anything이 정답입니다.

해석 나의 인생 모토는 '어떤 일에 대해 나 자신을 비난할 수 없게 최선을 다하자.'이다.

10 긍정문에는 some, 부정문에는 any를 사용합니다.

해석 실패는 성공의 열쇠이다. 각각의 실수는 우리에게 무언가를 가르친다.

11 일반 주어 we, they, 비인칭 주어 it을 잘 활용할 줄 알아야 기본 문법 실력이 있는 것이라고 할 수 있습니다. 우리가 호주 사람들이 아니므로 일반 주어 they를 사용해야 합니다.

12 《김대균 영문법》 27쪽에서 다룬 내용으로, 필자가 영화 Elizabeth를 보는데 신하 한 명 빼고 다 나가 있으라는 말을 이렇게 표현한 것이 인상에 남아 다시 문제로 만들어 봤습니다. 대명사는 정말 쉬운 단어지만 이 두 단어로 이렇게 강한 명령을 할 수가 있습니다.

13 '마음껏 들다, 편히 들다'라는 표현이 help oneself to something입니다. 이것은 재귀대명사의 재귀 용법이라고 하는데 이 문장에서 yourself를 생략하면 틀립니다. 그러나 다음과 같은 문장에서 yourself는 생략이 가능합니다.

  ex. Go and buy (yourself) an ice cream. 네가 직접 가서 아이스크림 사 와.
  이렇게 생략해도 문제가 없는 재귀대명사를 강조 용법의 재귀대명사라고 합니다.

14 some은 명사를 수식하는 한정어(determiner)로도 사용되고 이 문장에서처럼 대명사(pronoun)로도 사용됩니다. 이 문장에서 some은 주어로서 역할을 하고 있습니다.

15 같은 의미의 문장으로 Both cafes are very good.도 됩니다. both는 대명사와 형용사로 쓸 수 있습니다.

16 빈칸은 주어 역할을 하면서 수식을 받을 수 있는 대명사가 정답입니다. (A) Who는 의문사로 의미상, 구문상 부적절합니다. (B) These는 entering this fitness center의 수식을 받을 수 없는 대명사입니다. (D) That은 단수여서 문장의 뒷부분에 나오는 their과 수의 일치가 되지 않습니다.

  해석 이 헬스클럽에 들어가는 사람들은 로커에 가방을 맡겨야 한다.

17 one another는 '서로서로'라는 뜻의 숙어입니다. one-on-one은 '일대일'이라는 의미이고 man to man은 틀린 영어 표현입니다.

  해석 두 건축가는 서로서로 도와서 결국 그 상을 받았다.

18 10개 중 두 개가 작동되지 않고 그 나머지들 8개는 특정적이므로 the others가 정답입니다. 총 8개가 되므로 복수형으로 써야 합니다.

  해석 우리 학교에 10대의 컴퓨터가 있다. 두 대는 작동된다. 그 나머지는 모두 작동이 되지 않는다.

19 some people과 other people이 대조되는 구문입니다.

  해석 몇몇 사람들은 성공을 꿈꾼다. 반면에 다른 사람들은 매일 아침 일어나 꿈이 이뤄지게 한다.

20 부정어도 품사가 있습니다. (A) no는 형용사, (D) not은 부사로 주어가 될 수 없습니다. (B) one의 경우 문맥도 맞지 않지만 기본적으로 단수이므로 그 뒤에 동사로 have 대신에 has가 들어가야 합니다.

  해석 나는 그녀가 유명한 줄 알았지만 내 친구 중에 아무도 그녀에 대해 들어보지 못했다.

★ 요건 몰랐지? none은 단수로 취급하는가? 복수로 취급하는가?

none이 not one을 의미할 때 단수 취급하고, 물질명사가 그 다음에 올 경우에도 단수 취급 합니다.
  ex. None of the water is polluted. 어느 물도 오염되지 않았다.

그러나 none이 not any를 의미할 때는 복수 취급도 하며 그게 더 자연스럽습니다.
  ex. I talked to the girls, and none of them are coming to the party.
      여자애들과 얘기해봤는데 아무도 오지 않는댄다.
none of them = not any of them

Chapter 03 관사

Set 01

01-05	01 a	02 a	03 an	04 the	05 the
06-10	06 The earth	07 information	08 a description	09 an	10 둘 다 the piano

11-15 11 I saw a UFO yesterday. / 12 I had an MRI today. / 13 I take a bath three times a day. / 14 In bad times, the rich usually get richer. / 15 Money can't buy life.

16-20	16 (C)	17 (D)	18 (D)	19 (B)	20 (A)

해설

01 a는 하나의 의미가 있습니다.

해석 나는 차를 한 대 샀다.

02 a는 per(마다)의 의미로 쓰입니다.

해석 이 약을 하루에 세 번 한 알씩 드세요.

03 MP3 player에서 M은 '에∼엠'으로 발음이 됩니다. 즉 모음입니다. 모음으로 발음되는 단어 앞에는 an이 오는데 유사한 예로 an honest man(정직한 사람), an MP(미국 하원 의원)도 기억해두세요.

해석 MP3 플레이어가 뭐야?

04 유일한 것은 the sun, the moon, the sky, the earth처럼 the를 동반합니다.

ex. I love you to the moon and back. 당신을 하늘만큼 땅만큼 사랑해.

해석 당신과 함께 우주선을 타고 달까지 갔다 오고 싶다.

05 악기 이름 앞에는 the가 붙습니다. the violin, the guitar도 이렇게 the가 붙습니다.

해석 Darren은 플루트를 연주할 수 있다.

06 유일한 것인 moon, sun, earth 앞에는 the를 씁니다.

ex. The sun is new each day. 태양은 매일 새롭다.

해석 지구는 믿을 수 없을 정도로 아름답다.

07 information은 셀 수 없는 명사로 관사 a/an을 쓰지 않습니다.

해석 우리는 정보에 빠져 익사할 지경이다. 그러나 지식에 굶주려 있다.

08 description은 셀 수 있는 명사여서 그 앞에 a/the가 와야 합니다.

해석 좋아하는 음식에 대한 설명을 쓰세요.

09 hour는 '아우어'로 발음이 되어 모음으로 시작되는 단어입니다. 보기에는 h(자음)가 있어서 a가 올 것 같지만 a hour는 틀린 표현입니다.

해석 그 배관공은 시간당 50달러를 청구한다.

10 악기 이름 앞에는 the가 붙습니다. the violin, the flute도 마찬가지입니다.

해석 피아노는 손가락으로 치지 않는다. 피아노는 마음으로 치는 것이다. 〈Glenn Gould〉

11 UFO는 발음이 '유(yoo)'로 시작하는데 이 발음은 자음입니다. 영어 발음에서 '아, 에, 이, 오, 우(a, e, i, o, u)' 발음이 아닌 것은 모두 자음으로 봅니다.

12 MRI 발음은 '엠(em)'으로 시작합니다. 모음으로 발음이 시작하므로 그 앞에는 an이 와야 합니다. an MRI와 함께 an MBA(경영학 석사 학위), an MP3 player도 익혀두세요.

13 이 문장에서 a는 per(마다)의 뜻으로 쓰였습니다.

ex. I work out at least 5 times a week. 나는 적어도 일주일에 다섯 번 운동을 한다.

14 「the + 형용사」는 복수 보통 명사가 됩니다.

ex. When the rich wage war, it's the poor who die. 부자들이 전쟁을 벌이면, 죽는 사람들은 가난한 사람들이다.

15 이 문장에서 money와 life는 셀 수 없는 명사로 관사 없이 씁니다. life가 '생명, 인생'을 가리킬 때는 셀 수 없습니다.

ex. Life is 10% what happens to you and 90% how you react to it. 인생은 당신에게 벌어진 10%와 이 일에 당신이 반응하는 90%로 구성된다.

하지만 life가 기계, 배터리 등의 수명을 가리킬 때는 셀 수 있는 명사입니다.

ex. These new batteries have a much longer life. 이 새 배터리는 훨씬 더 긴 수명을 가지고 있다.

이 문장에서 life 앞에 a가 붙은 것을 주의해서 보세요. 또한 life는 작가가 누군가 다른 사람의 삶을 쓴 the life story 를 의미할 때도 셀 수 있는 명사입니다.

ex. What moved her to write a life of Trump? 무엇이 그녀가 트럼프의 전기를 쓰게 만들었나?

16 by accident는 숙어로 '우연히'라는 의미입니다. 한 덩어리로 암기해두세요. 여기에는 관사 a나 the가 붙지 않고 단수 형태로 씁니다.

해석 그녀는 그 문제에 대한 해결책을 우연히 발견했다.

17 accident는 셀 수 있는 명사이고, 집 안에서의 여러 사고들 때문에 1년에 만 명이 죽는다는 말이 논리적으로 옳습니다. accident 앞에 an이 오는 것이 문법상은 맞지만 한 번의 가정 내 사고로 만 명이 사망하는 것은 상식적으로 틀린 말입니다.

해석 1년에 약 만 명이 가정 내 사고로 사망한다.

18 대구, 대조를 이루는 표현에는 관사를 생략합니다.

ex. hand in hand(손을 맞잡고), day by day(날마다), from east to west(동에서 서까지), from hand to mouth(하루 벌어 하루 사는), face to face(얼굴을 맞대고), arm in arm(팔짱을 끼고), husband and wife(남편과 아내)

해석 우리는 전화로 이야기를 했지만 직접 얼굴을 본 적은 없다.

19 MP는 발음이 '에-ㅁ'으로, 모음으로 시작되는 단어입니다. 모음 앞에는 an이 옵니다! an MP3 player도 마찬가지입니다. (C) few, (D) a few 다음에는 복수 명사가 와야 하니 정답이 될 수 없습니다. MP는 member of parliament의 줄임말입니다.

해석 국회의원으로서 나의 임무는 나의 유권자들을 대표하는 것이다.

20 university의 u는 '유' 발음으로 반자음, 즉 자음에 속합니다. 그래서 그 앞에 a가 옵니다. year도 마찬가지여서 a year 로 씁니다. (C) little, (D) a little 뒤에는 양을 따지는 셀 수 없는 명사가 오기 때문에 정답이 될 수 없습니다.

ex. Amelia has practised medicine for a year. Amelia는 1년간 의사로 일했다.

해석 Amy는 대학에서 문학 교육을 잘 받았다.

Set 02

01-05	01 a	02 an	03 The	04 an	05 a
06-10	06 were	07 Breakfast	08 a hearty breakfast		09 fluent Chinese
	10 history, history				

11-15 11 Is learning Korean difficult? / 12 Music can change the world. / 13 Did Clara go to school today or is she still ill? / 14 Sue is studying economics at Harvard University. / 15 We are building a new school in Samsung Dong.

16-20	16 (C)	17 (D)	18 (D)	19 (C)	20 (A)

해설

01 such a의 어순을 기억하세요. 일반적으로 such the는 쓰지 않습니다.
> 해석 너무나도 아름다운 날이었다.

02 hour는 h가 발음이 되지 않는 단어이므로 그 앞에 an이 옵니다. half an hour = 30 minutes
> 해석 나는 30분 후에 다시 올 것이다.

03 「the + 형용사」는 대부분 복수 보통 명사의 의미입니다. 그러나 the accused(피고)는 단수로도 많이 씁니다.
> 해석 가난한 사람들은 스스로 만족할 때 부자이다.

04 extent가 e라는 모음으로 발음이 시작되므로 an이 옵니다. to such an extent는 '그 정도로, 그토록'의 뜻입니다.
> 해석 나는 그 도시가 그 정도로 변한 것에 놀랐다.

05 many a time은 many times입니다. many a time은 시적인 표현으로 예전에 많이 쓰였습니다. many a time의 time에는 -s가 붙지 않습니다. 이 문장은 Many times I had seen her in my dreams.와 같은 의미입니다. 여기서 Many times에는 -s가 붙는 것을 기억하세요.
> 해석 나는 꿈에서 그녀를 여러 번 본 적이 있다.

06 「the + 형용사」는 대부분 복수 보통 명사로 쓰입니다. the wounded는 '부상 입은 사람들'이 되고 앞에서 본 the rich, the poor도 모두 복수 의미를 가집니다. 단, the accused는 '범죄로 고발당한 사람이나 사람들(the person or group of people who have been officially accused of a crime)'의 의미로, 단수도 되고 복수도 됩니다.
> 해석 아픈 사람들은 마음대로 가도 좋다고 허용되었다.

07 식사 이름(breakfast, lunch, dinner)은 단독으로 쓰일 때 관사를 쓰지 않습니다.
> ex. I believe in stopping work and eating lunch. 나는 일을 멈추고 점심을 먹는 것의 가치를 믿는다.
> 해석 아침 식사는 하루 중 가장 중요한 식사이다.

08 식사 이름이라도 형용사의 수식을 받는 경우 그 앞에 관사 a(an)나 the를 써야 합니다. 다른 곳에서 잘 나오지 않는 문법이므로 이 기회에 익혀두세요!
> ex. My favorite thing is to have a big dinner with friends and talk about life. 내가 좋아하는 것은 친구들과 성대한 저녁 식사를 하고 인생에 대해 이야기하는 것이다.
> 해석 나는 분명 어떤 일을 하기 전에 든든한 아침 식사를 한다.

09 언어는 그 앞에 관사가 붙지 않고 형용사의 수식을 받아도 관사가 붙지 않습니다.
> 해석 나는 유창한 중국어를 말할 수 있으면 하고 바란다.

10 학문명은 무관사로 씁니다. history뿐만 아니라 mathematics(수학), physics(물리학), economics(경제학)도 무관사로 씁니다.
> 해석 우리는 역사를 만드는 사람들이 아니다. 우리가 역사에 의해 만들어진다.

11 언어를 가리키는 단어 English, Korean, Japanese, Chinese는 관사 a(n), the와 함께 쓰지 않고 무관사로 씁니다.

12 music도 학문명으로, 무관사로 쓰입니다. a music이라고 쓰지 않도록 조심하세요.

13 학교의 본래 목적에 맞게 공부하러 간 경우에는 무관사를 씁니다.

> ex. Jay goes to school at 7:00 a.m. every day. Jay는 매일 오전 7시에 학교를 간다.

14 '경제학'은 학문명이어서 무관사로 씁니다. 그리고 대학 앞에 쓰는 전치사는 at이라는 사실도 기억하세요.

15 주어인 '우리'가 공부하는 사람이 아니고 학교를 짓는 사람이기 때문에 공부하는 본래의 학교 목적이 아니므로 관사 a 가 필요합니다.

16 「the + 형용사」는 복수 보통 명사의 의미가 됩니다.

> ex. the rich 부자들, the sick 아픈 사람들 (《김대균 영문법》 45쪽 참고)
> 해석 맹인들 가운데는 눈 하나 있는 사람이 왕이다. 〈속담〉

17 take the bull by the horns는 직역하면 '소의 두 뿔을 잡다'인데 정면으로 맞선다는 의미로 많이 쓰입니다. 신체의 일부를 접촉할 때는 the를 씁니다.

> ex. Kiss me on the lips. 입술에 키스해 주세요.
> 해석 네가 용기를 내어 정면으로 맞서서 John에게 떠나라고 하면 어떨까?

18 the more ~ the more ~ 용법으로 '~하면 할수록 더욱 더 ~하다'의 의미입니다.

> 해석 사람은 더 알면 알수록 남을 더 용서하게 된다.

19 악기 이름 앞에는 the가 붙습니다. (A) a, (B) an, (D) this 뒤에는 단수 명사가 오기 때문에 복수형인 drums 앞에 올 수 없다는 것에 주의하세요.

> 해석 나는 9살 때부터 드럼을 치고 있다.

20 이 문장을 해석하지 못하는 분도 많습니다. 문장이 무슨 의미인지 파악이 되지 않을 때는 주어와 동사를 찾는 습관부터 키워야 합니다. 이 문장의 주어는 Birds, 동사는 flock(모이다)입니다. feather는 '깃털'의 의미로, 직역하면 '같은 깃털의 새는 함께 모인다', 즉 '끼리끼리 모인다'라는 뜻의 유명한 속담입니다. 여기서 a는 same의 의미로 쓰였습니다.

> 해석 같은 깃털의 새가 함께 모인다. (유유상종[類類相從])

★ 요건 몰랐지? 명사 앞에 a/an이 오는 것은 형태가 아니라 발음이 기준입니다.

- an honest[on-est] man
- an hour[our]
- an FBI[eff-bee-eye] agent
- an R.S.V.P.[aːr-es-vi:-pi:] (빠른 회신을 요한다는 의미로, 불어에서 온 말입니다.)
- a European[you-ro-pe-an] country '유'는 반자음으로 자음입니다.
- a one-day[won-day] conference
- a university[you-ni-ver-si-ty]

Set 03

01-05 01 the   02 a   03 the   04 zero article(무관사)
05 zero article(무관사)

06-10 06 hospital   07 a hospital   08 prison   09 room   10 room 201

11-15 11 They drank all the water they had. / 12 It was such a good movie. / 13 This is too good a chance to lose. / 14 A number of people are waiting for the bus. / 15 The sun rises in the east and sets in the west.

16-20 16 (A)   17 (D)   18 (D)   19 (D)   20 (A)

해설

01 상대방이 아는 바로 그 창문을 열라는 명령문이므로 특정적입니다. 특정적인 명사 앞에는 the를 씁니다.
해석 창문 열어.

02 여기서 a는 '~마다'의 의미로 per와 같은 뜻입니다. three times a day(하루에 세 번), seven days a week(일주일에 7일)에서 a도 모두 같은 의미입니다.
해석 A: 딸기 얼마죠? B: 파운드당 3달러입니다.

03 the same을 한 덩어리로 암기하세요. same 앞에는 the가 오고 whole 앞에도 the가 옵니다.
ex. I spent the whole day riding a bicycle. 나는 하루 종일 자전거를 타면서 보냈다.
해석 당신의 신발은 내 것과 같은 색깔이다.

04 산(mount) 앞에는 관사가 오지 않습니다.
ex. Mount Hook, Mount Everest, Mount Hood
해석 후드산은 풍경 좋은 휴양을 제공한다.

05 거리 앞에는 the를 붙이지 않습니다. fifth는 서수라서 일반적으로 앞에 the를 붙이지만 거리 이름으로 쓰일 때는 42nd Street(42번가)처럼 무관사입니다.
ex. 42nd Street is an American musical. 42번가는 미국 뮤지컬 이름이다. – 42nd Street는 유명한 뮤지컬 이름이기도 합니다.
해석 5번가는 오른쪽 첫 번째에 있다.

06 입원 중에 한 곳에 있는 것이 상식이므로 복수를 쓰지 않습니다. 참고로 병원은 본래 용도인 입원해 있는 상태를 묘사할 때 관사 없이 in hospital로 쓰지만 요즘 북미에서는 in the hospital도 쓰는 경향이 있습니다.
해석 그녀의 어머니는 심각하게 아파 입원해 계시다.

07 John은 환자로 입원한 것이 아니고 일하는 사람이므로 '어느 한 병원에'라는 의미로 a hospital이 옳습니다.
해석 John은 병원에서 간호사로 일했다.

08 감옥에서 수감 생활을 한 것은 감옥 본래의 의미로 쓰인 것이므로 무관사 단수형(prison)을 씁니다.
해석 Joe는 감옥에서 5년을 보냈다.

09 room이 일반적인 '방'의 의미일 때는 a가 붙는 셀 수 있는 명사로 쓰입니다.
ex. There are 5 people in a room. 방에 다섯 명이 있다.
그러나 room이 셀 수 없는 명사로 관사 없이 쓰일 때는 '공간'이나 '여지'의 의미가 됩니다.
ex. This desk would take up too much room in my room. 이 책상은 내 방에서 너무 많은 공간을 차지할 것이다.
해석 지금 사업이 잘 되고 있지만 분명히 개선의 여지가 있다.

10 room이 '몇 호실'이라는 의미로 쓰일 경우에는 그 앞에 관사가 붙지 않습니다. Room 209, Room 101처럼 그 앞에

관사 없이 쓰는 것이 옳습니다.

> 해석 | 한 여자가 201호에서 들려오는 비명을 들을 수 있었다고 말했다.

11 all the water의 순서를 주의하세요. all, both, half, double, such, many는 뒤에 a, the가 오는 특징이 있습니다. 《김대균 영문법》 49쪽에서 '올 버스가 반이냐 둘이냐 그렇게 많냐?(all, both, half, double, such, many)'로 암기한 내용입니다.

12 such는 a가 그 뒤에 위치합니다.

> ex. | It was such a beautiful day. 너무나 아름다운 날이다. = It was so beautiful a day.

so는 부사로 형용사 beautiful을 수식하고 a는 관사로 명사 day를 수식하는 어순을 익혀두세요.

13 too는 부사로 형용사 good을 수식하고 a는 관사로 명사 chance를 수식하는 어순을 익혀두세요.

14 a number of는 many와 같은 의미여서 뒤에 나오는 명사 people이 주어이므로 복수 동사 are와 어울립니다. 「a number of + 복수 명사 + 복수 동사」, 「the number of + 복수 명사 + 단수 동사」를 기억하세요. the number of는 number가 단수형으로 주어가 되기 때문에 그 뒤에 are가 아니라 is가 와야 합니다.

> ex. | The number of people here has increased since last week. 이곳 사람들의 수가 지난주 이래로 늘었다. → 주어가 단수형 the number이므로 동사는 3인칭 단수형인 has

15 일반적으로 누구에게나 알려진 것들(things that are universally known)인 태양(sun), 달(moon), 지구(earth)에는 관사 the를 씁니다.

16 rice는 셀 수 없는 명사이기 때문에 앞에 a도 쓸 수 없고 뒤에 -s를 붙이지 않습니다. 알갱이(rice), 가루(flour, sand, sugar, salt)나 액체(water)는 대부분 셀 수 없는 명사입니다.

> 해석 | 생선과 함께 감자 대신에 밥을 먹을 수 있나요?

17 「the + 형용사」는 복수 보통 명사입니다. (B) Young person은 단수형으로 뒤에 need와 수의 일치도 안되고 셀 수 있는 명사인데 그 앞에 관사도 없어서 틀립니다.

> 해석 | 젊은이들은 사회에서 격려와 지원을 받을 필요가 있다.

18 병원 본래의 용도로 입원하는 경우 관사를 쓰지 않습니다. 여기서 in hospital은 병원에 환자로 있는 것(being there as a patient)을 의미합니다. 학교 본래의 용도로 공부하러 가는 경우도 go to school, 선원이 되는 것도 go to sea 로 관사 없이 씁니다.

> 해석 | Sally는 입원하고 싶지 않았지만 너무 아파서 집에 갈 수 없었다.

19 이미 앞에서 a cup을 세었기 때문에 coffee는 아무 관사 없이 씁니다. 일반적으로 coffee, tea는 셀 수 없는 명사입니다.

> ex. | Can I have two cups of coffee? 커피 두 잔 주시겠어요?

> ex. | I drank three bottles of water today. 오늘 나는 물 세 병을 마셨다.

예외로, 우리가 레스토랑에 있는 상황에서 컵이 이미 있는 상태로 물이나 커피를 따라 주는 경우 아래 문장은 옳습니다.

> ex. | Can we have three coffees please? 커피 세 잔 주시겠어요? (three coffees = three cups of coffee)

> ex. | Can we have two waters as well? 물도 두 잔 주시겠어요? (two waters = two glasses of water)

> 해석 | 긴 하루가 끝난 후 커피 한 잔은 특별히 맛이 좋다.

20 영어에서 「명사 + 숫자」의 순서로 나오는 경우 관사를 쓰지 않습니다.

> ex. | platform 5, room 209, page 77

> 해석 | 75쪽을 펴세요.

Set 01
본문 p.36

01-05	01 (D)	02 (B)	03 (D)	04 (B)	05 (A)
06-10	06 few	07 plenty of	08 lots of	09 little	10 missing

11-15　11 Darren earns much money. / 12 She is really photogenic. / 13 She is (flat) broke. / 14 Electric lights are more economical than gas. / 15 I only have a limited knowledge of Japanese.

16-20	16 (D)	17 (C)	18 (B)	19 (D)	20 (C)

해설

01 (D) approval(승인)은 명사입니다. 《김대균 영문법》 23쪽 7번 문제도 참고하세요. denial도 '부인'의 의미로 명사입니다.

　해석　(A) 자연의 (B) 전통적인 (C) 보통의

02 (B) reality(현실)는 명사입니다.

　해석　(A) 비가 많이 오는 (C) 죄책감이 드는 (D) 바람이 많이 부는

03 「명사 + ly」는 형용사입니다. (D)는 「형용사 + ly」로 '아름답게'라는 뜻의 부사입니다.

　해석　(A) 사랑스러운 (B) 값비싼 (C) 친절한

04 (B) recycling(재활용)은 명사입니다. -ing형 형용사도 있지만 -ing형 명사도 있습니다. 《김대균 영문법》 20쪽을 참고하세요.

　해석　(A) 실종된 (C) 재미있는 (D) 가혹한, 지나친

05 (A) kindness(친절함)의 -ness는 명사형 접미어입니다. -less는 '~가 없는'의 의미를 가진 형용사 접미어입니다.

　해석　(B) 부주의한 (C) 의미 없는 (D) 쓸모 없는

06 few 뒤에는 셀 수 있는 명사의 복수형이 옵니다. little 뒤에는 셀 수 없는 명사가 옵니다.

　해석　날씨는 앞으로 며칠 동안 계속 맑을 것으로 예상된다.

07 plenty는 명사를 수식할 때 plenty of 형태로 씁니다. plenty of와 비슷한 의미로 lots of, a lot of가 있습니다.

　해석　버스 터미널로 가야 할 때까지 우리는 아직 시간이 충분히 남아 있다.

08 뒤에 명사를 수식할 때 a lot of 또는 lots of를 씁니다.

　◐ lots of, a lot of, plenty of의 공통점과 차이점!

　lots of와 a lot of는 many, much의 의미와 유사한데 a lot of보다 lots of가 더 격식을 따지지 않는 표현입니다. plenty of는 enough, more than enough의 의미로 '매우 충분한, 많은'이라는 뜻입니다.

　해석　여기 카페에는 많은 사람들이 있다.

09 문장 끝에 나오는 milk는 water처럼 셀 수 없는 명사로 그 앞에 little이 와야 합니다. few 뒤에는 복수 명사가 옵니다.

　해석　우선 밀가루를 그릇에 넣고 약간의 우유와 섞으시오.

10 missing(실종된)이 문맥에 맞습니다. missed(놓친)는 missed call(부재중 전화)에 사용됩니다.

　해석　그녀의 아이는 2018년 9월 이래 실종된 상태이다.

11 much는 셀 수 없는 명사를 수식하고 many 뒤에는 복수 명사가 옵니다.

12 '텔레비전에서 화면이 잘 나오는'이라는 뜻의 형용사는 telegenic입니다. 《김대균 영문법》 54쪽을 참고하세요.

13 broke는 without money(돈이 없는)의 의미의 형용사로, broken(부러진, 부서진)과 다릅니다.

> ex. Jane's watch is broken. Jane의 시계가 부서졌다.

14 economic은 '경제의'라는 뜻이고 economical은 '절약하는', '경제적인'의 뜻입니다.

15 limited는 과거분사형으로 형용사 역할을 많이 합니다.

> ex. a limited choice 제한된 선택, limited time 제한된 시간

16 be considerate of '~를 배려하다'라는 뜻의 덩어리로 암기해두세요. (B) considerable은 '상당한'이라는 뜻으로 비교해서 알아두면 좋습니다. (C) considering은 그 뒤에 바로 목적어가 나와야 하며 of가 필요 없어서 오답입니다.

> 해석 나는 남을 배려해왔을 때 내가 아름답다고 느낀다.

17 lonely는 부사처럼 생겼지만 형용사입니다. (A) alone은 서술 형용사로 동사 be/get 뒤에 위치합니다.

> ex. Iris likes being alone in the house. Iris는 집에 혼자 있는 것을 좋아한다.

> 해석 Denny는 이제 아이들이 다 집을 떠나 외로워졌다.

18 leisurely(한가로운)는 부사 같이 생긴 형용사입니다. leasure(명사) + ly = 형용사

> ex. All happiness depends on a leisurely breakfast. 모든 행복은 한가로운 아침 식사 여부에 달렸다. 〈John Gunther(미국 기자)〉

(C) legal은 '법적인'이라는 뜻으로 문맥에 맞지 않습니다.

> 해석 우리는 한가로운 야유회 점심을 강변에서 먹었다.

19 plenty of가 뒤에 나오는 명사를 수식할 수 있습니다. (A) lot of는 lots of로, (B) a lot는 a lot of로, (C) lots는 lots of로 수정해야 옳습니다.

> 해석 나는 10대처럼 행동하는 많은 성인들을 알고 있다.

20 (C) little이 단독으로 쓰일 때는 부정적인 의미입니다. a little은 긍정적인 의미이고 very a little같은 단어 순서는 영어에 없습니다. few, a few 뒤에는 복수 명사, 복수 동사(are)가 옵니다.

> 해석 인생을 행복하게 하는 데는 거의 어떤 것도 필요하지 않다. 행복한 삶은 모두 당신 안에, 당신이 생각하는 방식에 있다. 〈Marcus Aurelius〉

Set 02

본문 p.38

01-05
01 돌아가신 고(故) 웨일스 공녀
02 내 여자친구가 따분해한다.
03 나의 여자친구는 지루한 여자다.
04 Jay는 자신의 결정에 대한 어떤 이유가 있다.
05 전 가족이 참석했다.

06-10
06 tiring 07 disgusting 08 inspired 09 exciting 10 annoying

11-15
11 I'm very disappointed by[at] your behavior. / 12 The metro[subway] can be confusing the first time you use it. / 13 Tina was shocked to hear about the earthquake. / 14 John is bored of doing the same thing every day. / 15 The meals at Kinglish Cafe are satisfying.

16-20
16 (C) 17 (C) 18 (B) 19 (A) 20 (C)

해설

01 late가 사람 앞에 나올 때 '고(故)', '돌아가신'의 의미입니다. 대체로 최근 30년 안에 사망한 경우에 씁니다.

02 여기서 bored는 주어가 따분해하는 것을 나타냅니다. 즉 My girlfriend feels bored.와 같은 의미입니다.

03 boring은 '남을 지루하게 하는'의 의미입니다. 즉 My girlfriend is a boring person.이라는 말입니다.

04 certain이 명사 앞에 위치하면 '어떤'의 의미이고 동사 be/feel/become 뒤에 위치하면 '확실한'의 의미입니다.
> ex. I feel certain she is doing the right thing. 나는 그녀가 올바른 일을 하고 있다고 확신한다.

05 present는 be동사 뒤에 올 때 '참석한'의 의미이고 명사 앞에 올 때 '현재의'의 의미입니다.
> ex. Please state your present occupation. 당신의 현재 직업을 말하시오.

명사로는 '현재', '선물'의 의미를 갖습니다.
> ex. present tense 현재 시제, a birthday present 생일 선물

06 주어가 남에게 원인(cause)을 제공하면 -ing 형태로 씁니다. p.p. 형태는 주어가 영향(effect)을 받을 때 씁니다.
> ex. You look really tired. 너는 정말 피곤해 보인다.
> 해석 나의 비행은 10시간짜리라 나를 피곤하게 한다.

07 주어가 남에게 영향(effect)을 주면 -ing로 씁니다. 주어가 영향을 받으면 다음과 같은 문장이 만들어집니다.
> ex. I am disgusted by the smell in the public toilet. 나는 이 화장실의 냄새에 역겨움을 느낀다.
> 해석 나는 이 공중화장실 냄새가 역겹다.

08 주어인 내가 영감을 받은 것이므로 inspired가 맞습니다.
> cf. Your speech was very inspiring. 당신의 연설은 매우 영감을 주었습니다.
> 해석 나는 너의 연설에 고무되었다.

09 수식을 받는 news가 남에게 흥미진진한 영향을 주므로 -ing형이 맞습니다.
> cf. Are you getting excited about your trip to New York? 당신은 뉴욕 여행에 흥분되나요?
> 해석 당신을 위한 매우 흥미진진한 뉴스가 좀 있다.

10 이 문제는 수식을 받는 단어가 habit이므로 주어와 상관이 없습니다. 남을 짜증나게 하는 습관이므로 -ing 형태로 써야 맞습니다.
> 해석 Chan 씨는 항상 남을 방해하는 매우 짜증나는 습관이 있었다.

11 주어인 I가 실망한 것으로 동사에 영향을 받았으므로 p.p. 형태로 써야 합니다. '~에 실망하다'는 be disappointed by/at이 모두 가능합니다.

12 주어가 남에게 헷갈림을 주므로 능동인 -ing 형태가 옳습니다.
> cf. I'm a bit confused. 나는 다소 혼란스럽다.

13 주어인 Tina가 놀란 것이므로 수동 형태(shocked)가 정답입니다.

14 주어가 지루함을 느끼면 bored, 주어가 남을 지루하게 하면 boring입니다.
> cf. Denny found the opera boring. 데니는 그 오페라가 지루했다.

15 주어가 남을 만족시키면 satisfying, 주어가 만족하면 satisfied입니다.
> ex. Are you satisfied with the results? 그 결과들에 만족하니?

16 stories는 남을 매혹시키는 능동의 의미이므로 -ing 형태가 맞습니다. 이번 챕터에서 많이 다루는 -ing, p.p. 형태 동사는 모두 형용사 역할을 하는 단어들입니다.
> cf. They were absolutely fascinated by the soccer game. 그들은 그 축구 게임에 완전히 매혹되었다.
> 해석 Iris는 우리에게 노르웨이에서의 휴가에 관한 몇몇 흥미진진한 이야기를 해주었다.

17 be considerate of는 '~를 배려하다'라는 뜻입니다. considering은 그 뒤에 of 없이 바로 목적어를 동반합니다. (D) considerable은 '상당한'의 의미입니다. 비교해서 익혀두세요.
> ex. The fire caused considerable damage to the building. 화재는 건물에 상당한 피해를 주었다.

해석 조심하고, 친절하고, 다른 사람들을 배려해라.

18 문맥상 각자의 어린 시절에 대해 이야기한 것이므로 respective(각각)가 정답입니다. (A) respect(존경), (C) respectful(공손한), (D) respectable(존경할 만한)은 어울리지 않습니다.

해석 Joe, Mary 그리고 Darren은 그들 각각의 어린 시절에 대해 이야기했다.

19 sensible은 '분별 있는'의 의미로 이 문장에 적합합니다. (B) sensitive는 '민감한'의 의미로 그 뒤에 전치사 to, about 등과 잘 어울립니다. (C) sensual은 '성적으로 육감적인'의 의미입니다.

ex. I'm very sensitive to smells. 나는 냄새에 아주 민감하다.

해석 그 프로젝트를 시작하기 전에 지금 조사를 하는 것이 더 분별 있는 행동일 것이다.

20 문맥상 successive(연속적인)가 가장 적절합니다. (A) success는 명사 (D) succeed는 동사원형입니다.

ex. Sue runs a very successful computer business. Sue는 매우 성공적인 컴퓨터 사업을 운영하고 있다.

해석 Darren은 10년 연속 세계 챔피언을 했다.

★ 요건 몰랐지? interesting이 무조건 좋은 의미는 아니다!

먹는 것과 관련된 재미있는 표현은 interesting입니다. 어떤 음식을 먹다가 It tastes interesting.이라고 하면 어떤 의미가 될까요? 음식이 재미있다는 말은 맛없는 것을 냉소적으로 표현한 의미가 됩니다. 또한 party도 fun 해야지 The party was interesting.이라고 하면 재미없는 파티를 의미합니다. 왜 그럴까요? 파티는 그냥 즐거워야지 생각해서 재미있다는 것은 재미없다는 말이 되기 때문이지요. 우리가 문법을 공부하지만 실제 쓰이는 영어를 다룬다는 취지로 이런 글도 제공해 드립니다.

Set 03
본문 p.40

01-05	01 costly	02 orderly	03 cowardly	04 silly	05 ugly
06-10	06 successful young		07 old Indian	08 striped silk	
	09 several comfortable		10 round wooden		

11-15 11 There's something sharp in my shoe. / 12 Amy was alone when she heard the sad news. / 13 A man's true character comes out when he's drunk. / 14 Be careful – there's broken glass on the beach. / 15 She must be 100 if she's still alive.

16-20	16 (B)	17 (C)	18 (B)	19 (C)	20 (C)

해설

01 costly는 '값비싼'의 뜻으로 형용사이고, really는 '진정, 정말로'의 뜻으로 부사입니다.

02 orderly는 '질서 정연한'의 뜻으로 형용사이고, luckily는 '다행히도'의 뜻으로 부사입니다.

03 cowardly는 '겁이 많은'의 뜻으로 형용사이고, separately는 '별도로'라는 뜻으로 부사입니다.

04 silly는 '어리석은'의 뜻으로 형용사이고, already는 '이미'의 뜻으로 부사입니다.

05 carefully는 '조심스럽게'라는 뜻으로 부사이고, ugly는 '못생긴'의 뜻으로 형용사입니다.

  ● 형용사만 되는 단어

    deadly 살인적인 / friendly 친절한 / lonely 외로운 / lovely 사랑스러운 / scholarly 학자다운 / smelly 냄새나는 / timely 시기적절한

  ● 형용사와 부사 모두 되는 단어

daily 매일 / early 일찍 / monthly 매월 / weekly 매주 / nightly 밤의, 밤마다 / yearly 해마다 – 이 단어들의 공통점은 시간을 나타낸다는 것입니다.

06 형용사가 나열되는 순서는 우선 사람이 판단한 의견(opinion)을 나타내는 형용사를 쓰고 그 다음에 '신구(new or old)'같은 age를 나타내는 형용사를 씁니다.

   해석 Jay는 성공적인 젊은 사업가다.

07 '신구(new or old)'같은 age를 나타내는 형용사 다음에 출처(Indian, Korean, American)를 나타내는 형용사를 씁니다.

   해석 Sue는 나에게 재미있는 고대 인도 이야기를 해주었다.

08 모양(shape)을 나타내는 형용사 다음에 재료(shape)를 나타내는 형용사를 씁니다.

   해석 Clara는 나에게 줄무늬 실크 셔츠를 사주었다.

09 숫자(several)를 나타내는 형용사 다음에 의견을 나타내는 형용사(comfortable)를 씁니다.

   해석 Jane은 편안한 검은색 침낭을 서너 개 가져왔다.

10 모양(shape)을 나타내는 형용사 다음에 재료(material)를 나타내는 형용사를 씁니다. 형용사 나열 순서 중 제일 마지막에 위치하는 것이 재료를 나타내는 형용사입니다.

   해석 그 방에는 다섯 개의 작은 둥근 목재 테이블이 있다.

11 -thing으로 끝난 단어는 형용사가 그 뒤에 위치합니다.

   ex. There's something special about Chloe. Chloe에게는 무언가 특별한 점이 있다.

12 alone, afraid, alive, alike 등은 be동사 뒤에 위치하는 서술 형용사입니다.

13 drunk는 be동사 뒤에 나와서 '술에 취한'의 의미가 됩니다.

   ☞ a drunken driver에서처럼 drunken은 명사 앞에만 위치하는 다른 단어입니다.

14 '깨진'은 broken입니다. broke는 '파산한'의 의미입니다.

15 alive는 a로 시작하는 단어로 be동사 뒤에 나오는 서술 형용사입니다. 이 단어는 명사 앞에 쓸 수 없습니다.

16 문맥은 그의 모든 걱정이 '가상', 즉 '허상'이라는 것입니다. imagine은 동사로 '상상하다'이고 imaginative는 형용사로 '상상력이 풍부한'입니다.

   ex. Sue is an imaginative little girl. Sue는 상상력이 풍부한 귀여운 소녀이다.

   해석 모든 그의 걱정들은 다 허상이다.

17 형용사 나열은 의견(beautiful), 시대나 연령(old), 출처(Italian)의 순서로 합니다. 형용사 나열의 순서가 100% 지켜지지 않는 경우도 있지만 우리는 교과서적인 문법을 정리하는 것이니 원칙을 잘 기억해두세요. 인칭이 나열되는 데에도 순서가 있습니다. 바로 2–3–1인칭의 순서입니다. You, Mr. Kim and I 순서로 사용합니다. 이런 기본 문법도 정리해 두어야 글이나 말을 정확히 할 수 있습니다.

   해석 Darren은 아름다운 고풍스러운 이탈리아산 스포츠카를 이제 막 샀다.

18 be desirous of(~를 갈망하는, 원하는)라는 이 표현을 한 덩어리로 익혀두세요. desirous는 of와 잘 어울려 사용됩니다. desirable은 '사람들이 원하는, 바람직한, 매력적인(attractive)'의 의미입니다.

   ex. This is a house in a highly desirable location. 이 집은 입지가 아주 좋다.

   해석 그 최고 경영자는 프로젝트를 제시간에 예산에 맞게 끝내기를 몹시 원했다.

19 문맥상 사람이 당황하면 속기 쉽다는 흐름입니다. '속기 쉬운'은 credulous입니다. (A) credit은 '신용'이라는 명사이고 (B) credible은 '믿을 수 있는'이라는 뜻입니다.

   ex. We've received credible information about the accident. 우리는 그 사건에 대한 믿을 만한 정보를 받았다.

해석 사람들이 당황하게 되면 쉽게 속는 경향이 있다.

20 confidential은 '비밀의'라는 뜻입니다. (A) confident는 '자신 있는', (B) confidence는 '신뢰', (D) confide는 '솔직히 털어놓다'의 의미로 빈칸에 맞지 않습니다.

해석 David는 정부 기밀을 언론에 누설했다.

★ 요건 몰랐지? 형용사 순서 총정리!

형용사가 여러 개 나열되어 그 뒤에 나오는 명사를 수식할 때 다음 순서들로 나열합니다.

1. 한정사(determiners) / a, an, the, my, your, his 등
2. 숫자 / one, two, several 등
3. 의견(opinion)을 나타내는 형용사 / successful, lovely, boring 지루한, stimulating 자극적인 등
4. 크기(size)를 나타내는 형용사 / tiny, small, big, large, huge 등
5. 모양을 나타내는 형용사 / round 둥근, square 4각형의, rectangular 직사각형의
6. 신구(age)를 나타내는 형용사 / old, new, ancient 고대의 등
7. 색깔을 나타내는 형용사 / white, red, blue, green 등
8. 출처(origin)를 나타내는 형용사 / British, American, Mexican, Korean 등
9. 재료(material)를 나타내는 형용사 / gold, copper 구리, silk, stone 등

Chapter 05 부사

Set 01

본문 p.44

01-05 01 carefully 02 shyly 03 terribly 04 hard 05 well

06-10 06 badly 07 well 08 highly 09 hard 10 late

11-15 11 Have you seen Iris lately? 또는 Have you seen Iris recently? / 12 When did you last have a cigarette? / 13 We will be there shortly. 또는 We will be there soon. / 14 Sue carefully folded the letter. / 15 Come close to me. Come closer.

16-20 16 (D) 17 (B) 18 (C) 19 (B) 20 (D)

해설

01 carefully는 '조심스럽게'라는 뜻의 부사입니다. 부사는 기본적으로 「형용사 + ly」의 형태입니다. ally는 '동맹국', '(특히 정치적) 협력자'의 뜻을 가진 명사입니다. Italy, melancholy(멜랑콜리, 우울감)도 명사들이니 기억해두세요.

02 shyly는 '수줍게'라는 뜻의 부사입니다. 일반적으로 -y로 끝난 단어의 부사형은 happy-happily처럼 y가 i로 바뀌고 그 뒤에 -ly가 오지만 형용사 shy의 부사형은 shyly입니다. apply는 동사로 apply to(~에 적용하다), apply for(~에 지원하다), apply cream(크림을 바르다)의 형태로 사용됩니다. rely(의존하다)도 -ly로 끝나는 동사이니 기억해두세요.

03 terribly가 '끔찍하게'라는 뜻의 부사입니다. 형용사 terrible은 맨 끝의 e가 빠져 terribly 형태로 부사가 됩니다. 일반적으로 -le로 끝나는 형용사는 -e를 빼고 -ly를 붙여 부사를 만듭니다. 예외로, sole(유일한)의 부사 형태는 solely(유일하게)입니다. whole(전체의)은 e가 빠지고 l이 하나 더 붙어 wholly(전체적으로)가 됩니다.

04 hard는 형용사, 부사가 모두 됩니다. lonely는 '외로운'이라는 뜻의 형용사입니다. silly(어리석은), ugly(못생긴)도 형용사입니다.

05 well이 '잘'이라는 뜻의 부사입니다. 그런데 well은 형용사로 '건강 상태가 좋은', 명사로는 oil well(유정:油井)에서처럼 '우물, 샘'이라는 의미도 있습니다.

ex. He is not well. 그는 건강이 좋지 않다.

06 부사가 들어가야 동사 behaved를 수식할 수 있습니다. 부사를 영어로 adverb라고 하는데 이는 「ad(d) + verb」로, 기본적으로 동사를 수식한다는 의미입니다. 동사 외에도 형용사, 부사를 수식하는 것이 부사의 역할입니다.

해석 그는 현장 학습 여행 때 행실이 나빴다.

07 -ed로 끝난 단어는 부사가 수식합니다. a reasonably priced book(저렴하게 가격이 책정된 책)도 같은 경우입니다. 보기 중에는 well이 부사이고 good은 형용사입니다.

해석 저 교육을 잘 받은 여성은 결국 유명 인사와 결혼하게 되었다.

08 highly recommend는 '강력히 추천한다'라는 표현입니다. high는 형용사, 부사 모두 가능하지만 '높은', '높게'의 의미 밖에 없습니다. highly recommend보다 더 강력하게 추천할 경우에는 strongly recommend로 씁니다.

해석 그 과정 초기에 변호사를 고용할 것을 강력히 추천합니다.

09 hard는 형용사와 부사의 모양이 같은데 이 문장에서는 '열심히'라는 뜻의 부사로 쓰였습니다. hardly는 부정어로 위치도 틀리고 의미도 맞지 않습니다.

ex. She hardly ever works out. 그녀는 좀처럼 운동을 하지 않는다.

해석 열심히 일하고 희망을 버리지 마라.

10 late는 형용사와 부사의 모양이 같은데 부사로는 '늦게'라는 뜻입니다. lately는 '최근에'라는 의미로 맞지 않습니다.

해석 나는 늦잠을 자는 걸 좋아하지만 그럴 기회가 거의 없다.

11 lately는 '최근에'라는 의미로 recently와 같습니다. late는 '늦은', '늦게'의 의미입니다.

12 last는 형용사와 부사로 모두 쓰이는데 이 문장에서는 '마지막으로'라는 뜻의 부사로 쓰입니다. lastly는 순서에 있어서 제일 마지막인 경우에 사용됩니다.

ex. Lastly, I would like to thank my parents. 마지막으로 나는 부모님께 감사드리고 싶다.

13 shortly는 soon의 의미와 같습니다. '짧은, 짧게'는 short입니다.

14 「주어 + 부사 + 본동사」 구문을 잘 익혀두세요. 공인 영어 시험에도 많이 출제됩니다.

15 close는 동사 come을 수식하는 부사입니다. closely는 '긴밀하게', '자세히'라는 뜻의 다른 의미를 가진 단어입니다.

ex. We are working closely with the government. 우리는 정부와 긴밀하게 일하고 있다.

16 lastly는 리스트 순서에서 다른 것들보다 제일 나중에 오는 것(something comes after all the other things in a list)을 가리킬 때 씁니다.

해석 이 상을 받는 데 있어서, 우선 하나님, 어머니께 감사드리고 마지막으로 영화 제작진들에게 감사드립니다.

17 문장 맨 앞에서 문장 전체를 수식하는 것은 부사입니다. (A) Unfortunate(불행한), (C) Fortunate(행운의)는 형용사이고 (D) Fortune(행운)은 명사입니다.

해석 불행히도 젊음이 인생의 영원한 상태는 아니다. 〈F. Scott Fitzgerald〉

18 -ed로 끝나는 단어는 부사가 수식합니다. (A) beauty는 명사, (B) beautiful은 형용사, (D) beauties는 주로 아름다운 여성들(beautiful persons, especially women)을 가리키는 명사입니다. beauty는 '아름다움', '미'의 의미를 가질 때 셀 수 없는 명사입니다.

해석 그 꽃들은 내가 본 것들 중에 가장 아름답게 정돈된 꽃꽂이 작품이다.

19 이 문장은 생략형 문장으로 완전한 문장은 다음과 같습니다. Technology changes all the time; human nature, hardly ever, changes. (A) hard는 '열심인, 열심히'라는 뜻으로 문장의 의미와 맞지 않습니다. (C) hardness는 '단

단함', (D) hardiness는 '대담, 강인'을 의미합니다.

> 해석   기술은 항상 변한다. 그러나 인성은 좀처럼 변하지 않는다.

20   빈칸은 동사(speaks)를 수식하는 부사 자리입니다. (A) excellent, (B) fluent, (C) good은 모두 형용사입니다.

> 해석   Amy는 그녀의 아버지가 일본어로만 말하기 때문에 일본어를 유창하게 한다.

Set 02

본문 p.46

01-05 01 cheaply   02 angrily   03 probably   04 economically   05 hard
06-10 06 kind enough   07 always meet
08 is always   09 Unfortunately, I forgot   10 ever think
11-15 11 Jay has already finished medical school. / 12 Sue still plays golf every day. / 13 It's been nearly one month since my last haircut. / 14 My daughter is tall enough to change the bulb. / 15 Have you signed the contract yet?
16-20 16 (B)   17 (C)   18 (C)   19 (C)   20 (B)

해설

01   기본적으로 형용사에 -ly를 붙여 부사를 만듭니다.

> ex.   beautiful → beautifully, quick → quickly, slow → slowly

02   형용사가 -y로 끝나면 이것을 i로 고치고 -ly를 붙여서 부사를 만듭니다.

> ex.   easy → easily, happy → happily, lucky → luckily

> ◑ shy → shyly는 예외입니다.

03   -able, -ible, -le로 끝나는 형용사는 -e를 -y로 바꿔서 부사를 만듭니다.

04   형용사가 -ic로 끝나면 -ally를 붙여서 부사를 만듭니다.

> ex.   automatic → automatically(자동적으로), basic → basically, tragic → tragically(비극적으로)

> ◑ public → publicly은 예외입니다.

05   early, fast, hard, late, high는 대표적으로 형용사와 부사의 형태가 같은 단어입니다. hardly는 '거의 ~않는'이라는 뜻의 부정어로, hard의 부사형이 아닙니다. 이와 비슷하게 lately는 '최근에'라는 의미로 '늦게'라는 뜻이 없고, highly도 '매우'라는 의미이지 '높게'라는 뜻이 없습니다.

06   enough는 형용사나 부사를 수식할 때는 그 뒤에 위치합니다. 그래서 여기서는 kind enough가 맞습니다. 그러나 enough가 명사를 수식할 때는 그 명사 앞에 위치합니다.

> ex.   There's enough food for everyone. 모두를 위한 충분한 음식이 있다. – 이때 enough는 형용사입니다.

> 해석   나에게 친절함을 베풀어 길을 알려 주실래요?

07   일반적으로 빈도부사 always, often, usually, frequently(빈번하게) 등은 일반 동사 앞에 위치합니다.

> 해석   우리는 항상 토요일에 커피를 마시러 만난다.

08   빈도부사는 일반적으로 be동사 뒤 또는 일반 동사 앞에 위치합니다.

> 해석   Joe는 항상 모든 일에 늦는다.

09   일반적으로 personally, unfortunately, apparently 등 의견이나 평가를 나타내는 부사는 문장 맨 앞에 옵니다.

> 해석   불행히도 나는 수영복을 깜빡 잊었다.

10   의문문에서 부사는 주어와 본동사 사이에 위치합니다.

해석 뉴욕에 사는 것 생각해 보셨나요?

11 already는 현재완료형 have와 finished 사이에 옵니다. 또한 일반 동사 앞(또는 「동사 + 목적어」 뒤), be동사 다음에 옵니다.

ex. He is already a doctor. 그는 이미 의사다.

ex. Sue already studied chemistry. (O)

ex. Sue studied chemistry already. (O)

12 still 역시 already처럼 be동사와 조동사 뒤, 일반 동사 앞에 위치합니다. 그러나 still은 already와는 달리 문장 끝에는 잘 오지 않습니다.

ex. We are still in the cafe. 우리는 여전히 카페에 있다.

13 nearly 또는 almost가 숫자를 수식하는 부사입니다.

14 enough는 형용사(tall)나 부사 뒤, 명사 앞에 위치합니다.

15 yet은 보통 문장 끝에 옵니다.

16 숫자를 수식하는 부사 중에 많이 볼 수 있는 단어는 approximately입니다. 나머지는 (D) more의 경우 three more months로 쓰는 건 가능합니다. 단어의 순서가 중요합니다.

➤ 숫자를 수식하는 단어 및 어구 총정리

nearly, almost, about, approximately(대략), around(약) + 숫자

more than(이상), less than(이하), at least(적어도) + 숫자

no more than(겨우), no less than(~만큼이나) + 숫자

해석 그 프로젝트는 대략 3개월이 걸리고 1천만 달러가 들 것이다.

17 have since p.p.는 '그 이래로 ~해왔다'라는 표현입니다. 여기서 since는 부사입니다. (A) been의 경우 수동태가 되어 그 뒤에 목적어를 동반할 수 없습니다. 나머지 보기도 정답과 상관이 없습니다. 부사 since의 예를 볼까요?

ex. Jay left the house at six this morning, and we haven't seen him since. Jay는 아침 6시에 집을 나갔고 그 이후로 우리는 그를 보지 못했다.

ex. I got my first job in 2015 and I've been working ever since(= from then until now). 나는 2015년에 첫 직업을 얻었고 그 이래로 지금까지 일해오고 있다.

해석 Philip은 작년에 소프트웨어 개발자로서의 일자리를 잃고 그 이후로 수많은 임시직을 해왔다. .

18 「have yet to + 동사원형」은 '아직 ~하지 못했다'라는 유명한 표현입니다. 꼭 암기해두세요! 「be동사 yet to + 동사원형」도 비슷한 표현으로 쓰입니다.

ex. The price of the tickets for the festival has yet to be decided. 그 축제의 티켓 가격이 아직 결정되지 않았다.

ex. My greatest day is yet to come. 나의 전성기는 아직 오지 않았다.

ex. Clara is yet to arrive. Clara가 아직 오지 않았다.

해석 나는 나의 경력을 정의해주는 노래를 아직 만들지 못했다.

19 before는 종종 day, morning, night, week, month, year와 같은 명사 다음에 와서 그 전날을 표현합니다.

ex. We had got their invitation a week before. 우리는 일주일 전에 초청장을 받았다.

과거 기준 일주일 전이어서 과거완료 시제인 것에 주의하세요. before 자리에 ago를 쓰지 않습니다. ago는 현재 기준으로 '~전에'를 의미합니다. before는 과거 기준으로 '그 전에'를 의미합니다.

ex. A: Did you graduate in 2018? 2018년에 대학을 졸업했니?

B: No. Actually, I finished college the year before. 아니. 사실은 그 전년도(2017년)에 졸업했어.

해석 어제 다섯 명이 직장에서 아팠고 그 전날에는 세 명이 아팠다.

20 부정어 hardly ~ when 구문으로 '~하자마자 ~했다'라는 표현입니다. scarcely도 비슷한 용법으로 쓰입니다.

ex. Scarcely had I reached the station when the train arrived. 내가 역에 도착하자마자 기차가 도착했다.

해석 내가 역에 도착하자마자 기차가 왔다.

Set 03

01-05	01 나도 그래.	02 내가 그래.
	03 나는 주로 운동선수들과 데이트를 했다.	04 나는 최근에 공부를 많이 하지 못했다.
	05 Denny는 그의 두 손을 주머니 깊숙이 밀어 넣었다.	

06-10	06 so	07 no longer	08 hardly	09 too	10 so

11-15 11 I work downtown, but I live in the suburbs. / 12 Jenny decided to give up and go home. / 13 She is feeling much better. / 14 Daniel didn't have enough experience. / 15 Here comes the sun.

16-20	16 (D)	17 (B)	18 (D)	19 (C)	20 (B)

해설

01 「so + 동사」는 '또한(also)'의 의미입니다. 《김대균 영문법》 76쪽을 참고하세요. '소동(so + 동사)이 일어나면 옳소(also)'로 암기하세요.

ex. Iris is worried about the changes. So am I. Iris는 변화들을 걱정하고 있다. 나도 그렇다.

ex. A: I'm hungry. B: So am I. A: 배고파요. B: 나도 그래요.

02 「so + 주어」는 yes의 의미입니다.

ex. A: Are you tired? B: So I am.(= Yes) A: 너 피곤하니? B: 그래, 나 피곤해.

03 이 문장에서 mostly는 mainly(주로), generally(일반적으로), usually(보통)의 의미입니다.

04 lately는 '최근에'라는 의미입니다. late는 '늦은, 늦게'의 의미가 모두 있습니다.

ex. He slept late and missed his first class. 그는 늦잠을 자서 첫 수업을 놓쳤다.

05 deep은 여기서 '깊이, 깊숙이'라는 의미의 부사입니다.

06 「so + 형용사(또는 부사) + that」 구문입니다. such 뒤에는 명사가 옵니다.

ex. Natalie is such an idiot. 나탈리는 정말 바보다.

해석 유성우(流星雨)가 너무 아름다워 우리는 그것을 밤새도록 보았다.

07 '더 이상 ~가 아니다'는 no longer를 문장 사이에 삽입해서 나타냅니다. any longer는 그 앞에 부정어가 나온 후 맨 뒤에 위치합니다.

ex. Amy doesn't work here any longer. Amy는 더 이상 여기서 일하지 않는다.

해석 이 건물은 더 이상 사용되지 않고 있다.

08 hardly는 부정어 부사로 any와 잘 어울립니다.

해석 Clara는 좀처럼 잠을 못 잤다.

09 too는 부사나 형용사 앞에 위치하고 부정적인 의미를 갖습니다. 이 문장은 어떤 일이 순식간에 일어나서 볼 수 없었다는 부정적인 문맥이므로 too가 의미상이나 위치상 적절합니다. enough는 형용사나 부사 뒤에 위치하고 긍정적인 의미에 쓰입니다.

ex. This box is big enough for all those books. 이 상자는 저 책들을 다 담을 수 있을만큼 크다.

해석 그 일이 너무나 빨리 일어나서 나는 그것을 보지 못했다.

10 이 문장은 so ~ that 구문입니다. very는 문장 뒤의 that절과 어울려 쓸 수 없습니다. 단어 간의 관계를 잘 봐야 기본기가 있다고 할 수 있습니다.

해석 이 책은 너무나 재미있어서 나는 밤 2시까지 잠을 자지 않고 읽었다.

11 downtown은 부사로 그 앞에 전치사가 필요 없습니다.

ex. I work in downtown. (X)

cf. in the suburbs 교외에

12 home 역시 단독으로 부사로 쓸 수 있기 때문에 그 앞에 to를 쓰면 틀립니다. 이런 단어들이 너무 많아 《김대균 영문법》 73쪽에 정리해 두었으니 참고하시길 바랍니다.

ex. go + abroad(해외로)/overseas(해외로)/indoors(실내로)/outdoors(야외로)/upstairs(위층으로)/downstairs(아래층으로)

위 모든 단어들은 전치사 to를 쓰지 않고 go 다음에 바로 옵니다.

13 much는 비교급이나 동사를 수식하는 부사입니다. very는 특이하게도 동사를 수식하지 못합니다.

ex. I very thank you. (X) Thank you very much. (O)

14 enough는 명사 앞, 형용사나 부사 뒤에 위치합니다.

ex. I have enough money to buy the building. 나는 그 건물을 살 만한 충분한 돈을 가지고 있다.

15 here, there로 시작하는 문장들도 익혀두세요.

ex. Here it is. Here you are. 자 여기 있습니다.

ex. There goes a very tall woman. 저기 매우 키가 큰 여성이 간다.

ex. There goes the phone. I'll answer it. 전화가 울리네. 내가 받을게.

16 「so + 동사」는 '또한'의 의미인데 앞 문장에 should를 썼으므로 이를 그대로 받아 동사 자리에 should를 써야 합니다.

해석 Jane은 지금 서명을 해야 한다. 당신도 해야 한다.

17 「so + 동사」는 '또한'의 의미라고 강조해 드렸습니다. 이럴 경우 앞의 문장과 조동사 또는 시제가 일치해야 합니다. 앞의 문장의 동사가 arrived이므로 did를 쓴 (B) So did we.가 정답입니다. So we did.는 그냥 yes의 의미로 부적합합니다.

해석 A: 그들은 어제 도착했다. B: 우리도 그랬다.

18 「cannot be + too + 형용사」 구문은 '아무리 ~해도 지나치지 않다'라는 뜻입니다. 꼭 암기해두세요!

해석 어린 아이가 물가에 있을 때는 아무리 주의해도 지나치지 않다.

19 at 9 o'clock sharp는 '9시 정각에'라는 표현입니다. 이때 sharp는 부사입니다. (A) exact, (B) precise는 exactly/precisely at 9 o'clock처럼 앞에 부사 형태로 나와야 비슷한 의미가 됩니다. (D) concise는 '간결한'의 의미로 전혀 상관이 없는 단어입니다.

해석 Clara는 정확히 오전 9시에 전화를 걸겠다고 말했다.

20 almost는 '거의'라는 의미로, 그 뒤에 '완전한'의 의미를 가진 단어인 every, always, all, exclusively(오로지, 배타적으로) 등이 어울립니다. exclusive right(독점권)도 중요한 표현이니 암기해두세요!

해석 이 기사는 거의 오로지 노조의 반대에 초점을 맞추고 있다.

quite가 completely의 의미로 쓰일 때가 있습니다.

ex. Jane's life is quite different since she moved to Jeju Island. (quite different = completely different)
　　Jane의 인생은 제주도로 이사 간 이래 완전히 다르다.

이 의미 때문에 quite가 '완전히'의 뜻만 있는 것으로 아는 분이 많습니다.

그러나 일반적으로 수식어 quite와 very 중 어느 것이 더 강한 표현일까요? very가 훨씬 강합니다.

ex. Darren had been quite good at drawing when he was at school.
　　Darren은 학교에 다닐 때 그림을 꽤 잘 그렸다.

여기서 quite good은 '그런대로 좋지만 뛰어나지 않은(moderately good but not outstanding)'의 의미입니다.

ex. They were quite excited about moving to Busan. 그들은 부산으로 이사를 가는 것에 아주 들떠 있다.

이 문장도 부산으로 이사 가는 것에 약간 흥분된(a little excited) 상태를 말하는 문장입니다. 강도가 약한 것부터 강한 것까지 정리해 드리면 다음 나열되는 단어들의 순서대로 강도가 높아집니다.

slightly → quite → fairly → rather → very → really → extremely → incredibly

Chapter 06 비교급과 최상급

Set 01
본문 p.52

01-05　01 nicer, nicest　　02 bigger, biggest　　03 happier, happiest
　　　　　04 crueler, cruelest　　05 more careful, most careful

06-10　06 higher　　07 most romantic　　08 big
　　　　　09 carefully　　10 the most

11-15　11 My office is bigger than hers. / 12 John's house is the largest one in our neighborhood. / 13 A day with my kids is the best day. / 14 You play tennis better than I do. / 15 I ran pretty far yesterday, but I ran even[much, still, a lot] farther[또는 further] today.

16-20　16 (D)　　17 (B)　　18 (C)　　19 (C)　　20 (D)

해설

01　-e로 끝난 단음절 단어는 -r, -st를 붙여 비교급, 최상급을 만듭니다.
　　ex. close-closer-closest, fine-finer-finest, loose(느슨한)-looser-loosest

02　big은 자음(g)으로 끝나는 단음절 단어입니다. 이런 단어의 비교급, 최상급은 자음을 겹쳐서 쓰고 -er, -est를 붙입니다.
　　ex. thin(얇은)-thinner-thinnest, fat(살찐)-fatter-fattest, hot-hotter-hottest, fit(적합한)-fitter-fittest

03　-y로 끝나는 2음절 형용사는 y를 빼고 -ier, -iest를 붙여 비교급과 최상급을 만듭니다.
　　ex. crazy-crazier-craziest, lovely-lovelier-loveliest, noisy-noisier-noisiest, tidy(깔끔한)-tidier-tidiest, lucky-luckier-luckiest

04　다음과 같은 2음절 단어는 -er, -est를 붙여 비교급과 최상급을 만듭니다.
　　ex. able-abler-ablest, gentle-gentler-gentlest

● 2음절 단어 중 narrow, simple, clever, shallow, polite, common은 -er, -est 형태와 more ~, most ~ 형태로 모두
비교급과 최상급을 만들 수 있습니다.
narrow-narrower-narrowest, quiet-quieter-quietest, simple-simpler-simplest, clever-cleverer-cleverest,
shallow(얕은)-shallower-shallowest

05 앞의 3, 4번을 제외한 대부분의 2음절 단어와 3음절 이상의 단어는 앞에 more를 붙여 비교급을, most를 붙여 최상급
을 만듭니다.
ex. dependable(믿을 만한)-more dependable-most dependable, wonderful-more wonderful-most
wonderful

06 짧은 1음절 단어는 -er, -est를 붙여서 비교급과 최상급을 만듭니다.
해석 에베레스트산이 한라산보다 높다.

07 the 다음에는 보통 최상급이 옵니다. 특이 이 문장에서 in the world는 세상에서 제일이라는 최상급의 의미와 잘 어
울립니다.
해석 파리는 세상에서 가장 로맨틱한 도시이다.

08 as와 as 사이에는 원급이 옵니다. 비교급인 bigger 뒤에는 than이 와야 합니다.
해석 세상에서 가장 큰 소의 크기는 작은 코끼리만하다.

09 동사 open을 수식하므로 부사가 적절합니다. as와 as 사이에 형용사만 나온다고 착각할 수도 있으니 주의해야 합니
다.
해석 당신은 가능한 한 조심해서 그 박스를 열어야 한다.

10 형용사의 최상급 앞에는 the가 옵니다. 부사의 최상급에서는 the가 생략되기도 합니다.
ex. His ankles hurt badly, but his knees hurt worst. 그는 발목을 많이 다쳤지만 무릎을 제일 많이 다쳤다.
해석 몇몇 사람들은 러시아어가 가장 어려운 언어라고 생각한다.

11 비교급 bigger than을 쓰고 그녀의 사무실은 hers(= her office)인 것에 주의하세요.

12 large를 사용하는 최상급 문장의 기본을 보여 주는 문제입니다. in 뒤에 범위를 나타내는 the neighborhood를 씁니
다.

13 '최악의 날'은 the worst day가 됩니다. good-better-best, bad-worse-worst의 불규칙 변화도 잘 익혀두세요.

14 이 문장에서 better는 good의 비교급이 아니라 부사 well의 비교급입니다.
ex. well-better-best

15 거리가 더 먼 것을 의미할 때 far-farther-farthest 형태의 변화를 기억하세요. further는 비유적인 의미로 '더욱 더 먼',
'정도가 심한'의 뜻으로도 사용되고 further study(심화 학습), without further delay(더 이상의 지연 없이)에서처럼
명사를 수식하여 정도가 심한 것과 거리가 먼 것을 모두 묘사할 수 있습니다. 《김대균 영문법》 83쪽을 참고하세요.

16 beautiful의 비교급은 more beautiful입니다. 그런데 여기는 형용사가 들어갈 자리가 아니라 동사 sings을 수식하는
부사가 들어갈 자리입니다. 다음 문장에서 부사의 최상급도 익혀두세요!
ex. Carol sings more beautifully than Mary, but Cindy sings the most beautifully. Carol이 Mary보다 노래
를 더 아름답게 부르지만 Cindy가 제일 아름답게 부른다.
해석 Celine은 Barbara보다 노래를 더 아름답게 부른다.

17 뒤에 than이 있으므로 비교급이 정답입니다.
해석 그 확장은 이전에 이용 가능했던 것보다 더 넓은 소장 공간을 허용했다.

18 「of all the + 복수 명사」는 in the world처럼 의미상 최상급과 잘 어울립니다.

해석 Kinglish 건설의 모든 신입 사원들 중에 Jay가 가장 열심히 일한다.

19 이 문장 후반에 나오는 than을 단서로 비교급을 넣어야 합니다. (D) least는 최상급이므로 기본적으로 그 앞에 the가 필요합니다. 하지만 the가 있다 해도 뒤에 나오는 than과 어울리지 않습니다.

해석 보수가 좋은 몇몇 직업들은 다른 직업보다 경쟁이 덜하다.

20 until further notice를 한 덩어리로 익혀두세요. '더 이상의 통보가 있을 때까지'라는 뜻으로 정말 많이 쓰는 표현입니다. farther는 거리가 먼 경우에 쓰고 보통 서술적인 용법으로 쓰지 명사 앞에 쓰지 않습니다.

해석 그 도로는 추가 통보가 있을 때까지 통제된다.

Set 02
본문 p.54

01-05
01 worse, worst
02 farther, farthest 또는 further, furthest
03 better, best
04 less, least
05 later, latest 또는 latter, last

06-10
06 the most
07 no less than
08 as good as
09 times
10 the latter

11-15
11 Please call me back as soon as possible. / **12** The more I earn, the more I spend. /
13 He has no more than two dollars. / **14** You know better than to talk to strangers! /
15 Ashley is the taller of the two.

16-20
16 (D)　　　**17** (A)　　　**18** (B)　　　**19** (D)　　　**20** (A)

해설

01 bad[ill]-worse-worst의 불규칙 변화 형태를 익혀두세요.

02 거리가 멀 때는 farther-farthest, 거리가 멀거나 정도나 깊이가 더할 때는 further-furthest로 씁니다.

03 형용사 good과 부사 well은 better-best의 형태로 비교급, 최상급을 만듭니다.

04 불규칙 변화는 그냥 암기해두면 좋습니다. 영어는 수학이 아닙니다. 암기를 즐기는 사람이 성공합니다!

05 late는 특이한 단어로, 규칙 변화도 있지만 latter(후자의)-last(최후의) 형태의 변화도 있다는 사실을 기억하세요. 수업 시간에 last의 원급이 무엇인지 질문하면 late라고 답하는 학생들이 거의 없습니다.

06 「one of the + 최상급」은 많이 쓰이는 표현입니다.

ex. This book is one of the most important I've ever read. 이 책은 내가 읽어 본 가장 중요한 책들 중 하나이다.

해석 이것은 가장 믿을 만한 자동차 브랜드 중 하나이다.

07 no more than은 '겨우'의 의미이고 no less than은 '놀랐어! 그만큼이나' 정도의 의미입니다. 문맥상 지난 10년간 300%나 오른 것이므로 no less than이 정답입니다.

해석 수출이 지난 10년간 300%나 늘었다.

08 as good as new는 '회복[재활] 후에 상태가 좋거나 완벽한(in good or perfect condition, often after an act of restoration)'의 의미입니다. as와 as 사이에는 비교급이 올 수 없다는 것을 기억하세요.

해석 나는 다리를 다쳤을 때 두 달 동안 깁스를 했지만 지금은 완벽하게 회복했다.

09 「3/4/5 times as + 원급 + as」는 '3/4/5배 더 많은'의 의미입니다. chances는 '가능성'의 의미로 이런 용법으로 쓰지 않습니다.

ex. There is a 50 percent chance of rain. 50%의 비 올 가능성이 있다.

해석　나의 아버지는 어머니의 세 배나 되는 돈을 가지고 계시다.

10　late의 비교급 중에서 '후자'는 the latter입니다. later는 '더 늦은'의 의미이므로 부적절합니다. the former(전자), the latter(후자)를 암기해두세요.

해석　두 가지 선택안 중에 후자가 덜 위험하다.

11　as soon as possible은 '가능한 한 빨리'라는 뜻으로 자주 쓰이는 구문이니 암기해두세요.

12　the more ~, the more ~ 비교급을 암기해두세요. '~할 수록 더욱 ~하다'의 의미입니다.

ex.　The more I thought about it, the less I liked the proposal. 생각하면 생각할수록 그 제안이 싫다.

13　no more than은 '겨우'의 의미입니다.

ex.　Each box requires no more than a few minutes of labor to build. 각 상자는 만드는 데 겨우 몇분씩 밖에 걸리지 않는다.

14　know better than은 not as stupid as의 의미로 '~할 만큼 어리석지 않다'라는 뜻입니다.

ex.　Sue knew better than to argue with Greg. Sue는 Greg과 말다툼할 정도로 어리석지는 않다. – Greg이 말이 안 통하는 사람이거나 고집불통인 경우

15　둘을 비교할 때에는 「the + 비교급」을 씁니다.

ex.　Darren is the tallest of the boys in his class but the smaller of the two brothers. Darren이 학급 전체에서 키가 제일 크지만 두 형제 중에서는 키가 작다. – 세 명 이상인 학급 전체에서 키가 클 때는 최상급(the tallest)을 썼지만 둘 사이에서 비교할 때는 비교급 the smaller를 썼습니다.

16　make the most of something은 get the most out of something의 의미로 '어떤 것으로부터 가능한 한 가장 많은 이익을 얻는 것(to gain the greatest possible advantage from something)'을 뜻합니다.

해석　Anna는 매력적이고 친절하기 때문에 그녀는 당신이 방문할 때 많은 것을 얻도록 도와줄 것이다.

17　the more ~, the more ~ 비교급입니다. 그러나 (C) the more은 형태상은 가능하지만 논리적으로 말이 되지 않아서 오답입니다. 형태뿐만 아니라 상식적으로 통하는 의미를 살펴봐야 합니다.

해석　과일과 채소를 많이 먹을수록 암에 걸릴 확률은 적다.

18　better off가 '잘사는'이라는 의미입니다.

ex.　People in this country are far better off than they were 20 years ago. 이 나라 국민들은 20년 전보다 훨씬 더 잘산다.

해석　우리는 맞벌이를 하기 때문에 지금은 분명히 전보다 잘산다.

19　부정문 뒤에 나오는 much[still] less는 부정적인 의미로 '하물며 더'라는 뜻입니다.

ex.　They can scarcely afford to buy food, still less luxury goods like perfume. 그들은 좀처럼 음식을 살 경제적인 여유가 없다. 하물며 향수 같은 사치품은 더 그렇다.

긍정문에 쓰는 much[still] more는 긍정적인 의미로 '하물며 더'라는 뜻이 됩니다.

ex.　Sue is fluent in Latin, much more English. Sue는 라틴어가 능숙하다. 하물며 영어는 더 능숙하다.

해석　나는 그가 무능하다고 암시한 적이 없었다. 하물며 정직하지 않다고 암시한 적은 더욱 더 없었다.

20　prior to는 '~전에'라는 의미로 이와 같은 라틴어 비교급은 than 대신에 to를 쓰는 특징이 있습니다.

ex.　superior to(~보다 뛰어난), inferior to(~보다 열등한)

해석　Kinglish Studio에 고용되기 전에 Antonio는 혼자 일하는 사진가였다.

Set 03

01-05	01 than	02 the	03 the	04 to	05 as
06-10	06 to	07 than	08 to	09 much	10 other

11-15 11 All you can do is to do your best. / 12 The room grows colder and colder. / 13 Concentration is one of the happiest things in my life. / 14 Prior to the 2016 Olympics, Don was a 100m runner. / 15 Things are very much the same as before.

16-20	16 (D)	17 (D)	18 (B)	19 (C)	20 (A)

해설

01 문장 앞부분의 more를 단서로 than이 정답입니다. 단어 간의 관계를 잘 볼 줄 알아야 영어의 고수가 될 수 있습니다.
　해석　당신은 나보다 커피에 설탕을 더 넣는 걸 좋아하네요.

02 the more ~, the more ~ 비교급입니다.
　해석　우리는 나이가 들수록 더 현명해진다.

03 형용사의 최상급 앞에는 the를 씁니다.
　해석　이것은 내가 산 차 중에 최악의 차이다.

04 「superior(뛰어난), inferior(열등한), prior(앞의) + to」를 기억하세요. 모두 라틴어에서 온 비교급입니다.
　해석　이 새 모델이 도로에 나와 있는 다른 모든 차보다 더 뛰어나다.

05 as ~ as 구문으로 앞에 as가 단서가 됩니다. as는 비교급과 함께 쓰지 않습니다.
　해석　두 번째 경주가 첫 번째 경주만큼 쉽지는 않았다.

06 -or로 끝나는 라틴어 비교급 superior, inferior, prior, junior, senior는 그 뒤에 전치사 to가 오는 것을 기억하세요.
　해석　이 연필들은 지난달에 산 것들보다 못하다.

07 be different 뒤에는 from 또는 than을 사용합니다. to는 -or로 끝나는 라틴어에서 온 단어의 비교급에 씁니다.
　해석　당신의 농구공은 내 것과 다르다.

08 similar(유사한), preferable(선호되는)도 라틴어 비교급처럼 전치사 to와 어울립니다.
　해석　나는 전에 산 것과 유사한 새 신발 한 켤레를 샀다.

09 비교급을 강조하는 부사는 much입니다. even, much, still, far, a lot, any, significantly(상당히), considerably(대단히), slightly(약간) 등이 모두 비교급을 수식합니다. cheaper가 이미 비교급 형태인데 그 앞에 more을 쓰면 군더더기 표현으로 틀린 문장이 됩니다.
　ex.　more faster(X), much faster(O)
　해석　전쟁에 나가는 것보다 선거에 영향력을 미치는 편이 비용이 적게 든다.

10 최상급의 의미를 나타내기 위해 비교급에 「any other + 단수형」을 많이 씁니다. 다음과 같이 복수형을 써도 옳은 문장입니다. Sue is more beautiful than any other girls in the class. 일대일(one-to-one)로 비교될 때 any other girl(단수), 일대다(one-to-many)로 비교될 때 any other girls(복수)로 다 가능합니다.
　해석　Sue는 그 학급의 어떤 다른 소녀보다 아름답다.

11 do one's best[utmost]가 '최선을 다하다'라는 뜻의 표현입니다.
　ex.　John did his utmost to finish on time. John은 제시간에 끝내려고 최선을 다했다.
　ex.　If you work hard and you do your best, you can do anything. 열심히 일하고 최선을 다한다면 무엇이든 할 수 있다.

12 반복 강조 비교급입니다.

ex. I grow warmer and warmer. 나는 몸이 더 따뜻해지고 있다.

13 in/of my life와 최상급은 잘 어울립니다.

14 prior to는 '~보다 앞서'라는 의미의 라틴어 비교급입니다.

15 the same as는 '~와 똑같은'의 의미로 쓰입니다.

16 in이 들어가는 in the store/the world/nation은 최상급과 잘 어울립니다.

ex. Korea is the best country in the world. 한국이 세계에서 제일 좋은 나라이다.

해석 이것은 세상에서 가장 싼 스웨터입니다.

17 비교급 강조 부사들을 암기해두세요! even, much, still, far, a lot, any, significantly(상당히), considerably(대단히), slightly(약간) 등이 모두 비교급을 수식합니다.

해석 산이 훨씬 더 추웠다.

18 문장 뒤에 than과 어울리는 단어는 비교급입니다.

해석 이 스웨터는 저것보다 덜 비싸다.

19 the more ~, the more ~ 비교급이 문제의 핵심입니다.

해석 우리가 품질을 빨리 개선하면 할수록 더욱 수익성이 높아진다.

20 all the more, all the better는 '심지어 더'의 의미로 이러한 문맥에서 잘 쓰입니다. 이것을 알면 고난도 비교급 문제까지 정리가 됩니다.

ex. I enjoy playing tennis, and if they're willing to pay me for it – well, all the better! = 나는 테니스 치는 것을 즐긴다. 그들이 내가 테니스 치는 비용을 대주면 더욱 좋다.

해석 많은 출판사들이 그녀의 작품을 거절했다. 그러나 그것은 그녀가 (책을 내야겠다는) 결의를 더 다지게 만들었다.

★ 요건 몰랐지? **1** only의 비교급, 최상급은?

정답은 '없다!'입니다. 의미상 비교의 개념이 성립되지 않는 단어들은 비교급과 최상급이 없습니다!
circular(둥근), empty(텅 빈), entire(전체의), full(꽉 찬, 완전한), only(유일한), perfect(완벽한), round(둥근), square(사각형의), unique(독특한)

★ 요건 몰랐지? **2** 비교급 강조 부사들의 강도 순서 정리!

a little, slightly, somewhat, moderately, significantly, considerably, substantially, much, far 순서로 강도가 더욱 심해집니다.

Set 01

본문 p.60

01-05 **01** 나는 생각한다. 고로 나는 존재한다. **02** 이가 아프다.
03 내 새 다이어트 방법이 효과가 있는 듯하다. **04** A: 소금 좀 건네 줄래? B: 자 여기 있다.
05 네 말을 들어보니 재미있는 사람이구나.

06-10 **06** arrive **07** strange **08** reach **09** bought **10** make

11-15 **11** She died young. / **12** Where there is a will, there is a way. / **13** Leadership does matter. / **14** I graduated from Hankook University in 2018. / **15** Her plan worked perfectly.

16-20 **16** (B) **17** (B) **18** (A) **19** (B) **20** (B)

해설

01 데카르트의 말로, 여기서 think와 am은 그 자체로 완전한 문장을 만드는 1형식 자동사로 쓰였습니다. 보통 be동사로 끝나면 불완전한 문장이 되는 경우가 많지만 이렇게 존재의 의미로 be동사가 쓰이는 경우 1형식 동사가 됩니다. 이때 be동사는 '있다, 존재한다'로 해석합니다.
　ex. The elevator is in use. 그 엘리베이터는 사용 중이다.
　ex. Here it is. 여기 있습니다.

02 1, 2번 문장들은 모두 「주어 + 동사」로 이루어진 완전한 1형식 문장입니다.
　ex. My head/tooth/back aches. 나는 머리/이/허리가 아프다.
　◐ 대표적인 1형식 동사 총정리: appear(나타나다, 출연하다), disappear(사라지다), arrive, come, cough(기침하다), disappear, exist(존재하다), fall, go, happen, rise, travel

03 seem은 2형식 동사입니다. 이 문장에서는 work의 의미가 독특합니다. 이 단어는 '효과가 있다(be effective or successful)'의 의미로, 목적어 없이 1형식 동사로도 쓰이는 것을 기억하세요!
　ex. Will this do? 이거면 충분한가요? – 이 문장에서 do도 1형식 동사로 쓰였습니다. (do = be enough)
　work는 '효과가 있다', do는 '충분하다'의 의미로 1형식 동사로 쓰일 수 있는 것을 암기해두세요.

04 Here you go. Here it is. Here you are.에서 쓰인 동사들은 기본적으로 1형식 동사입니다. 모두 '자 여기 있다'라는 의미입니다.

05 이 문장에서 sound는 be동사처럼 그 뒤에 보어를 취하고 있습니다. 즉 You are interesting.에 sound의 의미가 추가된 것으로 이해하면 됩니다. 참고로 You sound interested.는 '당신 말을 들어보니 당신은 내 말에 관심이 있구나'라는 의미가 됩니다.
　◐ 대표적인 2형식 동사 총정리: be, appear(~인 듯하다), become, feel, look, seem, sound, taste

06 reach는 목적어를 취하는 3형식 동사입니다.
　ex. We won't reach Miami until 2 p.m. 우리는 오후 두 시나 되어야 마이애미에 도착할 수 있을 것이다.
　해석 몇 시에 당신 기차가 도착할까요?

07 taste는 그 뒤에 형용사 보어를 취해서 2형식 동사로 많이 쓰입니다. taste는 타동사로도 쓰입니다.
　ex. Taste this sauce. 이 소스를 맛보세요.
　해석 이 소스는 맛이 이상하다.

08 reach가 그 뒤에 목적어를 바로 쓸 수 있는 3형식 동사이고, arrive는 보통 arrive at, arrive in의 형태로 쓰는 1형식

동사입니다.

○ 목적어 한 개를 취하는 3형식 동사

admit 시인하다, announce 발표하다, declare 선언하다, demonstrate 보여주다, 입증하다, describe 묘사하다, repeat 반복하다, say 말하다

해석 꿈이 없이는 우리는 아무 데도 도달할 수 없다.

09 buy, give, grant, offer, show, tell 등은 목적어 두개를 취하는 4형식 동사로 많이 사용됩니다.

ex. Let me show you my new mobile phone. 제 새 휴대 전화를 보여 드리죠.

해석 Sue는 어머니에게 꽃을 사 드렸다.

10 make는 「make + 목적어 + 목적보어」 형태로 사용할 수 있습니다. consider, find, deem도 5형식으로 많이 사용됩니다. give는 4형식 동사로 의미도 형태도 맞지 않습니다.

ex. We don't consider Jim to be right for the job. 나는 Jim이 그 일에 적임자라고 생각하지 않는다.

해석 당신은 나를 행복하게 한다.

11 이 문장은 완전 자동사에 추가 보어가 들어간 쉽지 않은 영작입니다. died만 써도 완전한 문장인데 추가로 보어가 들어가는 구문입니다.

ex. Women and children arrived exhausted. 여성들과 어린이들이 녹초가 되어 도착했다.

12 유명한 속담이니 암기해두세요. 「there + be동사」 구문은 1형식 문장입니다. 이때 there는 해석을 하지 않는 단어로, 문장을 유도해 간다는 의미로 '유도 부사'라는 이름을 가지고 있습니다.

ex. Where there is no vision, there is no hope. 비전이 없는 곳에 희망이 없다.

13 matter는 '중요하다(be important)'라는 뜻의 동사로 쓰입니다.

ex. Age does not matter. 나이는 중요하지 않다.

14 '졸업하다'는 graduate from으로 씁니다. 전치사 from을 꼭 기억해두세요.

15 work는 '의도된 대로 또는 '원하는 대로 수행되다(to perform as intended or desired)'의 의미입니다. 또한 '기계가 제대로 작동된다(function properly or effectively)'의 의미로도 쓰입니다.

ex. This old sewing machine still works fine. 이 재봉틀은 여전히 작동이 잘된다.

16 「there + be동사」 구문은 그 뒤에 나오는 명사의 수에 be동사를 일치시킵니다. ups and downs가 복수 명사이므로 are가 정답입니다.

해석 인생은 롤러코스터다. 오르막과 내리막이 있다.

17 여기서 do는 '충분한(to be adequate or sufficient, or enough)'의 뜻을 갖고 있는 단어입니다.

ex. Half of that will do. 그 절반이면 충분하다.

해석 그거면 됐다, 빌리. 그만 울어!

18 come true를 암기하세요. '실현되다'라는 뜻으로 come 뒤에 부사 형태인 truly가 올 것 같지만 형용사인 true가 정답입니다.

ex. You have to dream before your dreams can come true. 당신은 꿈이 실현되기 전에 우선 꿈을 꾸어야 한다.

ex. The door came open for no apparent reason. 그 문이 별다른 이유 없이 열렸다.

해석 나는 항상 고급 스포츠카를 갖는 꿈을 꿔 왔고 이제 나의 꿈은 실현되었다.

19 until proven guilty = until you are proven guilty입니다. (A) guilt(죄책감), (D) guiltiness(유죄)는 명사입니다. prove는 2형식 동사 become, look, seem, sound, appear(~처럼 보인다)과 함께 형용사 보어와 잘 어울리는 동사인데 다음과 같은 5형식 문장에도 쓰입니다.

ex. They proved him innocent/guilty. – 이 문장의 수동태는 He was proven innocent/guilty.입니다.

결론적으로 prove는 2형식이건 5형식이건 형용사 보어와 잘 어울립니다. 2형식 동사 추가 예문은 다음과 같습니다.

ex. That theory was proved false. 그 이론은 거짓임이 입증되었다.

해석 현 체제에서 당신은 유죄가 입증될 때까지는 무죄이다.

20 이 문제 유형을 꼭 문제집에 넣어 달라는 요구가 있어서 넣어 드립니다. be동사 뒤에는 무조건 보어로 명사나 형용사가 들어갈 것 같지만 이 문장은 it be동사 ~ that 강조 구문입니다. 그래서 빈칸에는 뒤에 나오는 through ~ marketing을 꾸며줄 수 있는 부사가 들어가야 합니다. 이 문장은 it be동사 ~ that을 모두 빼 버려도 완전한 문장이 됩니다. 문장에서 없어도 되는 품사는 부사입니다. 이 문제 유형은 TOEIC에 출제되어 많은 수험자들이 틀린 문제이니 한번 풀어 보시면 좋습니다. 참고로 SNS의 또 다른 영어 표현은 social media입니다.

해석 오늘날 주로 SNS 마케팅을 통해서 사람들이 제품에 대해 알게 된다.

Set 02

01-05 01 결과만이 중요하다.　　02 범죄는 유익하지 않다.(죄를 저질러봐야 좋을 게 없다.)
03 이 약은 몇 분 후면 효력을 발휘하기 시작할 것이다.　04 소유냐 존재냐?
05 그 색이 정말 너에게 잘 어울린다.

06-10 06 quiet　　07 old　　08 bad　　09 focused　　10 awaiting

11-15 11 Knock on the door before you enter the room. / 12 You haven't answered my question. / 13 If you obey all the rules, you miss all the fun. / 14 Tina discussed the plan with several friends. / 15 He married his college sweetheart.

16-20 16 (A)　　17 (A)　　18 (B)　　19 (B)　　20 (A)

해설

01 count가 1형식 동사로 목적어 없이 '중요하다(to be significant)'라는 의미로도 쓰입니다.

ex. Other people's opinions count just as much as mine. 다른 사람들의 의견도 내 의견만큼이나 중요하다.

02 pay는 목적어 없이 1형식 동사로 '유익하다, 유리하다(to be profitable or advantageous)'의 의미로도 쓰입니다.

ex. Learning pays in all sorts of ways. 배움은 모든 방식으로 이익이 된다.

03 work는 목적어 없이 1형식 동사로, '약이 효과가 있거나 성공적이다(to be effective or successful)'라는 의미로도 쓰이고, '기계가 작동하다'라는 의미로도 쓰입니다.

ex. Her phone isn't working. 그녀 전화기가 작동되지 않는다.

04 에리히 프롬의 유명한 책 이름입니다. 여기에서 be는 '존재한다'라는 의미의 1형식 동사로 쓰여 그 뒤에 보어가 오지 않습니다.

05 become은 그 뒤에 형용사나 명사 보어가 오는 것으로 유명하지만 이 문장은 become이 타동사로 그 뒤에 목적어를 취하고 있습니다. 의미는 '잘 어울리게 적합하다(to be suitable for someone)'입니다. 기본 동사는 대부분 여러 가지 의미와 용법으로 쓰이니 다 안다는 자만심을 버려야 영어를 잘하게 됩니다.

06 keep은 '계속 어떤 상태를 유지하다'라는 stay의 의미로 보어를 동반하여 2형식으로도 많이 쓰입니다.

ex. I like to keep busy. 나는 계속 바쁘게 사는 것을 좋아한다.

해석 나는 네가 조용히 있으면 좋겠다.

07 grow도 keep, remain처럼 형용사 보어를 취하는 2형식 동사로도 많이 쓰입니다. remain의 예문도 정리해 두세요.

ex. Clara had remained alert for a long time. Clara는 오랫동안 계속 정신을 차리고 있었다.

해석 현명한 사람은 늙어 가지 않고 익어 간다. 〈Victor Hugo〉

08 go bad가 '상하다'의 의미로 많이 쓰입니다. badly는 '매우'라는 의미로 문맥에 맞지 않습니다.

해석 이 두부 아직 괜찮아? 아니면 상했어?

09 stay가 2형식 동사로 형용사나 분사를 보어로 취하는 예입니다. stay focused는 concentrate(집중하다)와 같은 의미입니다.

해석 집중하세요.

10 await는 타동사로 뒤에 바로 목적어가 나옵니다. wait for가 await임을 기억하세요.

해석 우리는 그녀가 도착하기를 기다리고 있다.

11 enter는 어디 구체적인 장소에 들어갈 때 타동사로 쓰입니다. 합의에 의해 들어가거나 회원 가입(= join)처럼 실제 걸어 들어가는 것이 아니라 비유적으로 들어가는 의미일 때는 enter into를 씁니다.

ex. enter into negotiations/discussion/an agreement 협상/토론/합의에 들어가다

12 answer, access, approach, visit의 공통점은 모두 타동사로 전치사 to 필요 없이 바로 목적어가 나온다는 것입니다. 이 단어들이 명사일 때는 전치사 to를 동반한다는 점에 주의하세요!

ex. Can you figure out the answer to question 7? 7번 문제 답 계산할 수 있니?

13 캐서린 헵번의 명언입니다. obey, miss는 타동사로 바로 목적어가 나옵니다. obey to ~ 형태로 쓰지 않는 것에 주의하세요.

14 discuss, obey, miss, answer는 타동사로 전치사 필요 없이 목적어를 바로 씁니다.

15 marry는 타동사로 바로 목적어가 나옵니다. 동작 표현은 get married to를 씁니다.

ex. Last year Amy got married to David. 작년에 Amy는 David와 결혼했다.

16 work는 자동사로 많이 쓰이지만 work a miracle(놀라운 효과를 보다)처럼 목적어를 갖기도 합니다. 이 표현은 오래전 대학 입학 시험 문제로 나온 적이 있습니다.

ex. She worked miracles with the redecorating. 그녀는 재단장으로 기적을 만들었다.

해석 Darren의 캐스팅은 놀라운 효과를 낳았다.

17 이 문제는 두 개 이상의 단어가 마치 한 단어인 것처럼 덩어리로 사용될 때가 많다는 것을 인식시켜 드리기 위한 문제입니다. 여러분이 잘 아는 depend on ~도 한 덩어리로 쓰입니다. put off는 '연기하다, 미루다', put on은 '옷을 입다', put out은 '불을 끄다', put in은 '직장에서 시간을 보내다'입니다.

ex. Iris put in 5 hours at the office. Iris는 사무실에서 5시간을 작업을 하면서 보냈다.

해석 오늘 할 수 있는 일을 내일로 미루지 마라.

18 resemble은 타동사로 목적어가 바로 나옵니다.

해석 Sue는 그녀의 엄마와 정말 똑같이 닮았다.

19 approach는 타동사입니다. 그 뒤에는 목적어가 바로 나옵니다. 이 단어가 명사일 경우 그 뒤에 전치사 to가 올 수 있습니다. access도 동사일 경우 타동사지만 명사일 때 그 뒤에 전치사 to를 동반합니다. 앞에 be동사가 있으니 빈칸에는 능동 형태인 approaching이 정답입니다.

해석 창 오른편을 보시면 우리가 지금 롯데 타워에 접근하고 있는 것을 보실 수 있을 겁니다.

20 attend는 타동사로 '참석하다'의 의미입니다. 조동사(don't) 뒤에 동사원형이 오므로 (B) attended는 탈락입니다. attend on someone은 '~를 시중들다', attend to ~는 '~에 주의하다'라는 의미로 쓰입니다.

해석 나는 가장 파티에 참석하지 않는다.

Set 03

01-05	01 to	02 of	03 of	04 to	05 from
06-10	06 for	07 to	08 reach	09 raised	10 laid

11-15 11 Natalie fell badly and broke her leg. / 12 Could you remind Iris of[about] dinner on Saturday? / 13 The government deprived Jane of her rights. / 14 I got rid of Twitter and Facebook. / 15 I watched her get into a cab[taxi].

16-20	16 (B)	17 (D)	18 (A)	19 (D)	20 (D)

해설

01 「encourage(용기를 주다) + 목적어 + to부정사」 구문을 암기하세요. 이와 같은 패턴으로 「allow(허용하다), enable(할 수 있게 하다), persuade(설득하다), urge(촉구하다), get(~하게 만들다), force(강요하다), inspire(영감을 주다), want(원하다), tell(말하다), expect(기대하다), order(명령하다), advise(조언하다), cause(야기하다) + 목적어 + to부정사」도 함께 정리해 두세요. 모두 많이 쓰이는 동사들입니다.

　해석　Sue의 아버지는 그녀가 학교에 다시 가도록 용기를 주었다.

02 「inform + A + of + B」 구문을 외워 두세요. 「remind, notify + A + of + B」도 자주 쓰이니 함께 외워 두시기 바랍니다. 일명 정보 제공의 of와 함께 쓰이는 이 동사들은 '알리다', '기억을 상기시키다'라는 뜻의 정보를 제공하는 의미를 가집니다.

　해석　당신 아버님의 사망을 알려 드리게 되어 매우 슬픕니다.

03 일명 제거의 of입니다. 다음의 동사들은 제거나 박탈의 의미를 가지고 of와 잘 어울려 씁니다. 「rob, clear, deprive, rid, relieve(부담을 덜어 주다) + A + of + B, get rid of(~를 제거하다)」

　해석　한국의 많은 부모들은 (자식을 위하여) 스스로에게서 즐거움을 박탈한다.

04 소개, 제안, 설명의 단어와 잘 어울리는 전치사 to를 알아 두세요. 「announce, explain, say, suggest + A + to + B」 패턴을 암기하세요.

　해석　제 친구를 소개해 드리겠습니다.

05 방지, 금지의 from을 암기하세요. 「prevent(막다), forbid(금하다), prohibit(금하다), keep(못하게 하다) + A + from + B」

　해석　심한 비 때문에 그 경주 행사가 진행되지 못했다.

06 buy는 4형식을 3형식으로 바꿀 때 전치사 for를 씁니다.

　◉ 4형식을 3형식으로 바꿀 때 전치사 for를 쓰는 동사 정리!

　　bring, build, buy, call, catch, choose, cook, do, fetch(가져오다), find, make, prepare, reserve

　해석　Darren은 여자 친구에게 꽃을 사 주었다.

07 본래 4형식 문장은 The airline company offers their flight attendants cheap flights.입니다.

　◉ 4형식을 3형식으로 바꿀 때 전치사 to를 쓰는 동사 정리!

　　bring, give, grant, lend, offer, owe, pass, pay, recommend, send, sell, take, teach, tell, throw, write

　해석　그 항공사는 자사의 승무원들에게 저렴한 비행편을 제공한다.

08 reach는 타동사로 바로 목적어를 취하지만 arrive는 그 뒤에 전치사가 필요합니다. arrive in New York으로 해야 맞습니다.

　◉ 바로 목적어가 나오는 중요 타동사 정리

　　buy, have, sell, access, explain, leave, mention, survive(살아남다)

해석 John은 내일 오후나 되어야 뉴욕에 도착할 것이다.

09 raise가 목적어를 동반하는 타동사이고 rise는 자동사로 목적어 없이 씁니다. 동사 변화 raise-raised-raised, rise-rose-risen도 암기하세요.

해석 Amy는 자기 머리 위로 두 손을 들었다.

10 자동사 lie(눕다)-lay-lain은 목적어가 없습니다. lay(놓다)-laid-laid가 타동사로 목적어를 동반합니다. 문제에 주어진 lay를 lay의 동사원형으로 본다 해도 주어가 3인칭 단수이므로 수의 일치가 되지 않아 틀립니다. lie(거짓말하다)-lied-lied도 비교해서 익혀두세요.

해석 Sam은 자기 아이를 침대에 눕혔다.

11 fall은 자동사로 많이 쓰입니다.(fall-fell-fallen) 조금 어려운 단어로 타동사 fell(나무를 자르다)-felled-felled와 구분하세요.

ex. They felled many trees to provide space for a building. 그들은 건물 공간 확보를 위해 많은 나무들을 베었다.

12 「remind + A + of[about] + B」는 'A에게 B를 기억나게 해 주다'라는 의미입니다. 「inform, notify + A + of + B」도 다시 강조해 드립니다. 함께 외워 두세요. 이 세 단어 중에 remind와 inform은 「remind, inform + A + about + B」의 형태로도 가능합니다.

13 제거, 박탈의 of를 기억하세요. 「rob, clear, relieve + A + of + B」에서도 제거 의미의 동사와 of가 잘 어울리는 것을 볼 수 있습니다. get rid of(제거하다), dispose of(버리다)의 표현에도 of가 쓰입니다.

14 제거하는 의미의 동사와 of가 어울립니다. 「rob, clear, deprive, rid, relieve(부담을 덜어 주다) + A + of + B」를 기억하세요.

15 「지각 동사(watch, see, observe, hear, feel) + 목적어 + 동사원형」 구문을 기억하세요.

ex. A teacher observed Joe climb over the gate. 한 선생님이 Joe가 문을 넘어가는 것을 보았다.

16 「prohibit, prevent, keep + A + from + B」를 익혀두세요. 이 구문의 모든 동사는 '금지하다'의 의미입니다.

해석 규정은 회원들이 주식을 사는 것을 금한다.

17 「supply + A + with + B」의 구문과 함께 공급, 제공의 with를 기억하세요. 공급, 제공의 의미를 갖는 동사들은 다음과 같이 with와 잘 어울립니다. 「provide, present, entrust(맡기다), supply, endow(주다) + A + with + B」

➔ 「supply + A + with + B」= 「supply + B + to + A」

해석 이 댐은 서울에 물과 전기를 공급한다.

18 「make + 목적어 + 동사원형」 구문을 기억해두세요. 사역 동사 삼총사 make, have, let은 이와 같은 구문으로 쓰입니다. 이 문장에서 water는 '눈물이 나다'라는 뜻의 동사로 쓰였습니다.

해석 강한 바람 때문에 눈에서 눈물이 난다.

19 「have + 목적어 + 동사원형」 구문도 있지만 목적어가 당하는 의미에서는 과거분사형이 정답이 됩니다. 이 문장에서 house는 페인트칠을 당하기 때문에 과거분사형인 painted가 정답입니다.

cf. If you wait, I'll have Jim bring the book for you. 당신이 기다리면 내가 Jim을 시켜서 그 책을 가져오게 하겠다. – 이 문장에서는 Jim이 사람으로 책을 가져오는 능동의 의미여서 bring이 옳습니다. 이 단어와 비슷하게 활용되는 단어가 get입니다.

ex. I'm trying to get this article finished by tomorrow. 나는 이 기사를 내일까지 끝내려 하고 있다. – article은 완성되기 때문에 수동의 의미인 finished가 맞습니다.

ex. We get our groceries delivered. 우리는 식료품을 배달 받는다. – 이 문장에서도 groceries(식료품)는 배달되므로 수동의 의미인 delivered가 정답입니다.

해석 우리는 이 집을 다음 주에 페인트칠할 것이다.

20 「inspire + 목적어 + to부정사」 구문을 기억하세요. 이와 같은 형식으로 쓰는 동사 부류는 다음과 같습니다. 「allow, enable, encourage, persuade, urge, get, force, inspire, want, tell, expect, order, advise, cause + 목적어 + to부정사」

해석 Iris는 학생들이 최선을 다하도록 고무했다.

★ 요건 몰랐지? **1** save, cost

save, cost는 간접목적어, 직접목적어를 나란히 써서 문장을 만들고 직접목적어를 간접목적어 앞에 쓰는 경우는 없는 특별한 동사입니다.

ex. Thank you for your help – it saved me a lot of time and money. 도움에 감사드립니다. 제게 많은 시간과 돈을 절감시켜 주었습니다.

이 문장에서 me a lot of time and money 순서를 바꿀 수 없습니다.

ex. The trip will cost you $3,000. 그 여행은 당신에게 3,000불의 비용이 들게 할 것이다.

이 문장에서도 you $3,000의 순서를 바꿀 수 없습니다.

★ 요건 몰랐지? **2** 가목적어 it을 취하는 동사

believe, consider, feel, find, make, think 등은 가목적어 it과 잘 어울려서 쓰입니다.

- make it a rule to v ~를 규칙으로 하다, 강조하다
- take it for granted 당연하게 여기다
- feel it necessary 필요하다고 느끼다
- believe it impossible 불가능하다고 믿다

Chapter 08 시제

Set 01

본문 p.68

01-05	01 둘 다 boils	02 playing	03 opened	04 walked	05 have lived
06-10	06 goes	07 met	08 are sleeping	09 broke	10 will be

11-15 11 The train to Busan leaves every 20 minutes. / 12 We're moving to Hawaii in March. / 13 John is constantly spilling things. / 14 They've known each other since February. / 15 How long have you been studying English?

16-20	16 (D)	17 (C)	18 (D)	19 (B)	20 (D)

해설

01 일반적이고 지속적인 사실, 일명 불변의 진리는 현재 시제를 씁니다. 주어가 3인칭 단수이므로 boils가 정답입니다.

해석 순수한 물은 100도에서 끓고 광천수는 98도에서 끓는다.

02 지금 일시적인 상황에는 현재진행형을 씁니다. 하지만 늘 그런 규칙적인 사실은 현재 시제를 쓴다는 것을 주의하세요.

ex. We play in the orchestra every Sunday. 우리는 매주 일요일에 오케스트라에서 연주한다.

해석 우리는 지금 테니스를 치고 있다.

03 last week는 분명한 과거 시제를 나타내므로 과거 시제가 정답입니다.

> 해석 그 스키 상점은 지난주에 개장했다.

04 before는 경험을 나타낼 때 현재완료 시제와 잘 어울립니다.

> ex. Haven't we met before? 우리 전에 만난 적이 없나요?

> cf. She left the house over an hour ago. 그녀는 한 시간도 더 전에 집을 떠났다. – ago는 과거 시제와 어울립니다.

> 해석 나는 전에 이 길을 걸어 본 적이 있다.

05 「since + 과거 시점」, 「for + 기간」은 현재완료와 잘 어울립니다.

> 해석 나는 2015년 이래로 서울에 살고 있다.

06 규칙적인 습관은 현재형으로 씁니다. -ing형은 단독으로 본동사가 될 수 없기 때문에 going은 정답이 될 수 없습니다.

> 해석 Ruth는 매주 토요일 밤에 외출을 한다.

07 명백한 과거를 나타내는 단어 yesterday와 어울리는 시제는 과거 시제입니다.

> 해석 나는 어제 Lisa를 만났다.

08 지금 일시적인 상황에 현재진행형을 씁니다.

> 해석 그 아이들은 지금 자고 있다.

09 역사적인 사실은 과거 시제로 씁니다.

> 해석 제1차 세계 대전은 1914년에 일어났다.

10 명백한 미래 tomorrow를 근거로 미래 시제가 정답입니다.

> 해석 내일 많은 지역에 눈이 올 것이다.

11 반복적이거나 규칙적인 행동(repeated or regular actions)에는 현재 시제를 씁니다.

12 현재진행형은 말 그대로 현재 진행되는 상황도 묘사할 수 있지만 이 문장에서처럼 이미 정해진 계획이나 예약(plans and arrangements that have already been made)을 표현하는 데 많이 쓰입니다.

13 습관을 나타낼 때도 현재진행형을 씁니다. 이 문장은 John이 물이나 커피 등을 자주 흘리는 사람이라는 것을 묘사하고 있습니다.

> ex. Natasha is always complaining. Natasha는 늘 불평만 한다.

14 「since + 과거 시점」은 현재완료와 잘 어울립니다. 그리고 know는 진행형으로 쓸 수 없는 동사라는 사실도 기억해두세요.

> ex. They're knowing each other since February. (X)

> ex. They've been knowing each other since February. (X)

15 이 문장을 How long have you studied English?로 쓰면 틀립니다. 지금도 공부하고 있는 중이므로 현재완료 진행형을 쓰는 것이 맞습니다. 영어를 공부하는 사람으로서 이 문장은 오늘 꼭 암기해두세요.

16 빈칸은 본동사 자리입니다. 우선 주어 baby는 3인칭 단수이므로 (A)는 오답! 그리고 -ing형, to부정사는 단독으로 본동사가 될 수 없습니다. 그냥 현재형 sleeps로 해도 틀리는데, 현재 시제는 일반적이고 지속적인 사실을 나타낼 때문입니다. 지금 아기가 자고 있는 중인 것을 묘사하는 것은 현재진행형이 옳습니다.

> 해석 조용히 하세요. 아이가 자고 있어요.

17 상황과 의미를 잘 새겨 보세요. Jane이 기다리고 있는 동안에 사고가 발생한 것입니다. '기다리는 동안'은 진행 동작이고 문맥은 과거이므로 과거진행형이 정답입니다. 그냥 과거 시제(waited)는 진행 동작을 묘사할 수 없어서 오답입니다. has waited는 현재완료형으로 그냥 단순 과거나 과거 진행 동작을 나타낼 수 없습니다.

해석 Jane이 버스를 기다리는 중에 그 사고가 발생했다.

18 「for + 기간」은 현재완료와 잘 어울립니다. 그리고 결혼한 상태를 나타내는 표현은 be married이므로 현재완료형 have been married가 정답입니다.

해석 그들은 결혼한 지 거의 5년이 되어 간다.

19 때나 조건의 부사절에서는 현재 시제로 미래를 나타내고 주절은 미래를 사용합니다. 때나 조건의 부사절을 이끄는 접속사는 when, as soon as, once, if, unless 등입니다.

해석 그 위원회는 신교수가 뉴욕에서 돌아오자마자 월례 회의를 다시 시작할 것이다.

20 이 문제는 어려울 수 있지만 과거완료(진행) 시제는 꼭 넘어야 할 산입니다. 지난달 현지 가격이 떨어질 때까지 안산에서 구입한 것이므로 과거 이전부터 과거까지의 시제를 나타내는 과거완료가 정답입니다.

해석 Kinglish Bistro는 지난달 현지 가격이 떨어질 때까지 가지들을 안산에서 샀었다.

Set 02

본문 p.70

01-05	**01** reads	**02** departs	**03** fell	**04** was	**05** will be
06-10	**06** arrives	**07** possesses	**08** ever	**09** had studied	**10** will have lived

11-15 **11** I usually go shopping every Friday. / **12** The rehearsal will begin as soon as the conductor arrives. / **13** We learned yesterday that water consists of hydrogen and oxygen. / **14** John was driving to work when he saw the accident. / **15** What shall I do with this?

16-20	**16** (A)	**17** (D)	**18** (C)	**19** (D)	**20** (B)

해설

01 주어가 3인칭 단수이고 현재 습관을 나타내고 있으므로 reads가 정답입니다.

해석 Sue는 자기 전에 성경을 읽는다.

02 will depart보다 departs가 더 올바른 정답입니다. will은 즉석에서 정한 미래를 나타낼 경우에 쓰입니다. 시간표(time schedule)에 정해진 미래는 현재 시제로 나타냅니다. 일명 왕래발착 동사인 go, come, leave, move, depart, arrive 등이 특히 이런 용법에 많이 쓰입니다. *departed도 정답이 될 수 있습니다.

해석 기차는 오후 5시 30분에 출발한다.

03 yesterday는 과거 시제와 잘 어울립니다. 동사 변화 fall-fell-fallen을 익혀두세요.

해석 당신이 어제 넘어졌다면 오늘 일어서라.

04 in 2017는 명백한 과거이기 때문에 과거 시제와 어울립니다.

해석 나는 2017년에 Baltimore에 있었다.

05 soon은 미래 시제와 잘 어울립니다.

　　⊙ 미래 시제와 잘 어울리는 부사구

　　　soon 곧, tomorrow 내일, next month 다음 달에, this Friday 오는 금요일에, in the coming week 다가오는 주에, before long 머지않아, in two weeks 2주 후에, by the end of the month 이달 말까지, towards the end of the year 연말쯤

해석 곧 나는 내가 좋아하는 일을 하게 될 것이다.

06 확정된 시간표상의 미래를 현재 시제로 나타낼 수 있습니다. has arrived는 현재완료 시제로 여기에 어울리지 않습니다.

해석 Iris는 내일 오후 3시에 공항에 도착할 예정이다.

07 소유를 나타내는 동사는 진행형으로 쓸 수 없습니다.

- 진행형으로 쓸 수 없는 동사

  possess, have 가지고 있다, own, include, want, love, like, need, hate, seem, appear

  해석 훌륭한 작가는 자기만의 정신뿐 아니라 친구들의 정신도 소유하고 있다.

08 ever는 현재완료 시제와 잘 어울리는 부사입니다. ago는 과거 시제와 잘 어울리고 위치도 문장의 끝에 옵니다.

  ex. Teamwork was more accepted 40 years ago. 팀웍은 40년 전에 더 잘 받아들여졌다.

- 현재완료와 함께 자주 사용되는 부사(구)

  ever, never, just, already, yet, before, since + 시점, for + 기간

  해석 내가 이제까지 받은 최고의 교육은 여행을 통해서이다.

09 누군가가 역할 제안을 한 과거 시점까지 3년 동안 연극 공부를 한 것이므로 과거 이전을 표현하는 과거완료 시제가 정답입니다. 이 문장은 영화배우 올랜도 블룸의 말을 인용한 것입니다.

  ex. The doctor found out that she had taken wrong pills. 의사는 그녀가 엉뚱한 약을 먹었다는 것을 알았다.

  해석 나는 3년 동안 연극을 공부하고 있었는데 그때 누군가가 나에게 그 배역을 제의했다.

10 과거부터 미래까지 계속해서 진행되는 동작은 단순 미래보다는 미래완료형을 씁니다. 특히 「by the time + 주어 + 현재 시제, 주어 + will have p.p.」 구문을 미래완료 대표 구문으로 암기해두세요.

  해석 나는 다음 달이면 이곳 런던에서 12년째 사는 게 된다.

11 usually는 일반적이고 지속적인 의미의 현재 시제와 잘 어울립니다.

12 시간이나 조건의 접속사가 쓰인 부사절에서는 현재 시제로 미래를 대신하고 주절은 미래 시제 will로 씁니다.

- 때나 조건의 부사절을 이끄는 접속사

  when, after, before, as soon as, once, until, if, unless 등

13 이 문제의 핵심은 어제 배웠어도 물이 수소와 산소로 구성된 것은 불변의 사실이므로 현재 시제를 쓴다는 것입니다. 일반적이고 지속적인 사실이나 습관은 현재 시제를 사용합니다.

14 과거에 어떤 동작을 진행 중인 상황에서 본 것이므로 과거진행형이 올바른 시제입니다.

  ex. Natalie was cycling to school when she saw the accident. Natalie는 자전거를 타고 학교에 가는 도중에 사고를 보았다.

15 상대방의 조언을 구하는(seeking advice) 미래 시제 의문문에 shall을 씁니다. 제안을 하는 경우에도 shall을 씁니다.

  ex. Shall we dance? 우리 함께 춤을 출까요?

  ex. Shall I call again tomorrow? 내일 다시 전화할까요?

16 때나 조건의 부사절에서는 현재 시제로 미래 시제를 나타내고 주절은 미래 시제인 will을 씁니다. 따라서 이 문장에서 if절에 현재형을 쓰는 것이 옳습니다. 또 주어가 복수형이므로 reach가 정답입니다.

  해석 Kinglish Motors는 Sadler Motors와 몇몇 문제에 대해 합의에 도달하면 합병을 할 것이다.

17 내가 도착한 시점이 과거인데 그 전에 주문한 것이므로 과거완료 시제(had ordered)가 맞습니다.

  해석 내가 식당에 도착했을 때 Amy는 이미 나를 위해 소고기 스테이크를 이미 주문해 두었다.

18 Amy가 화가 난 시점은 과거이고 그 이전부터 3년간 요금이 과다하게 부과된 것이므로 과거완료 시제가 정답입니다.

  해석 Amy는 3년간 요금을 과다 청구 받아 왔다는 사실에 화가 났다.

19 소망 동사(hope, wish, plan)가 과거완료형이면 이루지 못한 사실을 나타냅니다. had hoped는 실현되지 않은 희망에 대해 말하기 위해 사용됩니다('had hoped' is used to talk about hopes that weren't realized).

해석 Natasha는 어제 기말 리포트를 끝내려 했지만 할 수 없었다.

20 때나 조건의 부사절에서는 현재 시제로 미래 시제를 나타냅니다. if가 조건의 부사절을 이끄는 접속사이므로 3인칭 현재 시제를 나타내는 (B)가 정답입니다.

해석 회사는 내년에 사업을 확대하면 컴퓨터 부품 생산을 시작할 것이다.

Set 03

01-05 01 will rain 02 phoned 03 cleaning 04 have 05 tried

06-10 06 gone 07 for 08 will have been studying 09 will have been

10 had disappeared

11-15 11 Have you ever been to New York? / 12 Chloe is always forgetting people's names. / 13 Are you seeing someone these days? / 14 I'm going to take two exams at the end of the year. / 15 The furniture store is having a clearance sale.

16-20 16 (D) 17 (B) 18 (D) 19 (C) 20 (B)

해설

01 tomorrow를 근거로 미래 시제가 정답이므로 단순 미래의 기본 will을 사용한 형태를 써야 합니다.

◉ 의문문에서 상대방의 의향을 묻는 미래의 조동사는 shall입니다.

[ex.] Shall I open the window? 창을 열어도 될까요?

해석 내일 비가 올 것이다.

02 과거 진행 동작과 어울리는 시제는 과거입니다. 내가 음악을 듣고 있는 상태는 배경이 되는 사건이고 Elena가 전화를 건 것이 주요 사건인 문장입니다.

해석 내가 라디오를 듣고 있는데 Elena가 전화했다.

03 현재완료 진행형으로 30분 동안 계속 세차를 하고 있는 동작을 강조하는 문장입니다. 따라서 진행형인 cleaning이 적절합니다. 이 상황은 아직 차가 세차 중이고 물기가 마르지 않은 상태임을 보여 줍니다.

해석 나는 이 차를 30분째 세차하고 있다.

04 지금까지 해 온 결정 중에 과거의 그 결정이 최고의 결정이었다는 것을 묘사하는 문장이므로 현재완료가 문맥에 맞습니다.

[ex.] It was the worst sports program I have ever seen in my life. 그것은 내가 이제까지 본 것 중에서 최악의 스포츠 프로그램이었다.

해석 그것은 내가 이제까지 한 결정 중에 최고의 결정이었다.

05 의문문에서도 기본 형태를 잘 찾을 수 있어야 합니다. 「have + p.p.(과거분사)」가 현재완료의 기본 형태입니다.

해석 왼손으로 당신의 이름을 써 본 적이 있나요?

06 뒤에 나오는 문장을 근거로 Joe가 아직 돌아오지 않은 상태임을 알 수 있습니다. 여기 있으면 been, 저기 가 있으면 gone이 정답이 됩니다.

[ex.] Iris has gone to a restaurant for lunch. She'll be back soon. Iris는 점심을 먹으러 식당에 갔다. 그녀는 곧 돌아올 것이다.

해석 Joe는 은행에 갔다. 그는 곧 돌아올 것이다.

07 since와 for 둘 다 현재완료 시제와 잘 어울리지만 for 다음에는 기간이 오고 since 다음에는 시점이 옵니다.

[ex.] Helen and Elena have known each other since January. Helen과 Elena는 1월 이래로 서로 알아왔다. −

46 김대균 영문법 문제집

여기서 since 뒤에 January는 둘이 처음 알게 된 시점입니다.

[해석] Helen은 그녀 대부분의 생애를 여기서 살아 오고 있다.

08 공부는 계속해 오는 것이므로 완료 진행형을 씁니다. 그리고 올해 말은 미래이므로 미래완료 진행형이 정답이 됩니다.

[cf.] How long have been studying English? 얼마나 오랫동안 영어공부를 해 왔니?

[해석] 나는 올해 말이 되면 10년간 영어를 공부한 것이 된다.

09 Next month가 미래 시제를 나타내고 있습니다. 「for + 기간」은 완료 시제와 어울리므로 미래완료형 will have been 이 정답이 됩니다.

[해석] 다음 달에 우리 부모님은 함께하신 지 20년이 된다.

10 「by the time + 주어 + 과거 시제, 주어 + had p.p.」 구문을 암기해두세요. 문맥상 경찰이 도착했을 즈음에 강도가 이미 사라진 것을 의미하므로 과거완료 시제가 맞습니다.

[ex.] By the time Elena arrived, most of the other guests had left. Elena가 도착했을 즈음 대부분의 다른 손님들은 이미 떠났다.

[해석] 경찰이 도착했을 즈음에 그 강도는 사라졌다.

11 have been to ~는 '~에 다녀온 적이 있다'라는 표현입니다.

◉ have gone to는 가 버려서 여기 없는 상황이므로 주어로 You를 쓸 수 없습니다.

12 현재진행형이 always, continually와 어울리면 부정적인 습관을 나타냅니다.

[ex.] Diana is always complaining. Diana는 늘 불평만 한다.

13 보통 see는 진행형으로 쓸 수 없는 상태 동사지만 '만나다, 데이트하다'의 의미로는 진행형이 가능합니다. 융통성을 가져야 할 부분입니다. taste, think도 상태를 나타내는 경우 진행형으로 쓸 수 없지만 '맛보다', '고려하다'라는 동작을 나타내는 다음 문장에서는 진행형으로 쓸 수 있습니다.

[ex.] I am tasting the sauce. 나는 그 소스를 맛보고 있다.

[ex.] I am thinking of going to New York in December. 나는 12월에 뉴욕에 갈까 생각 중이다.

◉ I am thinking of = I am considering

14 정해진 미래, 예정된 미래에는 be going to를 쓰고, 즉석에서 작정한 미래에는 will을 씁니다.

[ex.] I'm going to look for a new place to live next week. 나는 다음 주에 새로 살 곳을 찾을 것이다.

[ex.] I am going to make the rest of my life the best of my life. 나는 나의 나머지 인생을 최고의 삶으로 만들 것이다.

15 have는 '가지고 있다'라는 의미로는 진행형으로 쓸 수 없지만, '먹다, 행사를 하다'라는 의미로는 진행형으로 쓸 수 있습니다.

[ex.] They are having dinner together. 그들은 함께 저녁 식사를 하고 있다.

16 전날 밤에 작업을 해서 지금 피곤하다는 문맥이므로 과거완료 시제가 적절한데 작업을 한 동작을 강조하느라 과거완료 진행형을 사용했습니다.

[해석] 나는 전날 밤에 기말 논문 작업을 해서 무척 피곤했다.

17 '좋아하다, 싫어하다(love, like, hate)'는 진행형으로 쓰지 않습니다.

[해석] Helen은 어머니와 골프치는 것을 좋아한다.

18 Next를 근거로 미래 시제, 「for + 기간」을 근거로 완료 시제를 유추할 수 있으니, 즉 미래완료 시제인 will have worked가 정답입니다.

[해석] 다음 달에 나는 그 회사에 10년 동안 일한 것이 될 것이다.

19 「by the time + 주어 + 현재 시제」는 미래완료(will have p.p.) 시제와 어울립니다.

> ex. Elena will have already been to the restaurant by the time I give it a try. 내가 가 볼 때쯤이면 Elena는 이미 그 레스토랑에 가 봤을 것이다.

> 해석 내가 집에 도착했을 때에 해는 이미 졌을 것이다.

20 「by the time + 주어 + 과거 시제」는 had p.p.(과거완료)와 잘 어울립니다.

> ex. I had lived in 5 different cities by the time I turned 15. 15세가 되었을 즈음에 나는 이미 다섯 개 도시에서 살아 보았다.

「by the time + 주어 + 과거 시제」는 과거완료(had p.p.)와 어울리고 「by the time + 주어 + 현재 시제」는 미래완료(will have p.p.)와 어울린다는 사실을 꼭 기억하세요!

> 해석 우리가 극장에 도착했을 즈음에 영화가 이미 시작되어 있었다.

★ 요건 몰랐지? 진행형이 안되는 동사들 총정리

다음 동사들은 진행형이 안됩니다. love도 원칙상 진행형이 안됩니다. I am loving it.은 동작을 강조하여 문법을 파괴한 광고 문구입니다.

- be동사, 존재 의미의 동사: be, exist, appear, seem, taste
- 지식, 마음의 상태, 의견 동사: believe, think, understand, remember, forget, know, recognize, realize, mean, suppose, resemble
- 소유 동사: belong, have, own, contain, possess
- 감각 동사: see, hear, smell, taste
- 욕망, 필요, 선호(좋아하다, 싫어하다) 동사: adore, dislike, despise, want, need, prefer, love, like, hate

---

Chapter 09 조동사

Set 01

본문 p.76

01-05	01 visited	02 been	03 love	04 change	05 give
06-10	06 Does	07 May	08 hear	09 should	10 shall

11-15 11 If you can dream it, you can do it. / 12 Life is short, and we should respect every moment of it. / 13 When I was young, I could climb this tall tree. / 14 May you live long! / 15 You may start your exam now.

16-20	16 (A)	17 (C)	18 (C)	19 (D)	20 (D)

해설

01 have[has, had] 뒤에는 과거분사(p.p.)가 옵니다.

> 해석 나는 도쿄를 서너 번 방문했다.

02 have[has, had] 뒤에는 과거분사(p.p.)가 옵니다. be동사의 과거분사형은 been입니다.

> 해석 Sue는 이번 주에 영화를 보러 세 번 극장에 다녀왔다.

03 조동사 do 다음에는 동사원형이 옵니다.

> ex. Helen did look tired. Helen은 정말 피곤해 보였다.

조동사(auxiliary verb)는 본동사를 보조해 주는 역할을 하는 동사인데 be, do, have가 그런 조동사입니다. be동사 다음에는 -ing, 또는 p.p.가 오고 have 뒤에는 p.p.가 오는데, do 다음에는 동사원형이 오는 것을 기본으로 익혀두어야 합니다.

ex. Elena is reading a magazine. Elena는 잡지를 읽고 있다.

해석 나는 정말로 너를 사랑해.

04 조동사 can 다음에는 동사원형이 옵니다. 미국 배우 캐럴 버넷(Carol Burnett)의 말로 오직 자신만이 인생을 바꿀 수 있다는 뜻입니다.

   ☛ 뒤에 동사원형이 오는 조동사(modal auxiliary verb)
   must, shall, will, should, would, ought to, can, could, may, might

   해석 나만이 내 인생을 바꿀 수 있다.

05 조동사 should 뒤에는 동사원형이 옵니다.

ex. We should not allow the problem to defeat us. 우리는 문제가 우리를 패배시키도록 허용해서는 안 된다.

해석 우리는 포기하면 안 된다.

06 주어인 Sean은 3인칭 단수이므로 Does가 어울립니다. 주어가 복수인 경우 Do를 사용합니다.

ex. Do you believe in God? 신이 있다고 믿으세요?

해석 Sean은 자신의 보고서들을 다 본인이 씁니까?

07 조동사 may 다음에는 동사원형(live)을 쓸 수 있습니다. 그러나 have 뒤에는 과거분사형(lived)이 옵니다. 원문은 프랭크 시나트라(Frank Sinatra)의 말로 May you live to be 100 and may the last voice you hear be mine.(당신이 100살까지 살아 당신이 듣는 마지막 목소리가 제 목소리이길 빕니다.)입니다.

해석 당신이 100살까지 살길 빕니다.

08 조동사 could 다음에는 동사원형이 옵니다.

해석 당신이 내 심장 뛰는 소리를 들을 수 있다면 당신은 사랑이 빠지는 것이 어떤 느낌인지 이해할 것입니다. 〈Parr Winn〉

09 문맥상 '~해야 한다'라는 의미가 적합합니다. shall은 현대 영어 의문문에서 상대방의 의견을 물을 때 주로 사용합니다.

ex. Shall we walk along the beach? 우리 해변 따라 걸어 볼까요?

해석 너는 그 영화를 봐야 해. 너무 좋아!

10 shall은 상대방의 의견(offer)을 묻거나 제안(suggestion)할 때 또는 이 문장에서처럼 조언(advice)을 구할 때 씁니다.

ex. 제안: Shall we dance? 함께 춤을 출래요?

ex. 조언을 구할 때: Where shall we begin? 어디부터 시작할까요?

해석 이 책들을 어떻게 하죠?

11 조동사 can은 할 수 있다는 능력이 기본 뜻입니다.

12 의무를 보여 주는 should를 기억하세요.

13 can의 과거는 could입니다. when절의 was와 함께 과거형 could를 써야 합니다.

14 may로 시작하는 기원문입니다. 비슷한 표현으로 다음과 같은 영어 표현이 있습니다.

ex. Long live the king! 왕이시여, 장수하소서!

ex. Live long and prosper! 오래 번창하시길!

ex. May you live as long as you wish and love as long as you live. 원하는 만큼 오래 살고 사는 동안 사랑하길. 〈Robert A. Heinlein〉 may를 사용하는 저주의 기원문도 있습니다.

> ex. May you never find love! 절대 연인을 찾지 못하길!

15 허가를 의미하는 may가 들어가는 문장입니다.

> ex. You may not wear shorts to work. 반바지 입고 출근하면 안 된다.

16 조동사 should 다음에는 동사원형이 옵니다. 부정어 not이 있어도 그 뒤에는 동사원형이 옵니다.

> 해석 자선은 집에서 시작해야 한다. 그러나 거기 머물러서는 안 된다. 〈Phillips Brooks〉

17 Let's ~로 시작하는 문장의 부가의문문에 shall을 사용합니다. 이 문장은 격식을 따진 문장이고 동의를 구하는 의미가 강한 경우에는 Let's start now, okay?로 씁니다.

> ex. Let's stop at the next rest area, shall we? 다음 휴게소에서 멈춥시다. – 격식을 따진 문장

> 해석 지금 (회의를) 시작할까요?

18 허가(permission) 표현에 may나 can을 쓸 수 있습니다. 부정어는 may not으로 씁니다.

> ex. You may not take more than one brochure. 한 개 이상의 안내 책자를 가져가시면 안 됩니다.

> 해석 식사를 다 한 후에 테이블을 그냥 두어도 좋다.

19 cannot help -ing가 '~하지 않을 수 없다'라는 표현입니다. 여기에서 help는 avoid의 의미로 그 뒤에는 동명사가 오는 것도 기억하세요.

> ex. Since Elena loves to shop, she can't help spending money. Elena는 쇼핑을 좋아해서 돈을 쓰지 않을 수가 없다.

> 해석 Sue는 매우 훌륭한 요리사라서 나는 그녀가 제공하는 모든 것을 먹지 않을 수가 없다.

20 cannot be too ~는 '아무리 ~해도 지나치지 않다'라는 표현입니다.

> 해석 올바로 될 일은 아무리 빨리 되어도 지나치지 않다. 〈Jane Austen〉

Set 02
본문 p.78

01-05
01 너는 피곤함에 틀림없다.
02 Amy와 이 문제를 논의해 보는 게 좋겠다.
03 그것이 사실일 리가 없다.
04 나는 (지금은 아니지만) 전에 춤추러 다니곤 했다.
05 당신은 당연히 물어보는 게 좋겠다.

06-10
06 ought not to
07 am going
08 were able to
09 may as well
10 used to

11-15
11 I had to consult a doctor. / 12 Unless I hear from you, I'll see you at three o'clock. / 13 I used to eat meat but I became a vegetarian 3 years ago. / 14 When you are ready, we will go there together. / 15 I'll call you as soon as I arrive at the airport.

16-20
16 (A)　　　17 (C)　　　18 (C)　　　19 (D)　　　20 (B)

해설

01 must be는 강한 판단으로 '~임에 틀림없다'는 의미로 많이 쓰입니다.

02 had better는 '~하는 편이 낫겠다'라는 표현입니다. should보다 매우 강한 표현이란 것을 기억하세요.

> ex. You had better be on time. 제시간에 오는 게 좋을 거야. – 아니면 불이익이 있다는 의미 내포

03 cannot be ~는 '~일 리가 없다'라는 뜻으로 부정적인 강한 판단을 할 때 많이 쓰입니다.

ex. It can't be dark outside! It's only 4:00 p.m. 지금 어두울 리가 없다! 지금 겨우 오후 4시다.

cannot은 당연히 할 수 없다는 의미로도 많이 쓰입니다.

ex. The past cannot be changed. 과거는 바뀔 수 없다.

04 「used to + 동사원형」은 과거에 했는데 지금은 아니라는 표현입니다.

ex. Helen used to be a long-distance runner when she was younger. Helen은 젊은 시절 장거리 달리기 선수였다.

「be used to + 명사/-ing」는 '~에 익숙하다'라는 표현으로, 「used to + 동사원형」과 전혀 다릅니다.

ex. I'm getting used to driving on the right. 나는 오른쪽에서 운전하는 데 익숙해지고 있다.

05 may well은 당연히 그럴 만한 이유가 있다고 말할 때 사용됩니다(used to say that there is a good reason).

ex. Elena may well ask what is the solution to this problem. Elena가 이 문제의 해결책이 무엇인지 물어보는 것은 당연하다.

06 ought to는 to가 꼭 있어야 합니다. 부정형은 ought not to입니다.

ex. I ought to do more exercise. 나는 운동을 좀 더 해야 한다.

해석 너는 이렇게 많은 음식을 주문하지 말았어야 했다.

07 be going to는 이미 정해진 계획(prior plan)에 쓰고 will은 즉석에서 정한 미래에 씁니다. 이 문장의 문맥은 이미 주말에 영화 보러 가기로 정해져 있는 것이므로 be going to가 적절합니다.

해석 A: 너 이번 토요일에 바쁘니? B: 응, 영화 보러 갈 거야.

08 과거에 구체적인 일(specific occasions in the past)을 해낸 것은 was able to를 쓰고 could를 쓰지 않습니다. 이 의미는 managed, succeeded와 비슷하다는 걸 다시 한 번 강조해 드립니다.

해석 Iris와 나는 그 세일에서 물건들을 정말 싸게 살 수 있었다.

09 may as well은 '~하는 게 좋겠다'라는 뜻의 조동사 표현입니다.

ex. We may as well start the meeting now. 우리는 지금 회의를 시작하는 게 좋겠다.

ought은 그 뒤에 to와 늘 함께 쓰입니다.

해석 할 일이 더 없으면 우리는 자는 게 좋겠다.

10 「used to + 동사원형」이 과거에 '~하곤 했다'라는 의미로 정답입니다. 「be used to + 명사/-ing형」은 '~에 익숙하다'라는 의미입니다.

ex. I'm used to hitch-hiking. 나는 히치하이킹에 익숙하다.

해석 농구가 예전에는 나의 최우선 순위였다. 〈Derek Fisher〉

11 must의 과거형은 had to입니다.

ex. Helen had to carry her own luggage. Helen은 자기 짐을 날라야 했다.

12 때나 조건의 부사절에서는 현재 시제로 미래 시제를 나타내고 주절에는 미래를 나타내는 조동사 will을 씁니다. unless는 조건의 부사절을 이끄는 접속사입니다.

ex. Unless it rains, the game will be played. 비가 오지 않으면 게임은 진행될 것이다.

13 「used to + 동사원형」은 '(과거에) ~하곤 했다'라는 의미의 조동사입니다.

14 when도 때의 부사절을 이끄는 접속사입니다. 때나 조건의 부사절에서는 현재 시제로 미래 시제를 나타내고 주절에는 미래를 나타내는 조동사 will을 씁니다.

ex. I'll call you when I get there. 내가 거기 도착하면 전화하겠다.

15 때나 조건의 부사절에서는 현재 시제로 미래 시제를 나타내고 주절에는 미래를 나타내는 조동사 will을 씁니다.

16 문장은 길지만 핵심은 간단합니다. should 다음에는 동사원형이 옵니다. 이 문장에서 given이 considering(감안하면, 고려하면)의 의미인 것도 기억하세요.

해석 세미나에 많은 학생들이 참석할 것을 감안해 토론을 위해 소그룹으로 나누는 것이 좋겠다.

17 때나 조건의 부사절에서는 현재 시제로 미래 시제를 나타내고 주절에는 미래를 나타내는 조동사 will을 씁니다. -ing, to부정사는 본동사가 될 수 없습니다.

해석 부정적인 생각을 긍정적인 생각으로 바꾸자마자 긍정적인 결과들을 얻기 시작할 것이다.

18 문맥상 '~하는 편이 낫겠다'라는 의미의 조동사 may[might] as well이 정답입니다. ought은 to를 반드시 동반해야 하며, used to는 과거의 습관을 나타내는 표현으로 빈칸에 알맞지 않습니다.

해석 역에서 택시를 타시는 것이 좋겠어요. 그것이 제가 당신을 태우러 가는 것보다 빠를 거예요.

19 may well은 '~하는 것도 당연하다'라는 의미도 있지만 '~일 가능성이 높다'라는 의미도 있습니다.

ex. What you say may well be true. 당신 말이 사실일 가능성이 높다.

ex. Indeed it may well be true. 진정 그것이 사실일 가능성이 높다.

(A) ought은 to를 동반하는 조동사이며 (B) used to는 과거의 습관을 나타내고, (C) had better는 '~하는 편이 낫다' 라는 의미로 여기에 어울리지 않습니다.

해석 당신은 그 레스토랑을 가 볼 수는 있지만 거기는 지금 문을 닫았을 가능성이 높다.

20 때나 조건의 부사절에서는 현재 시제로 미래 시제를 나타내고 주절에는 미래를 나타내는 조동사 will을 씁니다. (A) had better know(아는 편이 낫다), (C) may as well know(아는 편이 낫다), (D) used to know(알곤 했다)는 의미 상 적절하지 않습니다.

해석 자신을 신뢰하자마자 당신은 인생을 사는 방법을 알게 될 것이다. 〈Goethe〉

Set 03

01-05 **01** 제가 당신 전화번호를 받을 수 있나요? **02** 창문 좀 열어주시겠어요?

03 나는 일본어 공부하러 1년 동안 Tokyo에 갈지도 모른다.

04 그 차는 시동이 잘 걸리지 않는다. **05** 차라리 집에 있겠다.

06-10 **06** go **07** need not **08** didn't need **09** suggest **10** have

11-15 **11** Work hard lest you should fail. 또는 Work hard lest you fail. / **12** Shall we go for a walk? / **13** I don't have to work on weekends. 또는 I don't need to work on weekends. / **14** Her French must be very good. / **15** Diana needn't have bought any books.

16-20 **16** (C) **17** (C) **18** (C) **19** (A) **20** (D)

해설

01 이 문장은 과거 의미가 전혀 없습니다. could는 can의 과거형이지만 꼭 과거의 의미로만 쓰이는 것이 아닙니다.

ex. Could I talk to your boss, please? 당신 상사와 이야기 할 수 있을까요?

02 1번에 could처럼 이 문제의 would도 과거 의미는 전혀 없고 will보다 정중하고 간접적인(polite and indirect) 의사 전달 표현으로 쓰였습니다.

03 이 문장에서도 might은 과거 의미가 전혀 없이 추측의 의미로만 쓰였습니다.

04 우리는 이러한 용법의 will을 '고집'의 will로도 배웁니다. 사물이 주어로 이것이 인간에게 어떻게 반응하는지를 보여 주는 will로, 주로 부정 형태(won't)로 쓰입니다.

ex. The door won't open. 그 문은 잘 안 열린다.

52 김대균 영문법 문제집

05 would sooner는 would rather(차라리 ~하겠다)와 비슷한 의미로 사용됩니다. would가 조동사이므로 그 뒤에는 동사원형(stay)이 옵니다.

06 would rather 뒤에는 동사원형이 옵니다. would rather의 would가 조동사이기 때문입니다. We'd rather going on Tuesday.도 틀린 문장입니다.

> 해석   나는 차라리 화요일에 가겠다.

07 need는 본동사로도 쓰이고 조동사로도 쓰이는 semi-modal(반 조동사)인데 이 문장에서는 뒤에 동사원형 spend가 있으므로 조동사로 쓰인 것으로 볼 수 있습니다. 조동사에 don't을 붙이면 틀립니다.

> ex.   You needn't take off your shoes in this room. 너는 이 방에서 신발을 벗을 필요는 없다.
> 해석   너는 많은 돈을 장난감에 쓸 필요가 없다.

08 이 문장에서는 괄호 뒤에 to buy가 나왔으므로 그 앞에는 본동사형인 didn't need가 정답이 됩니다.

> 해석   Mary는 어떤 책도 살 필요가 없었다.(그래서 사지 않았다는 뜻)

09 이 문장에서 dare는 조동사로 쓰여 그 뒤에 동사원형이 옵니다. 특히 「How dare you + 동사원형」 구문을 잘 기억해 두세요. dare는 need와 마찬가지로 본동사로도 쓰이고 조동사로도 쓰이는 semi-modal(반 조동사)입니다.

> ex.   Dare she tell him the truth? 그녀가 감히 그에게 진실을 말할까?

이와 대조적으로 dare가 본동사로 쓰이는 경우도 알아 두세요.

> ex.   Elena doesn't dare to complain. Elena는 감히 불평하지 않는다.
> ex.   Dare to be different! 과감하게 달라지려 노력해라!
> ex.   Doesn't Helen dare (to) go there? Helen이 감히 거기 가나? – 이 경우에는 to를 넣어도 맞고 안 넣어도 맞습니다.

본 교재는 정직하게 실제 쓰이는 문장들을 제공합니다. 도식화하려고 문법의 진리를 왜곡하지는 않으려 노력했습니다.

> 해석   어떻게 감히 그녀가 유죄라고 암시하니?

10 would rather 뒤에는 동사원형이 옵니다.

> ex.   I'd rather not go out tonight. 나는 차라리 오늘밤에는 나가지 않겠다.
> 해석   나는 차라리 TV를 보면서 조용한 밤을 보내겠다.

11 「lest + 주어 + (should) + 동사원형」(~하지 않도록) 구문을 암기하세요. 여기서 주의할 점은 lest ~ 구문에는 일반적으로 부정어 not을 쓰지 않는다는 것입니다. 이미 부정의 의미가 들어가 있기 때문입니다.

12 Shall은 I나 we와 어울려 격식을 갖춰 상대방의 의견을 물을 때 씁니다.

13 '~할 필요가 없다'라는 표현은 don't have to를 사용합니다

> ex.   You don't have to tell me everything. 나에게 모든 걸 다 말할 필요는 없다.

14 must be는 '~임에 틀림없다'로 해석하는데 거의 100% 확신을 할 때 씁니다.

15 need not은 '~할 필요가 없다'라는 의미인데 완료형 have bought를 사용하면 '~할 필요가 없었다'가 됩니다. 이 문장은 Diana가 책을 샀는데 그게 불필요한 행동이었다는 의미입니다. (Diana bought books but it wasn't necessary.)

16 의견이나 감정(an opinion or feeling)을 should로 나타내기도 합니다. 우리말로는 '~하다니'의 의미로 해석합니다.

> ex.   It's so unfair that Helen should have died so young. Helen이 그렇게 어려서 죽다니 참 세상은 불공평하다.
> 해석   Eunice가 내가 그녀를 다시 보고 싶어 한다고 생각하다니 참 이상하다.

17 '~하지 않도록'의 의미로 쓰일 때 lest가 이끄는 문장 안에는 should를 쓰기도 하고 should를 생략하고 동사원형을 쓰기도 합니다.

ex. Elena always wears headphones in the library lest she disturb anyone. Elena는 남을 방해하지 않도록 도서관에서 늘 헤드폰을 쓴다.

해석 Darren은 아이를 방해하지 않으려고 너무 두려워해서 움직일 수 없었다.

18 문맥상 빼도 좋겠다는 의미가 옳습니다. may[might] as well은 달리 더 좋은 게 없어서 이렇게 하는 게 좋겠다는 제안을 할 때 사용합니다.

해석 우리는 수요일에 쉬는 게 좋겠다. (그날) 어쨌건 할 일이 없다.

19 cannot help -ing는 '~하지 않을 수 없다'라는 뜻의 표현입니다. help는 avoid의 의미인데 두 동사 모두 동명사를 목적어로 취하는 특성이 있습니다.

ex. I can't help loving you. 나는 당신을 사랑하는 것을 피할 수 없다.

해석 나는 내 남편과 아이가 있었다면 더 행복했을 거라는 느낌을 피할 수가 없다.

20 「used to + 동사원형」은 과거에 그랬지만 지금은 아니라는 표현으로 다시 한 번 강조해 드립니다.

ex. I used to play a game a lot. 나는 예전에 게임을 정말 많이 했다. (지금은 안 한다.)

해석 Harry는 현지 팀에서 축구를 했었는데 지금은 너무 나이가 많아 하지 않는다.

★ 요건 몰랐지? used to와 would의 차이점은?

used to는 행동과 상태를 모두 묘사할 수 있고 would는 행동만 묘사할 수 있습니다.

ex. All the teenagers used to/would scream at BTS[= Bangtan Boys]. (O) 모든 10대들은 예전에 BTS를 향해 소리를 지르곤했다.(열광하곤 했다.)

ex. All the teenagers used to be crazy about Beatles. (O) 모든 10대들은 Beatles에 열광하곤 했다.

그러나! 다음 문장은 틀립니다.

ex. All the teenagers would be crazy about Beatles. (X)

would는 동작 묘사만 하지 상태 묘사를 할 수 없습니다. 이제 다시는 used to는 과거의 규칙적인 습관, would는 과거의 불규칙적인 습관으로만 이해하지 않길 바랍니다!

Chapter 10 가정법

Set 01
본문 p.84

01-05 01 are 02 leave 03 should 04 were 05 had studied

06-10 06 heat 07 gets 08 would buy 09 had arrived

10 would have learned

11-15 11 If it rains, we will stay home. / 12 If I don't get enough sleep, I get a headache. / 13 If I lived in Mexico, I would speak Spanish. / 14 If I had lost my job, I would have gone abroad. / 15 If you were to cancel, I would go instead.

16-20 16 (B) 17 (C) 18 (C) 19 (C) 20 (D)

해설

01 이 문장은 그냥 조건문으로 동사의 현재형을 쓰면 됩니다. 주절의 동사 matters(중요하다)가 현재형인 것을 근거로 시제를 일치시키면 됩니다. 일반적인 사실(general truth)이나 진실을 가리킬 때는 이렇게 주절과 if절 모두 현재 시제를

쓰입니다.
　ex. If water is heated to 100℃, it turns to steam. 물을 100도로 가열하면 수증기로 변한다.
　해석　당신이 사랑에 빠졌으면 다른 것은 중요하지 않다.

02　때나 조건의 부사절에서는 현재 시제로 미래를 대신하고 주절에는 미래 시제를 씁니다.
　ex. We will have the party in the garden if the weather is good. 날씨가 좋으면 정원에서 파티를 할 것이다.
　해석　당신이 나를 떠나면 나는 마음이 아파 죽을 것이다.

03　가정법 미래에는 인칭에 상관없이 「should + 동사원형」을 씁니다. 이 문장은 도치구문(Should you wish to cancel your order, please call me.)도 가능하다는 사실을 기억하세요.
　해석　주문을 취소하고 싶으시면 저에게 전화 주세요.

04　가정법 과거형으로 주절의 would와 짝을 이루는 were가 정답입니다. 가정법 과거의 be동사는 인칭에 상관없이 were입니다.
　ex. If I were younger, I would be investing in Africa. 내가 좀 더 젊다면 아프리카에 투자할 텐데. 〈Julian Robertson(미국의 투자가)〉
　해석　내가 동물이라면 나는 독수리일 것이다.

05　가정법 과거완료형으로 「If + 주어 + had p.p., 주어 + would have p.p.」 형태로 씁니다. 이 기본형을 암기해두세요. 시험에서 제일 많이 물어보는 것이 가정법 과거완료입니다.
　해석　당신이 더 열심히 공부했다면 그 시험에 합격했을 텐데.

06　일반적인 사실(general truth)을 말할 때는 if절과 주절 모두 같은 현재 시제를 씁니다.
　해석　물을 100도까지 가열하면 끓는다.

07　때나 조건의 부사절에서는 현재 시제로 미래 시제를 나타내고 주절은 미래 시제로 씁니다.
　해석　Emma는 도쿄에서 일자리를 얻으면 거기서 머물 것이다.

08　가정법 과거의 기본 형태입니다. if절에 과거형(had), 주절에 「would + 동사원형」이 옵니다. 해석은 현재로 하는데 형태만 과거이지 현재 사실의 반대를 가정한 것이기 때문입니다.
　해석　Mason이 충분한 돈이 있다면 그 집을 살 텐데.

09　가정법 과거완료형은 「If + 주어 + had p.p., 주어 + would have p.p.」 형태입니다.
　해석　우리가 좀 더 일찍 도착했더라면 Sophia를 볼 수 있었을 텐데.

10　가정법 과거완료의 기본 형태를 집중적으로 반복하여 연습해 두세요. 「If + 주어 + had p.p., 주어 + would have p.p.」입니다.
　해석　내가 오사카에서 태어났다면 일본어를 배웠을 텐데.

11　때나 조건의 부사절에서는 현재 시제로 미래 시제를 대신하고 주절은 미래 시제로 씁니다.
　ex. If you get back late, I will get angry. 네가 늦게 돌아오면 내가 화를 낼 것이다.

12　이 문장은 일반적인 사실(general truth)을 나타내므로 주절과 if절 모두 현재형을 씁니다.

13　가정법 과거 문장입니다. 혹시라도 지금 멕시코에 살고 계신 분은 이 문장을 쓸 수 없습니다. 현재 사실과 반대되는 가정을 하고 있기 때문입니다.
　ex. If I won the lottery, I would travel the world. 내가 복권에 당첨되면 세계 여행을 할 텐데.

14　가정법 과거완료 문장입니다.
　ex. If Isabella had studied harder, she would have passed the exam. Isabella가 공부를 더 열심히 했으면 그 시험에 합격했을 텐데.

15 were to도 가정법으로 자주 사용되는데 현재 사실의 매우 있을 법하지 않은 가정을 나타냅니다.

> ex. If Liam were to fail the exam, he'd have to wait a whole year to try again. Liam이 낙제하면 다시 시험을 보기 위해 1년을 꼬박 기다려야 한다.

> ex. If John were to be rich, he would be horribly rude. John이 부자라면 무시무시하게 무례할 것이다. – 이 문장은 John이 결코 부자가 될리가 없다는 의미, 즉 It is very unlikely that John would be rich.의미를 담고 있습니다.

16 가정법 미래의 조동사는 인칭에 상관없이 should를 씁니다. If anyone should arrive late를 도치시키면 Should anyone arrive late임을 기억하세요.

> 해석 늦게 도착하는 사람은 입장이 거절될 것이다.

17 be동사의 가정법 과거 기본 구문입니다. 「If + 주어 + were, 주어 + would + 동사원형」 구문을 익혀두세요.

> ex. If I were rich, I would buy you a car. 내가 부자면 너에게 차를 사 줄 텐데.

> 해석 Olivia가 빚이 없다면 직장을 그만둘 텐데.

18 이 문장은 I would prefer you to come tomorrow.의 의미로 would rather 다음에 가정법 과거가 오는 것을 기억합시다.

> ex. I would rather you didn't bring many books. 나는 네가 많은 책들을 가져오지 않길 바란다. – 형태는 과거지만 미래를 의미합니다.

조동사에서 공부했듯이 「would rather + 동사원형」 구문도 있습니다.

> ex. I would rather stay with you. 나는 차라리 당신과 함께 있겠다.

> 해석 오늘 오지 마. 나는 차라리 네가 내일 오면 좋겠어.

19 It is time 다음에 가정법 과거가 옵니다. 18번 would rather 다음에 과거가 오는 것과 함께 정리해 두세요.

> ex. It is time you went to bed. 이제 자러 갈 시간이다.

또한 「It is time to + 동사원형」 구문도 있습니다.

> ex. It's time to start packing. 이제 짐을 챙길 때다.

> 해석 집에 갈 시간이다.

20 가정법 과거완료 기본 구문을 꼭 익혀두세요. 「If + 주어 + had p.p., 주어 + would have p.p.」

> ex. If we had taken a taxi, we wouldn't have missed the plane. 우리가 택시를 탔더라면 그 비행기를 놓치지 않았을 텐데.

> 해석 내가 이 게임을 샀더라면 매일 가지고 놀았을 텐데.

Set 02

01-05
01 내가 당신 입장이라면 똑같이 행동할 텐데.

02 나는 이 기계가 여전히 사용 중이길 빈다.

03 내일 죽을 것처럼 살고 영원히 살 것처럼 배워라.

04 Isabella는 전에 나를 본 적이 없었던 것처럼 행동했다.

05 그렇게 긴 줄이 늘어서 있지 않았다면 그 옷을 샀을 텐데.

06-10
06 would travel   07 could write   08 depended

09 posted   10 would have caught

11-15
11 If Olivia were alive today, she would be 100 years old. / 12 What would you do if you won the lottery? / 13 It is time the kids were in bed. / 14 Jacob looks as if he knew the answer. / 15 If it were not for your donations, many more children would go hungry.

16-20
16 (C)   17 (D)   18 (D)   19 (B)   20 (D)

해설

01 가정법 과거는 현재 사실의 반대를 가정하는 것으로 현재로 해석합니다. 가정법에서 I 다음에 were가 나오는 것은 이 문장이 비현실적이라는 것을 알려 주는 힌트입니다.

02 were는 가정법 과거형이지만 현재로 해석합니다. 가정법 과거는 현재로 해석합니다.
  ex. I wish I were a princess. 내가 공주면 좋겠다.
  ex. I wish I could live another 500 years. 나는 500년을 더 살 수 있길 바란다.

03 간디(Mahatma Gandhi)의 명언으로, as if 다음에 나오는 가정법 과거는 현재로 해석합니다.
  ex. Work as if you were to live a hundred years. Pray as if you were to die tomorrow. 100년 살 것처럼 일 하고 내일 죽을 것처럼 기도하라. 〈Benjamin Franklin〉

04 as though 뒤에도 일반적으로 가정법이 옵니다. had never seen은 과거완료형이지만 과거로 해석합니다. 비슷한 의미인 as if를 더 많이 씁니다.

05 '사실은 줄이 너무 길어서 그 옷을 못 샀다(There was a long queue, so I didn't buy the dress.)'는 의미입니다. 가정법 과거완료는 과거 사실의 반대를 가정하는 것으로 과거 시제로 해석합니다.

06 가정법 과거의 기본 형태로 「If + 주어 + 동사의 과거형, 주어 + would + 동사원형」 구문입니다.
  해석 내가 돈이 많으면 세계 여행을 할 텐데.

07 I wish 다음에는 가정법 과거나 과거완료형이 옵니다.
  해석 내가 고양이처럼 신비하게 글을 쓸 수 있길 바란다. 〈Edgar Allan Poe〉

08 일반적으로 as though 뒤에는 가정법 과거나 과거완료가 옵니다. 직설법이 올 때도 있지만 이 문장에서 everything 은 3인칭 단수이므로 depends가 되어야 수의 일치가 이뤄집니다. 이 문장은 성 어거스틴(Saint Augustine)의 글로, 원문은 Pray as though everything depended on God. Work as though everything depended on you.(모든 것이 신께 달려 있는 것처럼 기도하고 모든 것이 당신에게 달려 있는 것처럼 일하라.)입니다.
  해석 모든 것이 당신에게 달려 있는 것처럼 일하라.

09 would rather 뒤에는 바로 동사원형이 오거나 문장이 올 경우에는 과거형이 옵니다. 이 문장은 I would like you to post this letter.와 같은 의미입니다.
  해석 나는 당신이 이 편지를 부치면 좋겠다.

10   가정법 과거완료의 기본 형태 「If + 주어 + had p.p., 주어 + would have p.p.」를 기억하세요.

    해석 내가 일찍 잤다면 기차를 놓치지 않고 잡았을 텐데.

11   가정법 과거의 기본 형태입니다. be동사는 가정법 과거에서 were가 됩니다.

    ex. If I were you, I would apply right now. 내가 너라면 지금 즉시 신청할 텐데.

12   가정법 과거로 현재 사실의 반대를 표현했습니다.

13   It is time 다음에도 가정법이 옵니다. '사실은 아이들이 잠을 자고 있지 않다(The kids are not in bed.)'라는 의미입니다.

14   사실은 Jacob은 정답을 모를 수 있다는 의미가 이 문장 안에 들어가 있습니다.

15   if it were not for는 without의 의미로 '~가 없다면'이라는 뜻의 가정법 과거 문장입니다. but for, were it not for와 바꿔 쓸 수 있습니다.

16   이 문장처럼 would rather 뒤에 문장이 올 경우 가정법 과거나 과거완료형이 옵니다. 사실은 당신의 남자친구가 계속 전화를 거는 상황(Your boyfriend keeps calling you.)이어서 아니길 바라는 가정법입니다.

    해석 나는 네 남자친구가 밤에 계속 전화를 걸지 않으면 좋겠다.

17   I wish 다음에는 가정법 과거나 과거완료가 나옵니다.

    해석 나는 연습하지 않고 피아노를 정말 잘 칠 수 있기를 바란다. 〈Christopher Miller〉

18   (A) If와 (B) When이 정답이 되려면 3인칭 단수 주어 Amelia 다음에 comes가 와야 합니다. 원래 문장은 If Amelia should come tomorrow, we will of course welcome her.입니다.

    해석 Amelia가 내일 오면 우리는 당연히 그녀를 환영할 것이다.

19   but for는 without의 의미입니다. 주절의 시제에 따라 if it were not for 또는 if it had not been for와 같은 의미입니다. 이 문장에서는 주절이 wouldn't have achieved로 가정법 과거완료형이므로 but for는 if it had not been for와 같습니다.

    해석 아버지가 없었다면 나는 아무것도 성취할 수 없었을 것이다.

20   had it not been for는 if it had not been for의 도치구문입니다. had it not been for = if it had not been for = without = but for를 기억하세요.

    해석 그 실수가 없었다면 Noah는 더 편하게 이겼을 텐데.

Set 03

01-05
01 신이 당신을 축복하시길!   02 여왕이여, 만수무강하소서!

03 이보다 더 좋을 수는 없다.(더할 나위 없이 좋다.)

04 Jim은 우리의 아이돌, 즉 우리 모두가 원하는 그런 사람이 되었다.

05 그가 영어를 말하는 것을 들으면 당신은 그를 원어민으로 착각할 것이다.

06-10
06 would not need   07 would be joining

08 would have bought   09 would have translated

10 would have passed

11-15
11 If Sophia had taken the medicine, she wouldn't still be sick. / 12 Without your help, this would not have been possible. / 13 It is crucial that Iris call me as soon as possible. / 14 We ask that she not call after 9 p.m. / 15 Come what may, I will love you until my dying day.

16-20
16 (B)   17 (B)   18 (B)   19 (A)   20 (C)

해설

01 이 문장은 간단히 May God bless you!에서 May가 생략되었다고 이해하면 쉽지만, 그냥 보기에는 주어가 3인칭 단수인데 동사원형(bless)이 오는 독특한 문장입니다.

02 이 문장도 앞에 May가 생략된 문장입니다.

03 if가 없어도 이런 가정법이 있다는 것을 기억하세요.

　　ex. You could not have come at a more convenient time. 당신은 이보다 더 편리한 때에 올 수 없었다.(= 때마침 잘 오셨다.)

04 as it were는 '말하자면(so to speak)'의 의미로 쓰입니다.

05 To hear him speak English는 가정법 문장 If you heard him speak English와 같은 의미입니다.

06 혼합가정법 문장으로 if절은 과거의 상황을 나타내므로 가정법 과거완료형이고 주절은 지금의 상황을 나타내므로 가정법 과거형이어야 올바른 문장이 됩니다. 이 문장은 Sue wasn't born in the United States and she does need a visa now to work here.입니다.

　　해석 Sue가 미국에서 태어났다면 지금 여기서 일하기 위해 비자가 필요 없는데.

07 역시 혼합가정법 문장입니다. 과거인 어제 등록했다면 미래인 내일 함께 할 수 있다는 문맥으로 if절은 가정법 과거완료, 주절은 그냥 would만 들어간 가정법이 적당합니다. 실은 Mason didn't sign up for the ski trip yesterday and he isn't going to join us tomorrow.의 의미입니다.

　　해석 Mason이 어제 스키 여행에 등록했더라면 그는 내일 우리와 함께할 텐데.

08 if절은 지금 상황과 반대되는 가정이니 가정법 과거, 주절은 어제 사실과 반대되는 가정이니 가정법 과거완료가 적합합니다. 이 문장은 Helen is not currently rich and that is why she didn't buy the building yesterday.의 의미입니다.

　　해석 Helen이 부자라면 어제 그 건물을 샀을 텐데.

09 Jacob은 현재 러시아어를 못해서 어제 문서 번역을 못 해 준 것입니다. 주절은 과거인 어제 사실의 반대를 가정하는 가정법 과거완료가 적절합니다. 이 문장은 Jacob doesn't speak Russian and that is why he didn't translate the document yesterday.입니다.

　　해석 Jacob이 러시아어를 할 수 있다면 어제 문서 번역을 해줬을 텐데.

10 you는 늘 천성이 게으른 사람이어서 지난주 시험도 못 본 것입니다. 즉 You are always lazy, so you failed that test last week.를 묘사한 것입니다.

> 해석 당신이 게으르지 않으면 지난주 시험에 합격했을 텐데.

11 혼합가정법 문제입니다. 혼합가정법을 비중 있게 다뤄 드리니 꼭 익히시길 바랍니다. 과거에 그 약을 먹었다면 지금 아프지 않다는 문맥으로 if절은 가정법 과거완료, 주절은 가정법 과거형으로 쓰는 게 올바릅니다.

12 without your help는 if it had not been for your help의 의미입니다. if를 쓰지 않고도 가정법의 의미가 함축되어 있는 문장이 됩니다.

13 crucial, important 등의 형용사 다음에 나오는 that절에는 should가 생략된 동사원형이 옵니다. (미국 기준)

> ➤ 필연의 형용사 총정리! 다음 형용사 다음에 나오는 that절에는 주어 다음에 동사원형이 옵니다.
>
> necessary, important, vital, urgent, advisable, preferable, anxious, desirable, eager, willing
>
> 위 단어 다음에 나오는 that절에 should를 쓰는 것이 영국식, 쓰지 않는 것이 미국식입니다.

14 ask도 요청 동사로 그 다음에 나오는 that절에는 동사원형이 옵니다.

> ➤ 동사원형을 취하는 단어 정리
>
> suggest, insist, advise, recommend, propose, ask, request, require, demand, prefer, move(제청하다) + that절

15 come what may(어떤 일이 일어나더라도)는 명령형으로 되어 있는데 가정법의 의미를 갖는 대표적인 경우입니다. say what you will도 '당신이 뭐라고 말하건 간에'라는 의미입니다.

> ex. Say what you will about the heat, I love living in Miami. 당신이 더위에 대해 뭐라 말하건 간에 나는 Miami에서 사는 게 좋다.

Try as you may[might]는 '아무리 ~라 할지라도'의 의미입니다.

> ex. Try as he might, he could not forget. 그는 아무리 노력해도 잊을 수가 없을 것이다.
> ex. Try as she might, she couldn't do it. 그녀는 아무리 노력해도 할 수 없을 것이다.

16 제안 동사 다음에 that절에는 동사원형이 옵니다. should not go에서 should가 생략된 것으로 이해하면 됩니다.

> ex. I suggested that he be Harry Potter for Halloween! 나는 그가 할로윈 파티 때 해리 포터 역할을 맡는 것을 제안했다.
> 해석 나는 그녀에게 오늘 밤에 오지 말 것을 제안했다.

17 제안, 요구 부류의 동사의 명사형들 requirement, recommendation, suggestion, proposal, insistence, preference 다음에 나오는 that절에도 동사원형이 옵니다.

> 해석 그의 요구는 모두가 컴퓨터를 쓸 줄 알아야 한다는 것이다.

18 필연, 당위의 형용사들 essential, important, vital, necessary, natural 뒤에 나오는 that절에 동사원형이 옵니다.

> ex. It's vital that you do exactly as I say. 당신이 정확히 내가 말한 대로 하는 것이 중요하다.
> 해석 모두가 여기 정각에 오는 것이 필수이다.

19 Try as you may[might]는 '아무리 노력해도'라는 의미로 쓰입니다. 동사원형으로 시작하지만 양보의 가정을 나타내는 구문입니다.

> ex. Try as he might, he couldn't pass the exam. 그가 아무리 노력해도 그 시험에 통과할 수 없었다.
> 해석 아무리 노력해도 나는 모든 것을 조립할 수가 없다.

20 혼합가정법(mixed conditional) 문장입니다. if절은 현재 실제 그가 말을 잘 못하는 상황을 묘사하고 주절은 어제 이야기이므로 if절에는 가정법 과거, 주절에는 가정법 과거완료를 씁니다.

> 해석 당신이 대중 연설을 잘하면 어제 발표는 더욱더 성공적이었을 텐데.

우리가 위에서 보았듯이 보통 '제안하다', '주장하다'라는 의미의 동사 뒤에는 「should + 동사원형」 또는 그냥 동사원형이 온다고 가르치고 배웁니다. 기본적으로 맞는 말입니다. 그러나 다음 문장을 어떻게 설명하죠?

ex. Taro insisted that he was right. Taro는 자기가 옳았다고 주장했다.

ex. Tom insisted that he acted alone. Tom은 자기가 혼자 했다고 주장했다.

ex. Even Rachel and Julia insisted that she was the one with the problem. 심지어 Rachel과 Julia도 그녀가 문제가 있었다고 주장했다.

이 세 문장은 과거의 사실을 주장하는 것입니다. 그런 경우 당연히 과거 시제를 씁니다. 원리를 따져 보면 앞으로 무엇을 해야 한다고 주장하는 경우 「(should) + 동사원형」을 쓰고 아닌 경우에는 그것에 맞는 시제를 쓸 수 있다는 것입니다. 이와 착상이 비슷한 것이 suggest입니다. 기본 suggest는 바로 목적어가 나와도 되고 that절에는 동사원형이 옵니다.

ex. Can you suggest a good restaurant in this part of town? 이 동네에서 좋은 레스토랑 제안해 주실 수 있나요?

ex. I suggest (that) you leave here around four o'clock. The traffic gets very bad from about 4:30 onwards. 나는 당신이 이곳을 4시경에 떠날 것을 제안한다. 교통이 4시 30분부터 계속 나빠진다.

ex. Her doctor suggested that she should reduce her working hours and take more exercise. 그녀의 의사는 그녀에게 근무 시간을 줄이고 운동을 더 하라고 제안했다.

그러나 suggest가 '암시하다', '시사하다'의 의미라면 뒤에 아무 시제나 올 수 있습니다.

ex. The glove suggests that she was at the scene of the crime. 그 장갑은 그녀가 범죄 현장에 있었다는 것을 암시한다.

공부할 때 중요한 것은 유연성입니다. 간단히 요약하면 suggest, insist는 앞으로 무엇을 해야 한다고 주장할 때 「should + 동사원형」이나 그냥 동사원형을 씁니다. 그런 것이 아니면 과거의 사실에 대해서는 과거 시제를 얼마든지 쓸 수가 있습니다. 혹시 이 내용을 설명하지 않으셨던 선생님들은 suggest, insist를 가르치실 때 꼭 설명해 주시길 부탁 드립니다.

Chapter 11 수동태

Set 01

본문 p.92

| 01-05 | 01 stolen | 02 painted | 03 finished | 04 arrested | 05 conducted |
| 06-10 | 06 happen | 07 arrive | 08 rose | 09 proceeding | 10 consists |

11-15 11 The road is being repaired. / 12 The form can be obtained from the information desk. / 13 The books were written by Helen. / 14 She disappeared into the crowd. / 15 A dog lay in front of the fire.

| 16-20 | 16 (A) | 17 (A) | 18 (B) | 19 (B) | 20 (D) |

해설

01 수동태의 기본 형태는 「be + 과거분사(p.p.) + by」입니다. 여기서 by 이하가 없는 이유는 누가 훔쳐갔는지 모르기 때문입니다.

해석 Emma는 자전거를 도둑맞았다.

02 수동태는 「be + 과거분사(p.p.) + by」가 기본형입니다. 주어가 작품 이름이고, 그림은 그려지는 것이니 수동태가 맞

습니다. 이 문장은 주어(The Mona Lisa)를 강조하려고 수동태를 쓴 것입니다.

> 해석 Mona Lisa는 레오나르도 다빈치가 그렸다.

03 안내 책자는 제작이 완료되는 것이므로 수동의 의미라서 finished가 정답입니다. 우리말로 '~된', '~될'로 해석되는 것은 수동태입니다. 이 문장에서 by someone이 생략된 이유는 누가 완성하는지는 중요하지 않기 때문입니다.

> 해석 그 안내 책자는 내일 완성될 것이다.

04 살인범은 잡히는 것이니 수동의 의미인 arrested가 맞습니다. 이 문장에서 by 이하가 생략된 이유는 당연히 경찰이 잡을 것이니 중요하지 않기 때문입니다.

> 해석 살인범은 어제 체포되었다.

05 연구는 수행되는 것이어서 수동태가 옳습니다.

> 해석 그 연구는 한국의 세 개 도시에서 수행되었다.

06 happen은 목적어가 없는 자동사입니다. 자동사는 수동태가 없습니다.

> ex. When you think positive, good things happen. 긍정적으로 생각하면 좋은 일들이 생긴다. 〈Matt Kemp〉
> 해석 열심히 일하시오, 친절하시오, 그러면 놀라운 일들이 생길 것입니다.

07 arrive는 자동사로 수동태가 없습니다.

> ex. We will arrive in New York tomorrow morning. 우리는 내일 아침 뉴욕에 도착할 것이다.
> 해석 몇 시에 당신의 비행기가 도착하죠?

08 rise도 자동사입니다. 사물이 주어라도 수동태로 쓸 수 없습니다.

> ex. The kite rose gently into the air. 연이 부드럽게 하늘로 올랐다.
> 해석 그 헬기가 지상에서 떠 올랐다.

09 proceed는 '진행되다'의 의미의 자동사로 수동태가 없습니다.

「proceed with + 일」: 일을 진행하다 / 「proceed to + 장소」: ~로 가다

> ex. Mr. Smith has decided not to proceed with the case. Smith 씨는 그 소송을 진행하지 않기로 결정했다.
>   Passengers for London should proceed to gate 7 now. 런던행 승객들은 지금 7번 게이트로 가셔야 합니다.
> 해석 그 일은 잘 진행되고 있다.

10 '구성되다'로 해석되니까 수동태 같지만 consist는 수동태로 쓰지 않습니다. consist of = be composed of로 암기 해두세요.

> ex. The English test consisted of three essays. 그 영어 시험은 세 개의 에세이로 구성되어 있다.
> ex. This paint is composed of several natural ingredients. 이 페인트는 여러 가지 천연 재료로 구성되어 있다.
> 해석 그 전시회는 200점의 그림으로 구성되어 있다.

11 be being p.p.는 '~되는 중이다'로 해석하는 수동태 구문입니다. 토익 파트1에 자주 등장하는 구문이니 참고하세요.

12 양식은 얻어지는 것이니 수동의 의미가 맞습니다.

13 이 문장은 새 정보를 뒤에 두는 영어의 스타일을 보여 주고 있습니다. 이 문장을 Helen wrote the books.로 쓰면 원어민이 조금 어색하게(clumsy) 느끼기도 합니다.

14 disappear는 자동사로 수동태가 없고 능동 형태로만 씁니다.

> ex. The sun disappeared behind a cloud. 태양이 구름 뒤로 숨었다.
> ex. Give light, and the darkness will disappear of itself. 빛을 줘라! 그러면 어둠은 저절로 사라질 것이다.
>   〈Desiderius Erasmus〉

15 자동사 '눕다'는 lie-lay-lain으로 동사 변화가 됩니다. 여기서 lay는 lie의 과거형입니다. 동사원형 타동사 lay와 구분하

세요.

> ex. Iris laid the baby on the bed. Iris가 아이를 침대에 눕혔다.

16 exist는 자동사입니다. 자동사는 수동태가 없으며 빈칸 앞에 조동사 can이 있으므로 동사원형인 exist가 정답입니다.

> 해석 진정한 독립과 자유는 옳은 일을 함으로써만 존재할 수 있다. 〈Brigham Young〉

17 deteriorate는 자동사로 수동태가 없습니다. 그리고 continue to 다음에는 동사원형이 오므로 (C), (D)는 정답이 될 수 없습니다.

> 해석 환경은 계속 오염 행위를 중단할 때까지 계속 오염될 것이다.

18 주어가 3인칭 단수여서 (A) occur는 수의 일치가 되지 않아 정답이 될 수 없습니다. 또한 occur는 자동사로 (C) was occurred처럼 수동태가 될 수 없습니다. 그리고 (D) occurring은 -ing형이 단독으로 본동사가 될 수 없어서 오답입니다.

> ex. Freedom can occur only through education. 자유는 교육을 통해서만 발생할 수 있다. 〈Friedrich Schiller〉
> 해석 나는 배우가 될 거라는 생각이 전혀 없었다. 〈John Malkovich〉

19 선행 명사(a thing)가 3인칭 단수형이므로 (A) belong은 정답이 될 수 없습니다. belong은 자동사로 수동태가 없으므로 (C) is belonged도 오답입니다. belong은 진행형도 안되는 동사라서 (D)도 정답이 될 수 없습니다.

> ex. The future belongs to those who prepare for it today. 미래는 오늘 미래를 준비하는 사람들의 것이다. 〈Malcolm X〉
> 해석 시는 누구에게나 속한 것이다. (즉, 시는 모두의 것이다.)

20 주어가 복수이므로 (C)는 우선 탈락입니다. 승객들이 꼼짝달싹 못 하는 것은 수동태로 표현합니다. '오도 가도 못 하다'(be stranded)와 '태어나다'(be born)는 수동태로 쓴다는 것을 기억하세요.

> ex. I was once stranded on a broken-down boat. 나는 예전에 고장이 난 보트 위에서 오도 가도 못한 적이 있었다.
> ex. Watanabe was born in Tokyo. 와타나베는 도쿄에서 태어났다.
> 해석 수천 명의 승객들이 폭우가 쏟아진 후에 공항에서 계속 오도 가도 못하고 있다.

Set 02

본문 p.94

01-05	01 at	02 in	03 with	04 of	05 to
06-10	06 is selling	07 peels	08 reads	09 measures	10 weighs

11-15 11 Angela is caught in traffic right now. / 12 The region is known for its fine wines. / 13 Bailey is dedicated to her studies. / 14 I am easily satisfied with the very best. / 15 I am convinced of your loyalty.

16-20	16 (B)	17 (B)	18 (A)	19 (D)	20 (D)

해설

01 수동태는 「be + 과거분사(p.p.) + by」가 기본 형태지만 by 대신 다른 전치사를 쓰는 동사도 있습니다.

> ● 놀라움의 at을 쓰는 동사: be + surprised, disappointed(실망하다), amused(기쁘다), delighted(기쁘다) + at
> 해석 우리는 그 소식에 매우 놀랐다.

02 be interested는 뒤에 by 대신 in을 씁니다.

> ● 몰두, 참여의 in을 쓰는 동사: be + interested, involved(관여하다), absorbed(몰입하다), engrossed(몰입하다) + in (빠져드는 의미의 동사들이 in과 잘 어울려서 수동태가 됩니다.)

해석 나는 사람들이 어떻게 변하는가에 매우 관심이 많다.

03 be pleased는 뒤에 by 대신 with를 씁니다.

➲ with를 쓰는 동사: be + bored(지루한), filled, pleased, satisfied, surrounded(둘러싸인) + with (be surrounded by 도 가능)

해석 나는 늘 내 일에 기쁘다.

04 be ashamed는 뒤에 by 대신 of를 씁니다.

➲ 두려움, 부끄러움의 of를 쓰는 동사: be + scared(겁먹다), ashamed(부끄럽다), terrified(무섭다), convinced(확신하다), frightened(무섭다) + of

해석 실수는 부끄러워할 것이 없다.

05 be devoted는 by 대신에 to를 씁니다.

➲ 헌신, 익숙함의 to를 쓰는 동사: be + devoted, committed, dedicated(헌신 삼총사) + to / be + used, accustomed(익숙하다) + to

해석 나는 나의 가족과 사업에 헌신한다.

06 sell은 유사 수동태(pseudo-passive) 단어로 의미가 수동인 것 같지만 능동으로 씁니다. 유사 수동태는 겉으로는 능동인데 본질은 수동의 의미를 지니는 단어들을 가리킵니다. 이 문장은 현재 시제로는 is selling으로 쓰지만 과거 시제로는 The wine sold well.로 써야 맞는 문장입니다.

해석 그 와인은 잘 팔린다.

07 이 문장도 유사 수동태로, 형태는 능동으로 쓰는데 본질적인 의미가 수동태입니다.

해석 이 사과는 쉽게 잘 깎인다.

08 이 문장은 Sue's latest novel is written in an attractive way.의 의미로 역시 유사 수동태로 쓰였습니다.

ex. The letter reads as if it were written carefully. 이 편지는 조심스럽게 쓰여진 것처럼 읽혀진다.

ex. This book reads more like political propaganda than just a novel. 이 책은 소설이라기보다는 정치 선전물처럼 읽혀진다.

해석 Sue의 최신 소설은 읽기 쉽게 되어 있다. (잘 읽힌다.)

09 measure 역시 유사 수동태(pseudo-passive) 동사입니다.

ex. Our lounge measures 12m X 18m. 우리 라운지는 가로 12m 세로 18m이다.

해석 그 화면은 대각선으로 치수가 100인치이다.

10 weigh도 유사 수동태 동사입니다.

ex. Helen weighs between 50 and 55 kilograms. Helen은 몸무게가 50~55kg 정도 나간다.

해석 이 칠면조는 중량이 20파운드이다.

11 be caught in은 '~에 사로잡히다'라는 뜻으로 전치사 in을 씁니다. be[get] stuck in도 전치사 in을 씁니다.

ex. You really got stuck into your food. 당신은 음식을 너무 빨리 먹는다.
(got stuck into your food = ate your food quickly)

12 '~로 유명하다'는 be known for입니다. 그 이유는 for가 '때문에'라는 의미를 갖기 때문입니다. 즉 '~때문에 유명하다'는 것입니다. 전치사의 의미를 잘 새겨보면 be known to(~에게 유명하다), be known as(~로서 유명하다)도 충분히 쉽게 이해할 수 있습니다.

13 참고로 Bailey는 남자와 여자 이름이 다 되는데 최근에는 미국에서 여자 이름으로 더 많이 쓰입니다. '헌신 삼총사(be dedicated/devoted/committed to)'를 암기해두세요.

ex. We are firmly committed to reducing unemployment. 우리는 실업을 줄이는 데에 확고하게 전념하고 있다.

14 be satisfied는 뒤에 전치사 with를 씁니다. 기쁨, 만족의 with를 기억하세요.

ex. Any good movie is filled with secrets. 좋은 영화는 비밀들로 가득하다. 〈Mike Nichols(독일 영화감독)〉

15 이 문장은 당신의 충성도에 설득당했다는 의미로 당신의 충실함을 믿는다는 뜻입니다. be convinced of를 기억하세요.

16 measure는 유사 수동태(pseudo-passive)에 해당되는 단어입니다. 뒤에 수치가 나올 때 수동태처럼 해석하지만 능동태로 씁니다.

해석 그 천은 너비가 2미터이다.

17 be filled 뒤에는 by보다 일반적으로 with를 씁니다.

해석 뉴욕은 정말 영리한 사람들로 가득한 듯하다.

18 be absorbed는 뒤에 in을 씁니다. be engrossed by[in]도 비슷한 의미입니다.

ex. Gable was so engrossed by[in] the book that he forgot the cookies in the oven. Gable은 그 책에 너무 몰두하여 오븐 안의 쿠키를 깜박했다.

해석 Simon은 그의 책에 몰입해서 내가 들어오는 것도 알아차리지 못했다.

19 4형식의 수동태이며 의미를 잘 새겨야 합니다. 일하는 사람들은 나무를 심는 사람들이지 돈을 지불하는 사람이 아닙니다. 능동태로 쓰려면 The workers paid someone $1,000.가 되어야 합니다. 이 문장은 Somebody paid the workers $1,000.의 의미입니다.

해석 인부들은 정원에 나무를 심도록 1,000달러를 받았다.

20 문맥상 내가(I) 초청 이메일을 받은 것입니다. send는 수동태를 두 가지로 쓸 수 있는 동사인데 대부분의 영문법 교재들은 직접목적어만 주어로 쓰는 수동태만 가능하다고 설명하고 있습니다. 하지만 간접목적어를 주어로 써도 옳은 문장입니다.

해석 나는 초청 이메일을 받았지만 그것을 보낸 사람이 누구인지 모른다.

Set 03
본문 p.96

01-05 01 paid 02 serviced 03 believed 04 believed 05 warned

06-10 06 placed 07 was not thanked by anybody

08 be discussed 09 was offered 10 be done

11-15 11 You are supposed to wear a uniform. / 12 I was always told I was not pretty enough. / 13 The meeting was called off this morning. / 14 You will be given plenty of time to decide. / 15 The company was founded in 2010.

16-20 16 (C) 17 (D) 18 (D) 19 (A) 20 (B)

해설

01 「get + 과거분사(p.p.)」는 수동의 의미로 많이 쓰입니다.

❏ 「get + 과거분사(p.p.)」의 예

get broken 고장 나다 / get stolen 도둑맞다 / get washed 세탁되다 / get shaved 면도받다 / get (un)dressed 입다(벗다) / get invited 초청받다 / get changed 변하다 / get married 결혼하다 / get divorced 이혼하다 / get started 시작하다 / get lost 길을 잃다 / get interested 관심을 갖게 되다 / get hurt 부상을 입다 / get bored 지루해지다 / get confused 혼동하게 되다 / get excited 흥분하게 되다 / get drunk 술에 취하다 / get tired 피곤하게 되다

해석 우리는 주급을 받는다.

02 「have + 목적어 + 과거분사(p.p.)」도 일종의 수동태 구문입니다.

➤ 「have + 목적어 + 과거분사(p.p.) 」의 예

have the machine repaired 기계를 수리받다 / get[have] the job done 일이 완료되게 하다 / get[have] my roof repaired 지붕을 수리받다 / get our grass cut 잔디를 깎게 하다 / have the oil changed 오일을 교환하다 / have my hair cut 머리를 깎다 / have the air-conditioner installed 에어컨 설치를 받다 / have the coat cleaned 코트를 세탁하다 / have the picture taken 사진 찍다

해석 나는 내 차를 수리 맡겨 놓은 중이다.

03 It is believed[said] that은 많이 사용되는 수동태 구문입니다. believed 대신 thought, agreed, alleged(주장되다), considered, hoped, reported, known, expected, understood가 들어갈 수 있습니다.

해석 그 집은 1900년에 지어진 것으로 믿어진다.

04 「주어 + be동사 + believed + to부정사」의 형태로 쓰이는 수동태 구문입니다. believed 대신 acknowledged(인정하다), alleged(주장하다), known, recognized, said, supposed, thought, understood를 쓸 수 있습니다.

해석 마늘은 약리 작용이 있는 것으로 믿어진다.

05 「주어 + be동사 + warned + to부정사」의 형태로 자주 쓰이는 구문으로 warned 대신에 tell, ask, persuade(설득하다), advise(조언하다), allow(허용하다), force(강요하다) 등의 과거분사형을 쓰기도 합니다.

해석 당신은 주의하도록 경고를 받았다.

06 샘플은 놓여지는 것이므로 수동의 의미가 맞습니다. 수동은 당하는 것이고 능동은 스스로 하는 것으로 이해하시면 됩니다.

해석 혈액 샘플이 시험관에 들어 있다.

07 부정어가 들어가는 문장의 수동태에 주의하세요. 예를 들어 Nothing pleases Elena.의 수동태는 Elena is not pleased with anything.이지 Elena is pleased with nothing.이 아닙니다.

해석 John은 누구에게도 감사함을 받지 못했다.

08 문제는 토론되므로 수동의 의미가 맞습니다. 이 문장은 Let us discuss this issue.의 수동태입니다. 추가로 명령문 Do it tomorrow.의 수동태는 Let it be done tomorrow.입니다. 명령형도 Let을 사용하는 수동태가 됩니다.

해석 이 문제가 논의되도록 하자.

09 이 문장은 They offered me the job but I refused it.의 의미입니다. offer는 4형식 동사로 목적어가 두 개여서 수동태가 되어도 동사 뒤에 한 개의 목적어가 남아있습니다.

해석 나는 그 일을 제안받았지만 거절했다.

10 주어가 행동의 주체가 아니고 행동을 당하는 경우 수동태로 씁니다.

ex. This wall has to be painted. 이 벽은 칠해져야 한다.

해석 그 기말 리포트는 내일까지 완성되어야 한다.

11 be supposed to는 '~해야 한다'라는 의미의 표현으로 수동태로 많이 쓰입니다. 형태가 비슷한 수동태들로 be expected/scheduled/projected/asked/allowed to가 있습니다.

ex. The meeting is scheduled to start at 2 p.m. 회의는 2시에 시작할 예정이다.

12 be told는 이야기를 들었다는 의미로 많이 사용됩니다.

ex. As a kid, I was told to talk as much as possible. 어릴 때, 나는 가능한 한 많이 말하라고 들었다.

13 능동태 문장은 They called off the meeting this morning.입니다. call off는 한 덩어리로 수동태가 됩니다. 두 단어 이상이 한 덩어리로 수동태가 되는 경우가 있습니다.

ex. Elena was looked after by her grandmother. Elena는 할머니가 키웠다. (= Her grandmother looked after Elena.)

14 이 문장의 능동태는 We will give you plenty of time to decide.입니다 4형식의 수동태는 수동태가 되어도 한 개의 목적어가 남아 이런 형태를 띕니다.

ex. Have you been shown the new laptop? 누가 너에게 새 휴대용 컴퓨터를 보여줬니?(= Has anybody shown you the new laptop?)

15 found(= establish)가 동사원형일 때 '설립하다'의 의미로 쓰입니다. 이 단어는 find의 과거형이 아닙니다.

16 문맥상 '~로서'의 의미가 정답입니다. be known to는 '~에게 알려진', be known for는 '~때문에 유명한'입니다.

ex. Vladimir Ilyich Ulyanov is better known as Lenin. Vladimir Ilyich Ulyanov는 Lenin으로 더 잘 알려져 있다.

해석 지구 온난화는 다른 이름으로 온실 효과로 알려져 있다.

17 본래 능동태 문장은 Someone sent Sue a check for a thousand dollars.입니다. send는 A check for a thousand dollars was sent to Sue by someone.도 되고 이 문제에 나오는 문장처럼 수동태도 된다는 사실을 강조해서 말씀드립니다.

해석 Sue는 천 달러짜리 수표를 받았다.

18 본래 능동태는 They made Daniel repeat the whole story.인데 수동태로 되는 경우 지각동사, 사역동사는 to가 살아납니다.

ex. David was seen to get out of the building. David가 그 건물에서 나오는 것이 목격되었다.

해석 Daniel은 그 이야기를 반복하여 말하도록 지시받았다.

19 5형식 문장의 수동태에서 형용사 목적보어는 그대로 남습니다. 수동태 뒤에 부사가 올 것으로 착각하기 쉬운 문제입니다. 5형식 동사 find, consider, keep이 대표적으로 이런 구문에 쓰입니다.

ex. All must be considered innocent until due process has been followed. 마땅한 절차가 뒤따를 때까지 모든 이는 무죄로 간주되어야 한다.

ex. Mr. Wang is expected to be found guilty. Wang 씨는 유죄로 판결될 것으로 예상된다.

해석 우리가 귀하에게서 수집하는 모든 정보는 비밀로 지켜질 것이다.

20 buy는 4형식 동사에서 직접목적어가 주어로 가는 수동태가 될 때 전치사 for가 필요합니다. buy, make, get이 이런 동사입니다. 이와 대조적으로 write, read, give, teach, sell, send는 전치사 to가 필요합니다.

ex. This was taught to me by my teacher. 나는 이것을 선생님한테 배웠다.

해석 George가 Emily에게 새 사전을 사 주었다.

Do you ever get bored with reading books every day? 매일 책 읽는 것에 질리지 않니?

Students were bored by the lecture. 학생들은 그 강연에 지루해했다.

Helen grew bored of her day job. Helen은 그녀의 일상에 질리기 시작했다.

be bored with/by는 표준으로 많이 쓰이고 be bored of는 비교적 최근에 많이 쓰입니다.

최근에는 be bored by보다 be bored of가 두 배 정도 많이 사용되고 있는데 몇몇 사람들이 be bored of를 싫어하기도 하므로 정식 글쓰기에서는 피하는 것이 좋습니다. 언어의 변화도 유연하게 대처하세요.

★ 요건 몰랐지? **2**   두 가지 수동태가 가능한 send

대부분의 문법 교재와 인터넷 설명에서 send는 buy, make, write, read, sell처럼 간접목적어가 주어가 되는 수동태가 되지 않는다고 설명하는데 이는 옳지 않습니다. send는 다음과 같이 두 가지 수동태가 가능합니다.

I sent her a present.의 수동태는?

➡ A present was sent to her by me. (O)

➡ She was sent a present by me. (O)

원어민이 출제하는 토익에서도 이는 옳은 문장으로 출제되고 있습니다! 앞으로는 간접목적어가 주어로 가는 수동태가 될 수 없는 되는 동사는 buy, make, write, read, sell로 암기하시고 send는 가능하다고 꼭 기억하세요.

Chapter 12   부정사

Set 01
본문 p.100

01-05   **01** to win   **02** to give   **03** to be, to be   **04** to be, to be   **05** to hand

06-10   **06** to play, to play   **07** for   **08** not to   **09** to comfort

           10 to act

11-15   **11** I am always eager to make new music. / **12** It is easy for you to say! / **13** It was silly of her to spend all her money. / **14** It is kind of you to double my salary. / **15** I decided not to go to London.

16-20   **16** (C)   **17** (B)   **18** (D)   **19** (B)   **20** (B)

해설

01 「be + willing/likely + to부정사」 구문을 익혀두세요.

> ex.   I'm willing to take any amount of pain to win. 나는 승리를 위해 어느만큼의 고통이라도 기꺼이 감수하겠다.
>
> 해석   승리할 의향이 없다면 전쟁터로 나가지 마라.

02 아내에게 줄 목적(purpose)으로 산 것입니다. 이것을 목적을 나타내는 부정사의 부사적 용법이라고 표현합니다.

> ex.   Robert set off early in order to avoid the traffic. Robert는 차가 막히는 것을 피할 목적으로 일찍 출발했다.
>
> 해석   Andrew는 아내에게 주려고 꽃을 샀다.

03 choose는 to부정사를 목적어로 취하는 대표적인 동사입니다.

> ➤ to부정사를 목적어로 취하는 동사
>
>   choose, decide, expect, hope, intend, plan, want, would like, would love 등

해석 나는 매일 행복하기로 선택할 수도 있고 불행하기로 선택할 수도 있다.

04 disappointed(실망한), glad, sad, happy, pleased, surprised, proud는 뒤에 to부정사를 써서 '~하기 때문에 … 하다'의 의미로 사용됩니다.

    ex. We were happy to come to the end of our project. 우리는 프로젝트의 끝까지 오게 되어 기쁘다. = We were happy because we had come to the end of our project.

    해석 나는 살아있어서 행복하고 내가 나인 것이 행복하다. 〈Michael Jackson〉

05 「force + 목적어 + to부정사」 패턴을 암기해두세요. 이런 패턴을 갖는 동사들 중에 cause, compel(강요하다), encourage(용기를 주다)도 있습니다.

    ex. The court can compel a witness to give evidence. 법정은 목격자에게 증거를 대도록 강제할 수 있다.

    ex. Jack encouraged his friends to vote for him. Jack은 그의 친구들이 자기에게 투표하도록 독려했다.

    해석 그 강도는 Taylor를 강요하여 돈을 넘겨주게 했다.

06 가주어, 진주어 구문에서 진주어는 to부정사를 씁니다. 동명사를 쓰지 않는다는 점에 주의하세요.

    해석 피아노를 치기는 쉽다. 그러나 잘 치는 것은 어렵다.

07 일반적으로 부정사의 의미상의 주어 앞에는 for를 씁니다. of는 사람의 성질을 나타내는 형용사(kind, generous, wise) 뒤에 씁니다.

    해석 우리는 그녀가 무슨 하는 말을 하는지 듣기 어려웠다.

08 부정사에서 부정어는 부정사 앞에 옵니다.

    ex. To be or not to be, that is the question. 사느냐 죽느냐 그것이 문제로다. – Shakespeare의 〈Hamlet〉 중

    해석 여기 날씨는 너무나 좋다. 멋진 음식은 말할 것도 없이 좋고.

09 「be able to + 동사원형」으로 쓰이듯이 able이 명사가 되어도 그 뒤에는 to부정사가 옵니다

    ex. Patience is not simply the ability to wait – it's how we behave while we're waiting. 인내는 그냥 참는 능력이 아니다. 그것은 우리가 기다리는 동안 어떻게 행동하느냐이다.

    해석 음악은 사람을 위로하는 능력을 가지고 있다.

10 opportunity는 그 뒤에 to부정사와 어울려 쓰입니다.

    ex. I don't ever have the opportunity to wear a suit. 나는 정장을 입을 기회가 전혀 없다.

    해석 나는 연기를 하는 어느 기회도 감사하다.

11 「be eager, able, unable, due(예정인), likely, unlikely, ready, prepared, unwilling, willing + to부정사」 구문을 기억하세요.

    ex. I'm ready to win. 나는 이길 준비가 되어있다.

12 일반적으로 부정사의 의미상의 주어 앞에는 전치사 for가 옵니다.

    ex. It's very difficult for me to say 'I love you'. '당신을 사랑해요'라고 말하기는 쉽지 않다. – 이 문장에서 it은 가주어이며 to부정사 이하가 진주어입니다. 이 구문에 많이 쓰이는 형용사는 difficult, easy, possible, impossible, hard입니다.

13 silly는 wise, generous, kind처럼 사람의 성질을 나타내는 형용사로 그 뒤에는 전치사 of가 옵니다. for가 오지 않는다는 점에 주의하세요.

14 kind는 사람의 성질을 나타내는 형용사로 그 의미상의 주어 앞에 of가 옵니다.

15 부정사에 부정어 not이 붙을 경우 부정사 앞에 옵니다.

    ex. Amy asked me not to be late. Amy는 나에게 늦지 말라고 요청했다.

16 「be likely, willing + to부정사」 구문을 기억하세요.

해석 우리가 과거를 이해하면 우리는 앞으로 일어날 일에 대해 더욱 더 잘 이해하게 된다.

17 목적을 나타내는 부정사의 부사적 용법입니다. 또한 「부정어 + 부정사」 순서를 기억하세요! (in order not to = so as not to)

ex. We went along silently so as not to disturb anyone. 우리는 남을 방해하지 않으려고 조용히 걸어갔다.

해석 그들은 그 아기를 깨우지 않으려고 조용히 말했다.

18 「encourage + 목적어 + to부정사」 구문을 기억하세요. 이런 패턴을 취하는 동사들이 다음과 같습니다. advise, ask, invite, order, persuade(설득하다), remind(기억나게 하다), tell, warn(경고하다), expect, intend, would prefer(차라리 ~하겠다), want, would like

ex. Lisa reminded me to turn the lights out. Lisa는 내가 불을 끄도록 기억을 상기시켜줬다.

해석 Lisa의 어머니는 Lisa가 요리하도록 용기를 췄고 일주일에 세 번 저녁 요리를 하도록 돈도 췄다.

19 가목적어(it), 진목적어(to work) 구문입니다. 이 구문으로 자주 쓰이는 형용사들은 다음과 같습니다. difficult, easy, possible, impossible, hard, right, wrong

ex. I've always found it hard to say sorry. 나는 항상 미안하다고 말하는 것이 어렵다는 것을 발견한다.

해석 나는 내가 좋아하지 않는 사람들과 일하는 것이 매우 어렵다는 것을 발견한다.

20 사람의 성질을 나타내는 형용사 rude(무례한), clever(영리한), foolish, kind, generous(관대한), nice, silly(어리석은) wise 다음에는 for 대신에 of를 씁니다.

ex. That's very generous of you. 참 관대하시군요.

ex. It was foolish of him to do that. 그가 그런 일을 하다니 어리석군.

해석 내 이메일에 답장을 해주지 않다니 당신은 참 무례하군요.

보통 사람의 성질을 나타내는 형용사가 있을 때 그 의미상의 주어 앞에는 of가 온다고 배웁니다.

It is wise of you to say so. 당신이 그렇게 말하는 것을 보니 현명한 사람이군요.

그런데 조건문의 경우 of도 쓰이지만 for도 쓰이고 있습니다. 원어민은 이 문장을 자연스럽게 생각합니다.

It would be wise for you to say so. (O)

It would be wise of you to say so. (O)

Zanny Minton Beddoes(1967년생 영국 언론인)의 문장에 다음과 같은 문장도 있습니다.

It is foolish for anyone to be complacent. 누구라도 자기만족에 빠지는 것은 어리석다.

여기에 for를 쓰는 경우도 요즘 영어에는 있습니다. 우리는 교과서적인 영어를 배우지만 언어가 이렇게 변화하고 있는데도 주목해야 합니다. 여러분에게 혼란을 줄 수도 있지만 통계를 알려드립니다. 요즘 인공지능과 통계를 무시하지 못하니 다음과 같은 내용을 인용해 봅니다. 참고로 이 통계는 100% 가주어 It으로 시작하는 문장을 기준으로 한 것은 아님을 알려드립니다.

In 28% of cases foolish for is used.

In 17% of cases foolish in is used.

In 17% of cases foolish of is used.

In 10% of cases foolish to is used.

In 5% of cases foolish by is used.

In 4% of cases foolish on is used.

In 3% of cases foolish at is used.

In 3% of cases foolish with is used.

In 2% of cases foolish about is used.

In 2% of cases foolish as is used.

In 2% of cases foolish like is used.

In 1% of cases foolish after is used.

In 1% of cases foolish because is used.

In 1% of cases foolish from is used.

In 1% of cases foolish over is used.

모두 합쳐서 100%가 안 되는 것은 1%가 안 되는 다른 미미한 예시들이 빠졌기 때문입니다.

foolish의 경우 이런 것이고 우리가 일반적으로 잘 아는 kind, rude, clever 등이 사람의 성질을 나타내는 경우 of를 쓰는 것이 100%입니다.

It's very kind of you to offer me the job. 제게 일자리를 제의해 주시다니 친절하시군요.

Set 02

01-05
01 대통령은 인도를 다음 주에 방문할 예정이다.
02 다음 주 월요일에 모든 학생들은 필기시험을 봐야 한다.
03 당신이 여기서 1년 이상 일하고자 한다면 주거 허가증이 있어야 한다.
04 당신은 다시는 그런 일을 해서는 안 된다.
05 오후 1시에 체크아웃을 해야 한다.

06-10
06 to be   07 to motivate   08 to be   09 to communicate
10 to reduce

11-15
11 I always take something to read. / 12 If you want to love others, you should love yourself first. / 13 I am calling to ask you about your father. / 14 I'm happy to have a wonderful family. / 15 They warned us not to eat the fish.

16-20
16 (B)   17 (A)   18 (B)   19 (D)   20 (B)

해설

01 공식적인 일정(official arrangements)에 be to 용법이 쓰입니다. '예정'이라고도 합니다.
　ex. Andrew was to speak at the meeting. Andrew는 그 회의에서 연설할 예정이었지만 못했다. – be to 용법이 과거형으로 쓰이는 경우 '～할 예정이었지만 못했다'는 의미

02 공식적인 의무나 명령(official orders)에도 be to 용법이 쓰입니다.
　ex. What are we to do? 우리가 무얼 해야 하죠?

03 be to 용법 중에 의도를 나타내는 표현입니다.
　ex. If you are to succeed, you will have to work hard. 성공하고자 한다면 열심히 일해야 할 것이다.

04 be to 용법은 부정어 not과 어울려 금지 의미도 표현할 수 있습니다.
　ex. You are not to walk on the lawn. 잔디 위에서 걸으면 안된다.

05 이 문장은 You must leave your room before 1 p.m.의 의미입니다.

06 hope는 희망 동사로 to부정사와 짝을 이룹니다. 희망, 소망의 동사 wish, hope, plan은 미래 지향적인 의미로 to부정사와 함께 씁니다.
　ex. I plan to live to be 120. 나는 120세까지 살 계획이다.
　해석 나는 모두의 본보기가 되기를 희망한다.

07 something도 그 뒤에는 형용사나 to부정사가 어울려 함께 쓰입니다. 이것이 명사 something을 수식하는 부정사의 형용사적인 용법입니다.
　ex. There's something special about Elena. Elena에게는 무언가 특별한 것이 있다.
　해석 성공하기 위해서 당신은 당신에게 동기를 부여하는 무언가를 찾을 필요가 있다.

08 strive도 to부정사를 취하는 동사입니다. 토익에도 자주 출제됩니다.
　ex. The government strives to narrow the gap between rich and poor. 정부는 빈부 격차를 줄이고자 노력한다.
　해석 완벽하려고 노력하지 말다. 뛰어나려고 노력해라.

09 attempt, plan, desire는 동사와 명사의 형태가 같고, 그 뒤에는 늘 to부정사와 잘 어울립니다.
　해석 많은 의사소통 시도들이 너무 말을 많이 해서 수포로 돌아간다.

10 authority(권한), opportunity, effort, attempt, right(권리), chance, failure, intention(의도) 등은 to부정사와 잘 어울립니다.

> ex. Natasha was depressed by her continued failure to find a job. Natasha는 계속되는 구직 실패에 낙심했다.

> 해석 범죄를 줄이고자 하는 노력에서 정부는 경찰력을 확장했다.

11 부정사의 형용사적인 용법으로 to read가 그 앞의 something을 수식합니다.

12 want는 희망, 계획의 의미를 가진 동사 wish, hope, plan과 함께 to부정사를 목적어로 취하는 대표적인 동사입니다.

> ex. I hope to continue teaching. 나는 계속 가르치길 희망한다.

13 to부정사의 부사적 용법 중 '~하기 위하여', '~할 목적으로'라는 의미를 가진 목적을 나타내는 구문을 사용합니다.

> ex. Jane locked the door to keep everyone out. Jane은 모두가 들어오지 못하도록 문을 잠갔다.

14 「be happy + to부정사」 구문을 기억하세요.

> ex. I'm happy to be busy. 나는 바빠서 행복하다.

15 「warn + 목적어 + to부정사」 구문입니다. 부정어 not은 to부정사 앞에 오는 것을 기억하세요.

> ☞ 「동사 + 목적어 + to부정사」 구문에 쓰이는 동사
>
> advise, ask, encourage, invite, order, persuade, remind, tell, warn, expect, intend, would prefer, want, would like

16 의도를 표현하는 be to 용법입니다. (A) consider는 동명사를 목적어로 취합니다. (C) had better는 '~하는 편이 더 낫겠다'라는 의미이므로 부적절합니다. (D) ought은 그 뒤에 to가 와야 동사원형과 연결이 될 수 있습니다.

> 해석 우리가 세계 시장에서 성공적으로 경쟁하려면 교육에 더 투자해야 한다.

17 「only + to부정사」는 '그 결과 ~했을 뿐이다'라는 결과 표현의 부정사입니다. 결과 표현 부정사 예문 두 개를 더 제공해드립니다.

> ex. Alex returned home after the military service, only to find his wife had left him. 그는 군복무를 한 후에 집에 와 보니 아내가 이미 그를 떠난 것을 알게 되었다.

> ex. His wife left home, never to return again. 그의 아내는 집을 떠나 다시는 오지 않았다.

> 해석 제니퍼는 많은 시간을 봉급 인상 협상을 하는 데 썼지만 봉급 인상을 받은 직후에 직장을 그만두게 되었다.

18 명사 right(권리), need, wish, attempt, failure, intention, chance 뒤에는 to부정사가 어울려 많이 쓰입니다.

> ex. I didn't get a chance to speak to Ashley. Ashley와 말할 기회가 없었다.

> ex. They have no desire to be rich. 그들은 부자가 될 마음이 없다.

> 해석 세상에서 가장 위대한 권리는 틀릴 수 있는 권리이다.

19 완료부정사가 이 문제의 핵심입니다. 본동사 pretended의 시점 이전에 일어난 상황을 묘사할 때 완료 부정사를 씁니다.

> ex. Emma claims to have met the president and his wife, but I don't believe her. Emma는 대통령과 영부인을 만난 적이 있다고 주장하지만 나는 그녀의 말을 믿지 않는다.

완료부정사는 다음과 같은 경험을 묘사할 때도 쓸 수 있습니다.

> ex. It is better to have loved and lost than never to have loved at all. 사랑해 보고 잃어 보는 것이 전혀 사랑해 보지 못한 것보다 낫다. 〈Alfred Lord Tennyson〉

> 해석 Olivia는 그의 전화번호를 잃어버린 척을 했기 때문에 그에게 연락할 수 없었다.

20 opportunity는 to부정사와 어울리는 명사입니다. 그리고 문맥상 여기서는 단순부정사가 어울립니다.

> ex. Failure is simply the opportunity to begin again. 실패는 다시 시작할 기회일 뿐이다.

Set 03

본문 p.104

01-05　01 나는 정보를 받지 않은 상태로 사물을 판단하는 것을 꺼린다.

01 02 모든 진정한 천재는 확실히 순진하다.

　　03 망고는 말할 것도 없고 바나나도 귀했다.

　　04 숙박시설은 과장 없이 말하면 기본만 있었다.

　　05 Emily는 Charley를 비웃었고 설상가상으로 그녀는 그를 거짓말을 했다고 비난했다.

06-10　06 where to put　　07 how　　08 when　　09 what

　　10 whether

11-15　11 The robber ran too fast for the police to catch. / 12 At seven o'clock Diana heard Emma go out. / 13 If we work hard, we cannot but succeed. / 14 Dan does nothing but chase girls all day. / 15 The $100,000 loan from the bank helped Kate (to) start her own business.

16-20　16 (B)　　17 (C)　　18 (C)　　19 (D)　　20 (D)

해설

01 「be reluctant + to부정사」는 '～하기를 꺼린다'라는 표현입니다.

02 「be bound + to부정사」는 '확실히 ～하다'라는 표현입니다. be bound는 그 뒤에 「for + 장소」가 나와서 '～행이다'라는 표현으로도 쓰입니다.

　ex. Everything is temporary. Everything is bound to end. 모든 것은 일시적이다. 모든 것은 확실히 끝난다.

　ex. The train is bound for Busan. 그 기차는 부산행이다.

　● to부정사와 어울리는 형용사

　「be + eager(열망하는), sorry, reluctant(꺼리는), glad, bound, certain, sure, likely + to부정사」

03 not to mention은 앞에서 나온 대로 to부정사 앞에 부정어 not이 오는 문법을 보여줍니다. 이 표현은 '～는 말할 것도 없고'라는 뜻이니 암기해두세요.

04 to say the least는 '내가 지금 말하는 것보다 더하면 더했지 덜하지 않은'이라는 의미입니다.

　ex. Her teaching methods were strange, to say the least. 그녀의 교육 방법은 과장 없이 말해도 참 이상했다.

05 to make matters worse는 '나쁜 일이 있는데 추가로 더'라는 의미입니다.

　ex. To make matters worse, free school meals have been withdrawn. 설상가상으로 무료 급식이 철회되었다.

　● 독립적인 관용어구로 쓰이는 부정사

　so to speak 말하자면 / strange to say 이상하게 들리겠지만 / needless to say 말할 필요도 없이 / to sum up 요약하면 / to begin with 우선은 / to cut[= make] a long story short 간단히 말해서 / to be honest 솔직히

06 「의문사 + to부정사」 구문입니다. 이 문장은 We don't know where we should put the boxes.와 같은 의미입니다. 의문사 부정사와 어울리는 동사들은 ask, decide, forget, know, tell, remember, explain, learn, understand, wonder 등입니다.

　ex. All is not gold that glitters. 반짝이는 모든 것이 다 금은 아니다.

　해석 우리는 어디에 박스들을 놓아야 할지 모른다.

07 방법을 나타내는 의문부사는 how입니다. what은 의문대명사로 operate가 자기 목적어(the machine)가 이미 있는

상황이므로 이 자리에 들어갈 수 없습니다. 이 문장은 No one could tell me how I should operate the machine. 의 의미입니다.

　해석　아무도 나에게 그 기계 작동법을 말해줄 수 없었다.

08　이 문장에서도 press의 목적어(the button)가 이미 있으므로 의문대명사(what)는 들어갈 수 없고 의문부사(when)가 들어가야 맞습니다.

　ex.　Let's decide when to start. 언제 시작할지를 결정하자.

　해석　그 버튼을 언제 누를지 나에게 알려주세요.

09　do의 목적어가 필요하므로 의문대명사 what이 정답입니다. how를 쓰면 do의 목적어로 쓰일 명사가 추가로 필요합니다.

　ex.　We must find out what to do next. 우리는 다음에 무엇을 할지를 알아내야 한다.

　해석　나는 일을 하고 있지 않으면 무엇을 해야 할지 모른다.

10　「whether + to부정사 + A or B」 구문입니다. 단어 간의 관계를 보는 것이 기본기입니다.

　해석　나는 빨간 옷을 입을지 파란 옷을 입을지 결정할 수가 없다.

11　「too ~ + to부정사」 구문으로 '너무 ~해서 …할 수 없다'라는 뜻입니다. 이 문장을 so ~ that 구문으로 만들면 The robber ran so fast that the police could not catch him.입니다.

12　원형 부정사가 쓰이는 지각동사 hear, see, watch, feel과 사역동사 make, have, let을 기억하세요.

　ex.　I felt her heart beat. 나는 그녀의 가슴이 뛰는 것을 느꼈다.

13　「cannot but + 동사원형」 구문으로 '~할 수밖에 없다'라는 뜻입니다.

14　「do nothing but + 동사원형」 구문도 원형 부정사를 쓰는 구문입니다.

15　「help + 목적어 + (to) + 동사원형」입니다. 이 구문에서 동사원형 앞에 to를 써도 되고 안 써도 됩니다.

16　원칙상 start, begin, continue, bother는 동명사와 to부정사 모두 목적어로 가능합니다. 그러나 본동사가 현재진행형(-ing형)인 경우 뒤에 연속으로 -ing형을 쓰지 않기 때문에 to부정사를 씁니다. '잉잉거리지 마라!'라는 재미있는 표현으로 익혀두세요.

　해석　이제 매우 크리스마스처럼 보이기 시작한다.

17　「authority + to부정사」 구문을 기억하세요.

　해석　나는 변호사에게 나를 대신할 권한을 줬다.

18　need -ing = need to be p.p.입니다. 즉, The batteries in the microphone need changing. = The batteries in the microphone need to be changed.입니다.

　해석　마이크의 전지를 교환할 필요가 있다.

19　in order to와 so as to는 '~하기 위해서'라는 뜻으로 목적을 나타냅니다.

　ex.　I'm going to Tokyo in order to visit my friend. 나는 친구를 방문하러 Tokyo에 갈 것이다.

　ex.　I went to the convenience store so as to buy some snacks. 나는 과자 사러 편의점에 갔다.

　해석　Oscar는 아이들과 집에 있기 위해 일찍 떠났다.

20　「go on + -ing」는 '원래 하고 있는 일을 계속하다', 「go on + to부정사」는 '어떤 일을 하다가 연속해서 다른 일을 계속 이어 하다'의 의미입니다. 잘못을 시인한 후 연이어서 보상을 설명하는 것이므로 정답으로 go on to explain이 적절합니다.

　ex.　Emma went on working in the garden even it was dark. Emma는 어두워질 때까지 정원에서 계속 일했다.

　　　- 하던 일을 계속하는 경우

Chapter 13 동명사

Set 01
본문 p.108

01-05	01 waiting	02 laughing	03 going	04 to help	05 having
06-10	06 turning	07 buying	08 passing	09 working	10 writing

11-15 11 Samantha thanked me for taking her home. / 12 James always puts off going to the dentist. / 13 Patricia kept on asking for money. / 14 When will you give up smoking? / 15 Emily denies breaking the window.

16-20	16 (C)	17 (D)	18 (D)	19 (D)	20 (C)

해설

01 mind는 동명사를 목적어로 취하는 동사입니다.
   ex. Would you mind holding this for me? 저를 위해 이것 좀 잡아주실래요?
   해석 나는 30분 기다리는 것을 개의치 않는다.

02 help는 avoid의 의미로 동명사를 목적어로 취합니다.
   해석 Charlie는 그것을 보았을 때 웃지 않을 수 없었다.

03 consider는 동명사를 목적어로 취하는 대표적인 동사입니다.
   해석 다른 도시에 사는 것을 생각해 본 적이 있니?

04 refuse는 부정사를 목적어로 취하는 동사입니다. 무조건 -ing만 답으로 고를까 봐 긴장감을 드리고자 부정사를 목적어로 취하는 동사를 문제로 넣었습니다.
   해석 Jennifer가 어찌 자기 딸을 도와주길 거절할 수 있나?

05 enjoy는 동명사를 목적어로 취하는 대표적인 동사입니다.
   해석 일요일에 나는 일찍 일어날 필요가 없는 것을 즐긴다.

06 전치사 뒤에는 명사나 동명사가 옵니다.
   해석 정직은 실수가 실패로 바뀌는 것을 막는 가장 빠른 방법이다.

07 전치사 뒤에는 명사나 동명사가 옵니다.
   해석 그 높은 가격이 Jake로 하여금 그 집을 사지 못하게 하고 있다.

08 전치사 뒤에는 명사나 동명사가 옵니다.
   해석 Connor는 Kyle이 시험에 합격한 것을 축하하려고 전화했다.

09 「before, after, when, while, since + 동명사 + 목적어」 구문을 기억하세요. 많이 쓰이고 공인 영어 시험에도 많이 출제되고 있습니다.
   ex. Emma ended up buying a new car after her old one broke. Emma는 옛날 차가 고장 난 후 결국 새 차를 샀다.

해석 세계 전역을 일하면서 다닌 후에 Thomas는 결국 영어를 가르치게 되었다.

10 give up은 동명사를 목적어로 취하는 두 단어 동사입니다.

해석 나는 결코 글쓰기를 포기하지 않겠다.

11 「thank someone for + 명사/동명사」는 많이 쓰는 구문이니 익혀두세요.

12 put off는 동명사를 목적어로 취하는 동사입니다. 연기하는 것과 관련된 동사(put off, postpone, delay)는 동명사를 목적어로 취합니다.

13 「keep on + -ing」가 기본 표현입니다.

ex. I keep on telling you but you won't listen. 나는 계속 말하는데 당신은 들으려 하지 않는다.

14 「give up + -ing」가 기본 표현입니다. keep on, give up은 동명사를 목적어로 취하는 두 단어 동사들입니다.

15 deny는 동명사를 목적어로 취하는 동사입니다.

16 「before, after, when, while, since + 동명사 + 목적어」 구문을 기억하세요.

해석 내가 글을 가장 잘 쓰는 때는 아침 일찍인 경우가 많고 운동할 때도 간혹 그렇다.

17 「before, after, when, while, since + 동명사 + 목적어」 구문이 다시 한 번 나왔습니다. 중요한 구문이니 잘 익혀두세요.

해석 부모님의 집에서 나간 후 Charlie는 부모님과 연락을 해오지 않았다.

18 risk는 동명사를 목적어로 취하는 동사입니다.

해석 당신은 제가 Amy에게 편지를 보내는 위험을 무릅써야 한다고 생각하시나요?

19 quit은 동명사를 목적어로 취하는 동사입니다. give up, stop, quit 등 '그만두다'라는 의미의 동사들은 대부분 동명사를 목적어로 취합니다.

해석 Oscar는 늘 젊은이들에게 담배를 끊도록 권한다.

20 postpone은 동명사를 목적어로 취하는 동사입니다. 지연, 연기 의미의 postpone, put off, delay는 모두 동명사를 목적어로 취하는 동사들입니다.

ex. I think we should delay deciding about this until tomorrow. 내 생각에 우리는 이것에 대해 결정하는 것을 내일까지 연기해야 한다.

해석 그들은 아이들이 아프기 때문에 이탈리아에 가는 것을 연기해야 했다.

Set 02

본문 p.110

| 01-05 | 01 living | 02 putting | 03 waiting | 04 to be | 05 going |
| 06-10 | 06 Driving | 07 dressing | 08 walking | 09 making | 10 spending |

11-15 **11** I have to go surfing. / **12** Always try to avoid going shopping on weekends. / **13** My hair needs cutting. 또는 My hair needs to be cut. / **14** On the way home, we stopped to look at an old castle. / **15** You're always making excuses for not helping me.

| 16-20 | 16 (D) | 17 (C) | 18 (C) | 19 (C) | 20 (C) |

해설

01 imagine은 동명사를 목적어로 취하는 동사입니다.

해석 해발 3,000m 높이에서 사는 것을 상상해 보라!

02 practice는 동명사를 목적어로 취하는 동사입니다.

  해석 적어도 5회 텐트를 치는 연습을 해라.

03 (can't) stand는 동명사를 목적어로 취하는 동사입니다.

  해석 나는 버스를 기다리는 것을 참을 수가 없다.

04 strive는 to부정사를 목적어로 취하는 동사입니다.

  해석 우리는 정확하려 노력하지만 몇몇 실수는 불가피하다.

05 fancy는 영국 영어에서 '~하고 싶다'라는 의미로 쓰이며 동명사를 목적어로 취합니다. 참고로 go to the cinema는 영국 영어, go to the movies는 미국식 영어입니다.

  해석 영화 보는 것을 좋아하니?

06 주어를 고르는 문제입니다. 주어는 명사나 동명사가 할 수 있고 동사원형은 주어가 될 수 없습니다.

  해석 높은 혈중 알코올 농도에서 운전을 하는 것은 모든 주에서 불법이다.

07 finish는 동명사를 목적어로 취하는 대표적인 동사입니다.

  해석 Tracy가 아이들 옷 입히기를 마치자마자 전화기가 울렸다.

08 dislike는 동명사를 목적어로 취하는 동사입니다. 추가적으로 hate는 동명사와, 부정사를 모두 목적어로 취할 수 있는 동사입니다.

  ex. Mary has always hated speaking in public. Mary는 대중 앞에서 연설하는 것을 항상 싫어했다.

  ex. I hate (= do not want) to interrupt, but the president called. 방해하고 싶지 않지만 회장님에게 전화가 왔어요.

  해석 나는 걷는 것이 싫고 등산도 싫다.

09 admit은 동명사를 목적어로 취하는 대표적인 동사입니다.

  ex. Amy admitted having driven too fast. Amy는 과속을 한 것을 시인했다.

  해석 Harry는 실수한 사실을 인정했다.

10 imagine도 동명사를 목적어로 취하는 동사입니다.

  해석 그 돈을 차 한 대 사는 데 다 쓴다고 상상해 봐!

11 go -ing는 '~하러 가다'라는 뜻으로 이러한 형태의 다양한 표현이 있습니다. 예를 들면 go 다음에 bowling, camping, dancing, jogging, hiking, running, sailing, shopping, skiing을 씁니다.

  ex. Elizabeth is going skiing tomorrow. Elizabeth는 내일 스키 타러 간다.

  ex. Let's go dancing at the club tonight. 오늘밤 클럽에 춤추러 가자.

12 '쇼핑하러 가다'는 go shopping으로 씁니다. go hiking(등산 가다), go skiing(스키 타러 가다)이 같은 패턴을 갖습니다.

13 need -ing = need to be p.p.입니다.

14 이 문제는 목적을 나타내는 부정사의 부사적 용법을 보여주는 것입니다. stop looking at은 '보는 것을 멈추다'라는 의미로 여기에 부적합합니다. 동명사만을 목적어로 취하는 동사만 다룰 것이라는 안일함을 없애드리고자 이 문제를 여기 넣었습니다. 부정사와 동명사는 항상 비교하여 공부하세요.

15 부정어(not, never)는 부정사, 분사, 동명사 앞에 위치합니다. 현재진행형이 always와 함께 쓰이면 습관을 나타냅니다.

  ex. Olivia is always complaining. Olivia는 늘 불평만 한다.

16 「before, after, when, while, since + 동명사 + 목적어」 구문을 기억하세요.

> ex. Before becoming CEO of Kinglish Co, Conner spent five years as a plumber. Kinglish사의 최고 경영자가 되기 전에 Conner는 배관공으로 5년간 일했다.
>
> 해석 Kinglish 은행은 대출을 승인하기 전에 사업 계획을 면밀하게 검토한다.

17 전치사 다음에는 명사나 동명사가 옵니다. 그런데 명사 역할을 하면서 동시에 자기 목적어(English)도 취할 수 있는 것은 동명사(gerund)입니다.

> 해석 영어를 배우면서 가장 어려운 일 중의 하나는 동명사를 이해하는 것이다.

18 「before, after, when, while, since + 동명사 + 목적어」 구문이 또 나왔습니다. 잘 기억해두세요.

> 해석 우리는 밤새 운전한 후 New York에 도착했다.

19 suggest, recommend는 동명사를 목적어로 취하는 동사입니다. propose는 동명사와 부정사를 모두 목적어로 취하는 동사이니 비교해두세요.

> ex. I propose to tell her the truth. 나는 그녀에게 진실을 말하자고 제안한다.
>
> ex. I propose going to the early film and having lunch afterwards. 나는 일찍 영화 보고 점심을 그 뒤에 먹자고 제안한다.
>
> 해석 시장은 또 다른 철도 지선을 만들자고 제안했다.

20 「전치사 + _____ + the + 명사」 구문에서 빈칸은 100% 동명사 자리입니다. 명사 역할을 하면서 자기 목적어를 취하는 것은 동명사뿐이기 때문입니다.

> 해석 기차를 놓쳤음에도 불구하고 우리는 그곳에 제때 도착했다.

Set 03

본문 p.112

01-05	01 increasing	02 going	03 buying	04 going	05 to pay
06-10	06 swimming, swimming		07 coming	08 giving	09 raining
	10 telling				

11-15 **11** One of her duties is attending seminars. / **12** It is worth learning English. / **13** How many hours a day do you practice playing the piano? / **14** Have you tried using butter instead of oil? / **15** Don't forget to post this letter for me.

16-20	16 (D)	17 (D)	18 (D)	19 (D)	20 (D)

해설

01 include는 동명사를 목적어로 취하는 동사입니다.

> 해석 그 제안은 자동차세를 올리는 것을 포함한다.

02 put off는 동명사를 목적어로 취하는 두 단어 동사입니다.

> 해석 나는 내년까지 스코틀랜드로 가는 것을 연기할 것이다.

03 consider는 동명사를 목적어로 취하는 대표적인 동사입니다.

> 해석 Jessica는 중고차를 한 대 살 것을 고려 중이다.

04 feel like는 동명사를 목적어로 취합니다.

> 해석 산책 가고 싶어?

05 afford는 to부정사를 목적어로 취하는 동사입니다.

> 해석 이 회사는 초과근무 수당을 줄 여력이 없다.

06 동명사(swimming)는 주어가 될 수 있지만 동사원형(swim)은 주어가 될 수 없습니다.
> 해석 바다에서 수영하는 것이 풀장에서 수영하는 것보다 좋은가?

07 전치사(on) 다음에는 명사나 동명사(coming)가 옵니다.
> 해석 나는 의식을 회복한 사람에게 동정을 해야 할지 축하를 해야 할지 전혀 몰랐다.

08 discontinue는 동명사를 목적어로 취하는 동사입니다. 참고로 continue는 목적어로 동명사와 부정사가 모두 가능한 동사입니다.
> ex. I hope to continue teaching. 나는 계속 가르치고 싶다.
> ex. I have to continue to work. 나는 계속 일해야 한다.
> 해석 나는 아이들에게 기회를 주는 것을 중단하기를 원치 않는다.

09 stop은 동명사만을 목적어로 취합니다. stop 뒤에 to부정사가 오면 '~하기 위하여 멈추다'라는 의미가 됩니다. 목적을 나타내는 부정사의 부사적 용법입니다.
> ex. The bus stopped to pick up the children. 그 버스는 아이들을 태우려고 멈췄다.
> 해석 비가 그쳤다. 소풍 가자.

10 delay도 admit, enjoy, mind, finish, discontinue처럼 동명사를 목적어로 취하는 동사입니다.
> 해석 나는 Joe에게 나쁜 소식을 전하는 것을 늦췄다.

11 이 문장에서 attending은 동명사 보어로 사용되었습니다. 동명사는 주어, 목적어, 보어 역할을 합니다.

12 「be worth + -ing」 또는 「be worth + 명사」 표현을 암기해두세요.
> ex. It'll be worth checking the weather forecast first. 일기 예보를 우선 확인하는 것이 가치가 있을 것이다.
> ex. The museum is well worth a visit. 그 박물관은 방문할 가치가 충분히 있다.

동명사 관용 표현들은 《김대균 영문법》 187쪽에 총 정리되어 있으니 참고해주세요.

13 practice도 동명사를 목적어로 취하는 동사이니 잘 기억해두세요.
> ex. I practice playing the piano every day. 나는 매일 피아노 연습을 한다.

14 try -ing는 '시험 삼아 해 보다'라는 의미입니다. 그런데 try to부정사는 '~하려고 노력하다'의 의미이니 혼동하지 마세요.
> ex. I'm trying to learn Chinese but it's very difficult. 나는 중국어를 배우려고 노력 중인데 매우 어렵다.

15 remember, forget, regret의 공통점은? 이들 단어 뒤에 to부정사가 오면 미래의 일을 의미하고 동명사가 오면 과거의 일을 의미합니다.
> ex. I'll always remember meeting you for the first time. 저는 당신과의 첫 만남을 항상 기억할 것입니다. – 예전에 만났던 일을 앞으로 기억할 것이라는 의미

16 「look forward to + -ing」 구문을 기억하세요. '~하기를 고대하다'라는 의미입니다.
> ex. I look forward to hearing from you soon. 당신께 곧 소식을 듣길 고대합니다.
> 해석 나는 매일 운동하는 것을 고대합니다.

17 「spend + 시간 + -ing」 구문입니다.
> ex. Amy spends most of her time reading. Amy는 대부분의 자기 시간을 독서하는 데 쓴다.
> 해석 만약 당신이 시간을 쓰려면 더 영리해지는 데 쓰시오. 〈Judy Sheindlin(미국 변호사)〉

18 「be accustomed to + -ing/명사」 구문을 기억하세요. '~하는 데 익숙하다'라는 뜻으로 「be used to + -ing/명사」와 의미와 용법이 비슷합니다.
> ex. We were accustomed to working together. 우리는 함께 일하는 데 익숙했다.
> ex. Lily is used to working hard. Lily는 열심히 일하는 데 익숙하다.

ex. I am used to working late. 나는 늦게까지 일하는 데 익숙하다.

해석 Michelle은 전기 없이 사는 데 익숙해졌다.

19 「It is no use + -ing」는 '~해 봐야 소용없다'라는 의미입니다.

ex. It is no use crying over spilled milk. 엎질러진 우유를 놓고 울어 봐야 소용없다. – 후회해 봐야 소용없다는 뜻의 유명한 속담

해석 저한테 물어보셔도 소용이 없습니다. 전 몰라요.

20 「be devoted/dedicated/committed to + -ing/명사」 구문입니다. 일명 '헌신 삼총사'를 기억하세요.

ex. I think each one of us has committed to improving. 내 생각에 우리는 각각 더 좋게 개선하려 헌신해왔다. 〈Jimmy Haynes(미국 운동선수)〉

해석 자본은 더 큰 재산의 획득에 할애된 재산이다. 〈Alfred Marshall(영국의 경제학자)〉

★ 요건 몰랐지? 1 practice? practise? 뭐가 맞을까요?

1 미국에서는 동사, 명사 모두 practice로 씁니다. 미국 영어에서 practise는 틀린 스펠링이 됩니다.

2 영국에서는 명사는 practice, 동사는 practise로 구분해서 씁니다. 영국뿐 아니라 캐나다, 호주, 뉴질랜드, 아일랜드 영어(Canadian, Australian, New Zealand, or Irish English)에서는 practice를 명사(noun), practise를 동사로 구분해서 씁니다.

Practice makes perfect. 연습이 완벽을 만든다.

이 문장에서 명사 주어 Practice 자리에 Practise를 쓰면 틀립니다. 우리 모두 꾸준한 연습으로 완벽한 영어를 쓰고 말하기를 꿈꿉시다.

★ 요건 몰랐지? 2 sorry의 두 가지 용법

1 sorry about/for + 명사/동명사: 이미 저지른 과거 일에 대한 사과, 유감

ex. Charlie was sorry for hitting the other boy. Charlie는 다른 아이를 때린 것을 미안해했다.

ex. I'm sorry about your losing your job. 나는 네가 실직한 것에 대해 유감이다.

동명사는 과거 지향적인 의미를 갖습니다.

2 sorry + to부정사: 지금의 상황에 대한 사과나 유감

ex. I am sorry to hear that your father died. 당신 아버지가 돌아가신 것을 지금 들으니 유감이다.

ex. I'm sorry to hear about your sick mother. 당신의 아픈 어머니 이야기를 들으니 유감이다.

ex. I'm sorry to admit what I did. 내가 한 일에 대해 인정하게 되어 미안하다.

to부정사는 동명사와는 달리 현재나 미래 지향적인 의미를 갖습니다.

Chapter 14 분사

Set 01

01-05 01 going 02 decided 03 broken 04 interesting 05 boring

06-10 06 satisfied 07 satisfying 08 disgusting 09 disgusted 10 confused

11-15 11 George writes very amusing short stories. / 12 Working late every day is very tiring. / 13 The movie is very terrifying. / 14 Joseph was annoyed with me for leaving without him. / 15 I feel exhausted if I teach too long.

16-20 16 (C) 17 (C) 18 (D) 19 (B) 20 (A)

해설

01 be동사 뒤에는 능동이면 현재분사(-ing), 수동의 의미면 과거분사(p.p.)가 옵니다. go는 자동사여서 수동태가 없고 우리가 가는 행동의 주체이므로 현재분사형인 going이 맞습니다.

  ex. Most good relationships are built on mutual trust and respect. 대부분의 좋은 관계는 상호 신뢰와 존경을 토대로 만들어진다. − 이 문장에서는 be동사 뒤에 수동의 의미가 적절하므로 과거분사형인 built가 맞습니다.

  cf. The company is building new headquarters in Samsung Dong. 그 회사가 새 본사를 삼성동에 짓고 있다. − 이 문장에서는 주어가 짓고 있으니 능동인 현재분사형 building이 맞습니다.

  해석 우리는 다음 주에 이탈리아에 갈 예정이다.

02 have 다음에 올바른 동사 형태는 과거분사(decided)입니다.

  해석 나는 다음 달에 이탈리아에 가기로 결정했다.

03 상한 마음은 마음이 깨진 것이므로 수동의 의미로 broken heart가 적절합니다.

  ex. The robber attacked the man with a broken bottle. 강도는 그 남자를 깨진 병으로 공격했다. − 이 문장에서도 깨진 병은 수동의 의미로 과거분사형이 맞습니다.

  해석 상심한 사람에게 다시 사랑에 빠지라고 하기는 힘들다.

04 남을 재미있게 하는 것은 능동적인 의미이므로 현재분사형(-ing)이 옳습니다. 주어나, 분사의 꾸밈을 받는 단어가 영향을 받으면 수동태인 과거분사형(p.p.)을 쓰고, 남에게 영향을 주면 능동태인 현재분사형(-ing)을 씁니다.

  ex. Amy is only interested in clothes. Amy는 옷에만 관심이 있다.

  해석 나는 어제 한국 역사에 관한 흥미로운 TV쇼를 봤다.

05 남을 지루하게 하는 것이니 boring이 정답입니다.

  cf. I'm bored of my job. 나는 내 직업이 지루하다.

  해석 이 영화는 지루하다. 그만 보자.

06 고객은 사람으로 만족하므로 satisfied가 정답입니다.

  해석 만족한 고객은 무엇보다 좋은 사업 전략이다.

07 life는 사람이 아니고 의미상 만족스러운 일이므로 능동의 의미로 satisfying이 정답입니다.

  해석 나는 완전히 만족스러운 인생을 살고 있다. 나의 일과 가족이 나에게 매우 중요하다. 〈Stephen Hawking〉

08 주어가 사람이 아닙니다. 이 행위가 남을 역겹게 하는 것이므로 남에게 영향을 미치니 현재분사인 -ing형이 적절합니다.

  해석 개똥을 밟는 것은 역겹다.

09 주어가 사람이고 사람이 역겨움을 느끼는 것이니 수동의 의미로 과거분사형(p.p.)이 맞습니다.

10 주어인 사람이 혼란을 느끼는 것입니다. 주어가 동사에 영향을 받고 있으니 confused가 정답입니다. 주어나 수식을 받는 명사가 동작에 영향을 받으면 수동의 의미로 과거분사형(p.p.)을, 남에게 영향을 주면 능동의 의미로 현재분사형(-ing)을 사용합니다.

해석 나는 내 인생을 어찌해야 할지에 대해 완전히 혼란스럽다.

11 남을 재미있게 하는 이야기이므로 amusing이 정답입니다.

ex. Emma was very amused by[at] the children's comments. Emma는 아이들의 말에 매우 재미있어했다.

12 주어가 사람이 아니고 일하는 것이며 이것이 남에게 영향을 미칩니다. 남에게 영향을 주면 -ing형이 맞습니다.

13 주어가 남에게 영향을 주면 현재분사형(-ing)으로 씁니다.

ex. Elizabeth is terrified of the dark. Elizabeth는 어둠을 무서워한다.

14 주어가 이 동사에 영향을 받아 화가 난 것이므로 annoyed가 적절합니다.

ex. There's an annoying hum on this laptop. 이 휴대용 컴퓨터는 짜증나는 웅웅거림이 있다.

15 be동사 대신에 feel, become과 함께 분사를 쓸 수 있습니다.

16 주어가 남을 피곤하게 하는 주체이므로 현재분사형(-ing)이 적절합니다.

ex. Grief is exhausting. 슬픔은 사람을 지치게 한다.

해석 하루 동안의 걱정은 일주일 일하는 것보다 사람을 지치게 한다.

17 남을 놀라게 하는 비율을 의미하므로 현재분사형(-ing)이 옳습니다.

ex. What an alarming noise! 이게 웬 놀라게 하는 소음인가?

해석 우리는 놀라운 비율로 사생활을 잃고 있다. 이제 우리에게 남은 사생활이 없다.

18 주어가 당황한 것이므로 동사 embarrass의 영향을 받은 것입니다. 주어가 영향을 받으면 과거분사형(p.p.), 주어가 남에게 영향을 미치면 현재분사형(-ing)이 맞습니다.

ex. No family is complete without an embarrassing uncle. 어느 가족도 당황스러운 삼촌 없이는 완벽하지 않다.
– 가족 중에 남을 당황하게 하는 사람이 없는 집은 없다는 의미 〈Peter Morgan(영국 작가)〉

해석 Isabella는 새 남자친구 앞에서 넘어졌을 때 무척 당황했다.

19 주어가 압도당한다는 의미이므로 (B) overwhelmed가 정답입니다.

ex. Margaret felt overwhelmed. She'd moved house and was learning to drive at the same time.
Margaret은 감당하기 힘든 기분이었다. 그녀는 새집으로 이사를 갔고 이와 동시에 운전하는 법을 배우고 있었다.

해석 나는 정보에 압도당한다고 느끼지는 않는다. 나는 정보를 좋아한다. 〈Marissa Mayer(미국 사업가)〉

20 주어가 남을 편안하게 하는 것이므로 현재분사형(-ing)이 맞습니다.

ex. Fishing is always a way of relaxing. 낚시는 항상 긴장을 풀게 하는 방법이다.

cf. When I'm relaxed, jeans and a shirt are my uniform. 편안함을 느낄 때는 청바지와 셔츠가 내 유니폼이다.
〈Monica Bellucci(영화배우)〉

해석 기분 좋은 온수욕은 긴 하루 뒤의 긴장을 잘 풀어준다.

Set 02

01-05	01 depressed	02 sleeping	03 living	04 produced	05 belonging
06-10	06 painted	07 arriving	08 Whistling	09 Sitting	10 Having read

11-15 **11** Feeling sick, Patricia left school early. / **12** Not wanting to lose his passport, Harry gave it to his mother. / **13** Impressed by Emily's term paper, the professor gave her the highest mark. / **14** The plane carries 300 people excluding the staff. / **15** Ten people, including three children, were injured in the explosion.

16-20	16 (B)	17 (D)	18 (C)	19 (C)	20 (D)

해설

01 주어인 사람이 동사에 영향을 받아 우울함을 느끼는 것이므로 수동태인 과거분사가 정답입니다.
cf. No good movie is depressing. All bad movies are depressing. 어떤 좋은 영화도 우울하지 않다. 모든 나쁜 영화는 사람들을 우울하게 한다. – 주어가 남에게 영향을 주는 경우이므로 여기서는 -ing형이 맞습니다.
해석 내가 아프고 우울할 때 조차도 나는 삶을 사랑한다.

02 아이는 자고 있는 능동적인 주체이므로 현재분사형(-ing)이 적절합니다.
ex. Who is that woman walking in the garden? 정원을 걷는 저 여자는 누구지?
해석 거실에서 자는 아이를 깨우지 마라.

03 완전한 문장이 명사로 끝날 때 능동의 의미인 경우 -ing 구문으로 이어지는 문장이 많이 쓰입니다. -ing형은 명사 주어 다음에 붙어 나오기도 합니다.
ex. A boy wearing a red hat opened the window. 빨간 모자를 쓴 소년이 창문을 열었다.
해석 Ava는 근처에 사는 변호사에게 전화했다.

04 기계는 만들어지므로 수동의 의미로 produced가 맞습니다.
해석 한국에서 생산되는 전기 기계들은 전 세계로 수출된다.

05 본래 belong은 본동사일 경우 진행형(be belonging)이 되지 않습니다. 그러나 분사로 앞의 명사를 수식하는 경우 이렇게 -ing형으로 쓰입니다. 필자도 한국에서 중고등학교 시절 이것을 잘 가르쳐 주는 분을 못 만났다가 원서를 보면서 터득하게 되었습니다.
ex. Barbara broke the laptop belonging to my father. Barbara는 우리 아빠의 휴대용 컴퓨터를 고장 냈다.
해석 그 배우의 고급 차가 도난 당했다.

06 의미상 그려진 그림이므로 수동태인 과거분사(p.p.)가 적합합니다.
해석 피카소가 그린 그림들은 보통 수백만 달러에 팔린다.

07 사람들이 도착하는 능동적인 주체이고 자동사이므로 현재분사형(-ing)이 맞습니다.
ex. I am disgusted by the smell in the public toilet. 나는 이 화장실의 냄새에 역겨움을 느낀다.
해석 늦게 도착하는 학생들은 들어가는 것이 허용되지 않는다.

08 분사구문의 주어는 주절의 주어와 같아야 합니다. Oliver가 휘파람을 부는 능동적인 주체이므로 현재분사형(-ing)이 정답입니다. 이 문장은 Oliver whistled to himself as he walked down the road.와 비슷한 의미의 문장입니다.
해석 혼자서 휘파람을 불면서 Oliver는 길을 따라 걸었다.

09 분사구문의 주어는 주절의 주어와 일치시켜야 합니다. 주어가 사람(we)이므로 능동태 Sitting이 맞습니다.
해석 나무 아래에 앉아 우리는 케이크와 샌드위치를 먹었다.

10 완료분사구문입니다. 주어인 Lily가 책을 읽었고 그 후에 자러 간 것이므로 앞의 행동이 더 과거에 일어난 일입니다.

이런 경우 「having + p.p.」 구문을 씁니다. 문법상 이것을 완료분사구문이라고 합니다.

해석 그 책을 읽은 후에 Lily는 자러 갔다.

11 이 문장은 Patricia left school early because she felt sick.과 같은 의미입니다.

12 이 문장은 Because Harry didn't want to lose his passport, he gave it to his mother.와 같은 의미입니다. 분사, 부정사, 동명사에서 부정어는 그 앞에 온다는 사실(Not knowing)도 기억하세요.

13 이 문장은 The professor was impressed by Emily's term paper, so he gave her the highest mark.의 의미와 같습니다.

14 excluding은 전치사로도 분류되지만 본래 동사인 exclude에서 나온 단어입니다. 자기 목적어를 취하는 분사로 사용된 것으로도 볼 수 있어서 이 문제로 연습해 보았습니다.

15 「including + 목적어」가 그 앞의 명사를 수식하는 구문입니다. 「주어 + 동사, -ing + 명사 목적어」 구문도 매우 중요하니 암기해두세요.

ex. Charlie has admitted committing several crimes, including one murder. Charlie는 한 건의 살인 사건을 포함하여 몇 가지 범죄를 저지른 것을 인정했다.

16 명사 주어 The time을 수식하는 분사 자리로 자기 목적어(money)를 취하고 있으므로 -ing형이 정답입니다. 이 문장의 본동사는 should be의 be입니다.

해석 당신이 돈을 버는 시간은 당신이 돈을 쓰는 시간보다 더 위대해야 한다.

17 '제한된 시간'은 limited time입니다. 참고로 '부재중 전화'는 missed call입니다. 분사 형용사를 그때그때 익혀두세요.

해석 우리가 가진 시간은 한정되어 있다. 그래서 우리는 시간을 극대화해야 한다.

18 '기존 장비'를 existing equipment라고 합니다. 참고로 '미아'는 missing child입니다. 현재분사형(-ing) 형용사, 과거분사형(p.p.) 형용사를 그때그때 익혀서 암기하세요.

해석 그 기존 장비의 교체 방법에 관한 질문에 대한 답들을 www.kinglish.com에서 찾으세요.

19 '지속적인'이라는 의미의 분사 형용사는 lasting입니다.

ex. War is never a lasting solution for any problem. 전쟁은 어떤 문제에 대해서도 지속적인 해결책이 결코 아니다.

해석 지속적인 평화를 구축하는 것은 교육의 일이다.

20 완료분사구문 문제입니다. 주어인 Michael이 이제 막 은퇴하고 나서 낚시할 시간이 많아졌다는 내용으로, 분사구문의 주어는 주절의 주어와 일치시키고 분사구문의 시제가 주절의 시제보다 더 과거일 때 이처럼 완료분사구문을 사용합니다.

ex. Having lost twenty pounds, Amelia finally fit into her favorite dress again. 살을 20파운드 빼고서 Amelia는 드디어 그녀가 좋아하는 드레스를 다시 입을 수 있었다.

해석 막 은퇴하여 Michael은 이제 더 많은 시간을 낚시하는 데 쓸 수 있다.

Set 03

01-05 01 waiting　 02 remaining　 03 speaking　 04 folded　 05 experienced

06-10 06 Not knowing　 07 forgotten　 08 singing　 09 complicated

10 challenging

11-15 11 Hearing a loud noise, Sarah woke up. / 12 Strictly speaking, tomatoes are not vegetables. / 13 Given the circumstances, you've done really well. / 14 Don't talk with your mouth full. / 15 Amelia was late again, making her boyfriend angry.

16-20 16 (D)　　 17 (C)　　 18 (B)　　 19 (C)　　 20 (D)

해설

01 비서는 사람으로 기다리는 주체이므로 현재분사형(-ing)이 맞습니다.

해석 홀에서 기다리는 그 비서는 방문객이 올 것을 예상했다.

02 remain은 자동사로 명사를 수식하는 분사 형용사로 쓰일 때 -ing형으로만 쓰입니다.

ex. The remaining issues can be dealt with tomorrow morning. 남은 문제들은 내일 아침에 다뤄질 수 있다.

해석 남은 두 시간 동안 우리 뭘 하죠?

03 generally speaking(일반적으로 말해)은 관용 표현으로 많이 쓰이는 분사구문입니다.

ex. Generally speaking there was no resistance to the suggestion. 대체로 그 제안에는 반대가 없었다.

ex. Generally speaking, people like Darren as a leader. 일반적으로 말해 사람들은 Darren을 리더로 좋아한다.

해석 일반적으로 말해 차는 비쌀수록 더 좋다.

04 팔은 접히고 사람이 접는 것이므로 수동의 의미로 folded가 맞습니다. 비슷한 표현으로 with his arms crossed도 있는데 이것보다 with his arms folded가 덜 공격적(less aggressive)이고 덜 화가 난(less angry) 느낌을 줍니다.

해석 Trump는 팔짱을 낀 채 앉아있었다.

05 '경험 있는'의 의미를 가진 형용사가 바로 experienced입니다.

ex. Oscar is experienced and self-assured. Oscar는 경험이 많고 자신감이 있다.

해석 Lee 씨는 가장 경험이 많은 선생님들 중의 한 사람이다.

06 부정사, 분사, 동명사는 부정어가 앞에 옵니다. 또한 이들은 「having + p.p.」 같은 완료형으로 더 과거에 일어난 동작을 묘사합니다. 부정사, 분사, 동명사는 모두 동사에서 왔기 때문에 이런 공통점이 있습니다.

해석 무엇을 해야 할지 몰라 나는 경찰을 불렀다.

07 문장 끝 부분에 by가 쉬운 힌트가 됩니다. 잊혀지는 것은 수동의 의미로 과거분사형이 맞습니다.

해석 그는 모두에게 잊혀진 채 혼자 살았다.

08 분사구문에서 동시상황을 나타내는 표현입니다. 옛날 문법 용어로 부대상황이라고도 합니다.

ex. Tracy was sitting at the table examining some documents. Tracy는 문서를 살피면서 테이블에 앉아있었다. – 이 문장도 동시상황을 묘사하는 분사구문이 들어간 문장입니다.

해석 Darren은 노래를 부르면서 방에 들어갔다.

09 '복잡한'은 분사 형용사 complicated를 씁니다.

ex. The human brain is a very complicated organ. 인간의 뇌는 매우 복잡한 기관이다.

해석 Jake에게 옷을 입는 일은 복잡한 일이다.

10 challenging은 '재미있거나 즐거우면서 힘든'(difficult in an interesting or enjoyable way)이라는 의미를 갖는 분사 형용사입니다. 이 문장에서 rewarding도 분사 형용사로 쓰였습니다.

ex. The literature course has been very rewarding. 그 문학 과정은 매우 유익했다.

해석 초등학생들을 가르치는 것은 힘들지만 보람 있는 일이다.

11 분사구문으로 주절의 주어 Sarah가 소음을 듣는 주체이므로 현재분사형인 Hearing을 쓰는 것이 맞습니다.

12 Strictly speaking은 '엄밀하게 말하면'의 의미로 분사구문입니다. 참고로, 학문적으로 분류할 때 토마토는 과일에 속합니다.

ex. Strictly speaking, spiders are not insects. 엄밀하게 말해 거미는 곤충이 아니다. – 참고로, 거미는 절지동물입니다.

13 given은 considering의 의미입니다.

ex. Given her age, she is a very fast runner. 나이를 고려해 볼 때 그녀는 매우 빨리 달린다.

물론 given에는 '주어진'이라는 의미도 있습니다.

ex. Liam didn't meet me at the given time. Liam은 주어진 시간에 나를 만나지 않았다.

14 설명을 돕기 위해 만들어 보면 본래 with your mouth (being) full 구문으로 분사구문의 일종입니다. with 뒤에 의미상의 주어가 오는 것에 주의하세요.

ex. It took me a little while to get used to this job, but now I could do it with my eyes closed. 이 일에 적응하는 데 시간이 좀 많이 걸렸지만 이제는 눈 감고도 일을 할 수가 있다. – 이 문장에서 with my eyes closed도 분사구문입니다.

15 「주어 + 동사, -ing + 목적어」 형태의 분사구문이 많이 사용되고 시험에도 자주 등장합니다.

16 문맥을 보면 영어 실력이 이미 좋았기 때문에 승진 가능성이 높아진 것이므로 영어 실력을 키운 것이 더 이전의 일이라 완료분사구문을 써서 표현하는 것이 맞습니다. 부정사, 분사, 동명사의 완료형인 having p.p.는 주절보다 더 이전에 그 일이 일어난 것을 표현합니다.

ex. Having left the party too early, Iris couldn't see the fireworks. 너무 일찍 파티를 떠나서 Iris는 불꽃놀이를 볼 수 없었다.

해석 영어 실력을 향상시켰기 때문에 Daniel은 승진 가능성이 더 높아졌다.

17 「주어 + 동사, -ing + 목적어」 구문입니다.

해석 Kim 씨는 호수가 보이는 경관을 선호하여 Church Lane 대신에 Kinglish Street에 사무 공간을 빌리기로 했다.

18 opposing이 분사 형용사로 '반대되는'의 의미로 쓰입니다. 예를 들어 an opposing point of view(반대되는 의견)도 많이 쓰입니다. '반대되는'이라는 뜻 때문에 과거분사형이 맞을 것 같지만 현재분사인 것에 주의하세요.

해석 Alexander의 이 기사는 그 문제에 대한 반대되는 견해들을 보여주려 노력한다.

19 given은 considering의 의미로 '~를 고려해 볼 때'라는 뜻입니다.

ex. Given the problem's complexity, a brief summary is very difficult. 문제의 복잡성을 고려해 볼 때 간단한 요약은 매우 어렵다.

해석 그녀가 이 일을 하는 데 3개월이 주어졌던 것을 고려해 볼 때 그녀는 많은 진전을 보여줬다.

20 with that said은 '그럼에도 불구하고'라는 의미로 많이 쓰입니다. 자세한 내용은 이번 챕터 '요건 몰랐지'를 참고해 주세요.

ex. I love hiking. With that said, I almost never go. 나는 등산을 좋아하지만 그럼에도 불구하고 거의 가지 않는다.

해석 나는 이탈리아가 좋다고는 들었다. 그럼에도 불구하고 나는 차라리 스페인에서 휴가를 보내고 싶다.

이것은 문법 용어로 분사구문입니다. 이 표현을 아마도 우리나라 교재 최초로 다룹니다. with that (being) said로 '그 말은 했으니까'라는 의미가 됩니다.

ex. With that being said, let me explain the second stage. 그 말을 다 했으니 이제 제2단계로 넘어갑시다.

그런데 이 표현이 최근 토익에서 조금 다른 의미로 출제됩니다. 이 문제를 많은 사람이 몰라서 틀렸습니다. With that said는 '이미 앞에서 말한 내용에도 불구하고(despite what has just been said)'라는 뜻입니다. 참고로 Well, that's a good question.은 무슨 뜻일까요? '질문 잘했어'라는 표현일까요? 그럴 때도 있겠지만 이 표현은 '나도 잘 모르겠네요' 라는 표현으로 역시 토익에 출제되어 많은 사람들이 틀렸습니다. 이 표현도 그대로 직역해서는 실제 쓰이는 용법을 모 를 수 있습니다. 이 with that said를 풍부한 예문을 통해 익히면 정말 고급스러운 표현 하나를 건지게 된 것입니다.

ex. Simon forgets most things, but with that said, he always remembers my birthday.
Simon은 건망증이 심하지만 그럼에도 불구하고 그는 항상 내 생일은 기억한다.

with that said는 having said that과 같은 표현입니다.

ex. Having said that, I will admit that your argument does have some merit.
그렇긴 하지만, 당신의 주장이 어떤 장점이 있다는 것을 인정하겠습니다.

지구 온난화 현상의 위험을 길게 말한 후에 다음 문장을 말할 수 있습니다.

ex. With that said, we mustn't forget that countermeasures would be very costly too.
그럼에도 불구하고 이 온난화에 대한 대책에 비용이 많이 들 것이라는 사실을 잊지 말아야 한다.

다음과 같은 상황을 생각해 볼까요? 어느 출판사가 우리는 유명한 작가를 많이 보유하고 있는데 '그럼에도 불구하고 새로운 작가를 찾고 있습니다'라고 한다면 With that said, we are always looking for new writers.라고 쓸 수 있 습니다.

우리나라 상황을 이 표현을 써서 묘사하면 다음과 같습니다.

ex. The economy is struggling. With that said, house prices rose slightly last month.
경기가 좋지 않은데 그럼에도 불구하고 지난달 집값이 조금 올랐다.

Chapter 15   전치사

Set 01
본문 p.124

| 01-05 | 01 at | 02 in | 03 on | 04 in | 05 at |
| 06-10 | 06 despite | 07 because of | 08 due to | 09 during | 10 in case of |

11-15   11 Robert passed away on the morning of March 7th. / 12 I sleep well at night. / 13 Harry walked out of the room during the speech. / 14 I go to bed at midnight and get up at 6. / 15 Bethany wrote her first novel in 2015.

| 16-20 | 16 (A) | 17 (C) | 18 (B) | 19 (B) | 20 (B) |

해설

01   시점 앞의 전치사는 at입니다.

ex. The bus will stop here at 6:00 p.m. 버스는 여기 오후 6시에 정차할 것이다.

ex. I will come to pick you up at 6 a.m. tomorrow. 너를 태우러 내일 아침 6시에 갈게.

02 연, 월, 계절 앞의 전치사는 in입니다.

ex. In 2017, I was doing pretty well. 2017년에 나는 매우 잘하고 있었다.

ex. In the summer, we have a rainy season for two weeks. 여름에 우리는 2주 동안 장마철이다.

해석 당신은 늘 파티를 할 수는 없다. 특히 1월에!

03 날짜 앞에는 전치사 on을 씁니다. 그리고 이 문장에서처럼 「날짜 + 그날의 일부」 앞에도 on을 씁니다.(on Monday morning, on Tuesday afternoon 등)

ex. My grandmother took me to church on Sunday. 할머니는 일요일에 나를 교회에 데려갔다.

해석 매우 정신없이 바쁜 한 주가 지난 후 나는 금요일 저녁에 나가는 것을 싫어한다.

04 in the morning/afternoon/evening의 형태로 씁니다. 3번 문제의 「날짜 + 그날의 일부」 앞에 on을 쓰는 것과 비교해서 암기하세요.

해석 Amelia는 아침에 항상 신문을 읽는다.

05 at the rate/cost/speed/expense 등을 익혀두세요.

ex. He was driving at a speed of 120 mph. 그는 시속 120마일로 운전하고 있었다.

해석 그 차는 엄청난 속도로 달려가고 있었다.

06 전치사 뒤에는 명사가 오고 접속사 뒤에는 「주어 + 동사」가 옵니다. although는 접속사로 그 뒤에 「주어 + 동사」가 옵니다.

ex. Personally I'm always ready to learn, although I do not always like being taught. 개인적으로 나는 배울 준비가 늘 되어있다. 비록 늘 배우는 것을 좋아하는 것은 아니지만. 〈Winston Churchill〉

전치사 despite는 in spite of와 같은 뜻으로, despite of로 쓰지 않는 것에 주의하세요.

해석 모든 어두움에도 불구하고 항상 빛이 있다.

07 because는 접속사로 그 뒤에 「주어 + 동사」가 옵니다. because of는 전치사구로 그 뒤에 명사가 옵니다.

해석 나쁜 날씨 때문에 게임이 취소되었다.

08 due to는 because of, owing to와 함께 '때문에'라는 의미를 갖는 전치사구입니다. because는 접속사입니다.

해석 당신은 트렌드 때문에 전략을 바꿀 수는 없다.

09 during은 전치사, while은 접속사입니다.

ex. I fall a lot during training. 나는 훈련 때 많이 넘어진다.

해석 나는 휴일에 그저 가족들 사이에 있는 것이 좋다.

10 in case는 접속사입니다.

ex. Shall I bring some chicken salad for Jessica in case she is hungry? Jessica가 배고플 경우에 대비하여 치킨 샐러드를 좀 가져갈까?

해석 불이 나면 어찌 해야 하지?

11 「날짜 + 그날의 일부」 앞에는 전치사 on이 옵니다. in the morning과 구분하세요.

12 '밤에'는 at night입니다. 참고로 다음과 같이 계절적인 휴일에 at을 씁니다. at Christmas(크리스마스에), at Easter(부활절에)

13 during은 When ~?에 대한 대답이고 for는 How long ~?에 대한 대답입니다.

14 자정(midnight) 앞에도 at night에서처럼 전치사 at을 씁니다. at first, at sunset, at 6 o'clock도 at을 씁니다.

ex. Jack and Harry set out at sunset for a night's fishing. Jack과 Harry는 야간 낚시를 위해 해가 질 때 출발

했다.

15 연, 월, 계절 앞에는 전치사 in을 씁니다. in (the) winter, in March, in 2010

ex. There is often snow on the roof in the winter. 겨울에 지붕에 종종 눈이 있다.

16 연, 월, 계절, 세기 앞에는 전치사 in이 옵니다.

ex. Jay was born in March. Jay는 3월에 태어났다.

해석 21세기에 우리는 벽을 만들어서 보안을 구축할 수 없다.

17 at the cost/speed/expense/rate를 암기하세요.

ex. At this rate, we won't be home until 10 p.m. 이런 속도로 우리는 오후 10시는 되어야 집에 도착할 수 있을 것이다.

해석 새 휴대용 컴퓨터를 살 때 당신은 주로 무료로 마우스를 받는다.

18 「날짜 + 그날의 일부」 앞에는 on Friday morning에서처럼 전치사 on이 옵니다. 14일의 아침도 본질적으로 「날짜 + 그날의 일부」이므로 on이 맞습니다.

해석 그 아이는 10월 14일 아침에 태어났다.

19 신체 접촉은 1차적인 접촉 의미를 지닌 on을 씁니다.

ex. Somebody has just hit Jack on the shoulder with a hammer. 누군가가 Jack의 어깨를 망치로 때렸다.

해석 내가 유치원에 다닐 때 한 소녀가 나의 뺨에 키스를 했다.

20 '매시간 정각'은 every hour on the hour입니다.

해석 기차는 매시 정각에 그 역을 떠난다.

Set 02

01-05	**01** at	**02** in	**03** at	**04** on	**05** in
06-10	**06** without	**07** instead of	**08** Despite	**09** In spite of	**10** barring

11-15 **11** Last night I stayed up late reading a book. / **12** I will see you next Friday. / **13** John was named after his grandfather. / **14** Their wages were increased by 20 percent. / **15** Tours of our facilities can be arranged.

16-20	**16** (D)	**17** (D)	**18** (A)	**19** (D)	**20** (D)

해설

01 공항, 대학 앞에 전치사는 at을 씁니다.

ex. Conner teaches at Hankook University. Conner는 한국 대학에서 가르친다.

해석 보안 검색이 이 공항에서 매우 엄격해졌다.

02 사무실 안에서 일하므로 in이 정답입니다. 도시, 국가 앞에도 전치사 in을 씁니다.

ex. I grew up in New York, and I love New York. 나는 New York에서 자랐고 New York을 사랑한다.

해석 나는 사무실에서 일하면서 매우 평범한 삶을 살았었다.

03 미국에서는 전화번호 앞에 100% at을 쓰지만 영국에서는 on을 쓰는 경우가 어쩌다 있다고 합니다. 일반적으로 at을 쓰는 것으로 기억해두세요. (이메일) 주소, 전화번호 앞에 쓰는 전치사는 at입니다.

해석 나에게 556-0582로 전화해라.

04 기계, 컴퓨터 앞에는 전치사 on을 씁니다.

ex. Thomas has been on the computer since this morning. Thomas는 아침부터 지금까지 컴퓨터를 한다.

ex. My favorite movie will be on TV tonight. 내가 좋아하는 영화가 오늘 밤 TV에서 할 것이다.

기타 추가 표현으로 on the Internet, on air(방송 중), on strike(파업 중)도 익혀두세요.

해석 Margaret은 지금 전화를 받는 중이다.

05 색깔 앞에 전치사는 in입니다.

ex. All cushions come in blue as a standard color. 모든 쿠션은 기본 파란색으로 나옵니다.

size 앞에도 in을 씁니다.

ex. This sweater comes in three different sizes. 이 스웨터는 세 가지 다른 사이즈로 나온다.

해석 이 그림은 주로 빨간색이다.

06 전치사 다음에 명사가 옵니다. without이 전치사로 그 뒤의 명사 delay와 어울립니다. 접속사 unless 뒤에는 「주어 + 동사」가 옵니다.

ex. A flower cannot blossom without sunshine, and man cannot live without love. 꽃은 햇빛 없이 피지 않고 사람은 사랑 없이 살 수 없다.

ex. People rarely succeed unless they have fun in what they are doing. 사람들은 그들이 하는 일에 재미가 없다면 좀처럼 성공하기 힘들다. 〈Dale Carnegie〉

해석 당신의 인생을 오늘 바꾸세요. 지체하지 말고 지금 행동하세요.

07 instead는 부사이며, instead of가 전치사구입니다. abusing은 동명사인데 전치사 뒤에는 명사나 동명사가 옵니다.

ex. Strive for continuous improvement, instead of perfection. 완벽함 대신 계속적인 개선을 위해 노력해라.

해석 당신을 학대하는 대신에 당신을 사랑하라.

08 이 세상에 despite of는 없습니다. in spite of 또는 despite가 전치사로 쓰입니다.

해석 이 모든 것에도 불구하고 나는 사람들의 마음이 정말 선하다고 믿는다. 〈Anne Frank〉

09 전치사 '~에도 불구하고'는 despite 또는 in spite of임을 다시 한 번 강조합니다.

해석 당신의 두려움에도 불구하고 당신이 해야 하는 일을 하세요.

10 barring은 '~가 없다면'이라는 뜻의 전치사입니다. unless는 접속사입니다.

ex. The new factory is scheduled to open next month, barring any legal challenges. 그 새 공장은 어떤 법적인 어려움도 없다면 다음 달에 문을 열 것이다.

해석 우리는 예상하지 못한 지연이 없다면 오후 5시경에 도착할 것이다.

11 시간을 나타내는 day, night, morning 앞에 every, last, next, this, tomorrow, yesterday, one, some, all 등이 붙으면 다음과 같이 전치사가 생략됩니다. yesterday morning, every morning, this morning, one morning, some day, all morning

12 11번에서처럼 next 다음에 year, month 등이 나와 부사구 역할을 할 때도 전치사는 필요 없습니다.

ex. They got married last March. 그들은 작년 3월에 결혼했다.

ex. They are getting married next July. 그들은 내년 7월에 결혼할 예정이다.

13 '~를 따라서'는 after로 표현합니다.

ex. Paul named all his children after soccer players. Paul은 모든 아이들 이름을 축구 선수 이름을 따서 지었다.

14 '~만큼'은 전치사 by로 표현합니다. '~당'도 전치사 by를 씁니다.

ex. The workers are paid by the hour. 작업자들은 시급을 받는다.

ex. Billing is by the day. 과금은 일 단위로 이루어진다.

15 이 문장에서 of를 목적격의 of라고 합니다. 시설'을' 견학하는 것이기 때문입니다.

ex. There is no love of life without despair of life. 인생의 절망 없이 삶을 사랑할 수 없다. – 이 문장에서 love of life가 삶'을' 사랑하는 것으로 목적격의 of의 한 예가 됩니다.

ex. The factory expects to resume production of the cars again next week. 그 공장은 다음 주에 차를 생산하는 일을 다시 시작할 것으로 예상하고 있다.

16 beyond description(형용할 수 없는)을 기억하세요. beyond와 어울리는 표현들 중에는 beyond my control(내가 통제할 수 없는), beyond repair(수리할 수 없는)도 있습니다.

ex. The car was damaged beyond repair. 그 차는 수리할 수 없을 정도로 손상되었다.

ex. There is a power in God's gospel beyond all description. 하나님의 복음에는 절대 형용할 수 없는 힘이 있다. 〈Charles Spurgeon〉

해석 그 풍경은 이루 형언할 수가 없이 아름답다.

17 지속, 지연의 전치사 until을 기억하세요. 즉 continue, last, stay, remain, postpone, put off, delay 등과 같이 지속, 지연의 의미를 갖는 동사와 until은 잘 어울립니다.

ex. They say the rain will last until the end of this week. 그들은 비가 금주 말까지 계속될 것이라고 말한다.

해석 그들은 다음 달까지 휴가를 연기하기로 결정했다.

18 by는 그때까지 행동이 완료되는 것을 나타냅니다. 일명 배달, 완료의 by입니다. 배달(deliver, send, submit), 완료(be ready/over, finish, complete) 의미의 단어들과 by는 잘 어울립니다.

ex. I will finish the work by tomorrow. 나는 그 일을 내일까지 끝낼 것이다.

해석 그 문서는 다음 주까지 준비될 필요가 있다.

19 behind schedule(예정보다 늦어진)을 덩어리로 암기해두세요.

ex. We're running about 1 hour behind schedule. 우리는 예정보다 한 시간 정도 늦어지고 있다.

해석 Amelia는 너무 늦어져서 이 보고서를 다음 주 금요일까지 끝내지 못할 것이다.

20 '~빼고, ~가 없다면'의 의미를 갖는 barring이 생소하겠지만 특히 토익에서는 이 단어가 나오면 그냥 정답일 가능성이 90% 이상이니 잘 익혀두세요.

ex. Barring accidents, I'll be there by 10 p.m. 별일 없다면 나는 오후 10시까지 그곳에 갈 것이다.

해석 마술사 David Copperfield 자신 빼고 그 누구도 어떻게 그 속임수가 이뤄지는지 알 수 없다.

Set 03
본문 p.128

01-05 01 between 02 on 03 of 또는 about 04 to 05 except

06-10 06 in front of 07 before 08 next to 09 from across 10 except

11-15 11 Sarah is walking toward the Seoul City Hall. / 12 Do you play any other sports besides soccer? / 13 The horse is not native to Korea. / 14 Emma is in a hurry to get to a seminar. (= Emma wants to get to a seminar quickly.) / 15 Independent of how others felt, Darren was sure he was right.

16-20 16 (B) 17 (D) 18 (C) 19 (D) 20 (B)

해설

01 일과 일 사이에는 무엇이 있을까요? 일이 없으니 쉬고 있다는 재미있는 표현입니다.

ex. If a person is between jobs, volunteering can be one way of seeing what is available. 만약 어떤 사람이 실직 상태이면 자원봉사는 무엇이 가능한지를 보는 한 가지 방법이 될 수 있다.

해석 Amelia는 사실 실직한 상태이다.

02 on foot은 '걸어서'라는 표현입니다. on air(방송 중), on strike(파업 중)도 함께 정리하세요.

해석 걸어가는 것이 더 빠를 텐데.

03 「inform + A + of + B」는 'A에게 B의 사실을 알린다'라는 뜻입니다. 이와 같이 정보 제공의 of를 쓰는 동사는 inform(알리다), remind(기억나게 하다), notify(통보하다)가 있습니다.

해석 나는 Emma에게 Conner의 유괴 사건에 대해 알려야 할 것이다.

04 second to none을 직역하면 '누구에게도 둘째가 아닌', 즉 '최고인'이라는 뜻입니다.

➡ 비교의 전치사 to를 쓰는 표현

second to none 최고인 / superior to ~보다 뛰어난 / inferior to ~보다 열등한 / similar to ~와 유사한

해석 이 어학원은 최고의 서비스를 제공한다.

05 문맥상 일요일 빼고 다 연다는 의미가 맞습니다. 이 문장에서 every day는 서로 띄어쓰기를 해야 daily의 의미가 됩니다. everyday로 붙여 쓰는 경우는 '매일의, 일상의'라는 뜻의 형용사로, 그 뒤의 명사를 수식합니다.

ex. We do the dishes every day. 우리는 매일 설거지를 한다.

ex. This is just an everyday event. 이건 그냥 일상적인 일이다.

➡ 중요한 추가 문법 사항! every, last, this, next, yesterday 다음에 시간 관련 명사가 올 때 전치사를 쓰지 않습니다. 즉 on every day, at last night은 안 됩니다.

해석 우리는 일요일 빼고 매일 문을 연다.

06 장소를 나타내는 '~앞에'는 in front of를 씁니다.

해석 우리 집 앞에 교회가 있다.

07 시간을 나타내는 의미에서 '~앞에'는 전치사 before를 씁니다. before와 after는 사람이나 사물의 나열 순서에 대해 말할 때 공통적으로 다 쓸 수 있습니다.

ex. I was before[in front of] you. 제가 당신보다 먼저입니다. – 둘 다 가능!

해석 나는 서울역에 5시 전에 도착해야 한다.

08 위치상 '~옆에'는 전치사 next to를 써야 합니다. next to는 한 덩어리로 almost의 의미로도 쓰입니다.

ex. It is next to impossible to finish the work by tomorrow. 그 일을 내일까지 끝내는 것은 거의 불가능하다.

서열상 2등을 가리킬 때도 next to를 쓸 수 있습니다.

ex. Her husband was the number two priority in her life next to her children. 그녀 남편은 그녀의 인생에서 아이들에 이어 두 번째 우선순위이다.

해석 나는 음악을 들으면서 그녀 옆에 앉아 있었다.

09 이처럼 두 개의 전치사가 나란히 오는 것을 이중전치사라고 부릅니다. 여기서 from across the country는 from every part of the country의 의미입니다.

해석 전국의 선생님들이 내일 서울에 온다.

10 except는 그 뒤에 that이 생략되어 「주어 + 동사」가 올 수 있지만 except for 뒤에는 명사나 동명사가 옵니다.

해석 Oliver의 집은 전철역에서 먼 것을 제외하더라도 매우 좋다.

11 toward(s)는 그쪽 방향으로 가는 것을 의미합니다. 이 경우에 Sarah의 목적지가 시청인지는 알 수 없습니다. 방향만 그쪽입니다. 그래서 이 문장에 썼습니다. to는 목적지를 가리키므로 서울 시청이 목적지일 경우 to를 씁니다. 그러면 toward와 towards의 차이는 뭘까요? toward는 미국 영어, towards는 영국 영어입니다.

12 besides는 부사로 '게다가(also, in addition)'의 의미도 있고 전치사로 '~외에도(in addition to)'라는 의미도 있습니다. 이 문제에서는 전치사로 활용되었습니다. beside는 '옆에'라는 의미로 전혀 다른 전치사입니다.

13 native는 그 뒤에 전치사 to와 잘 어울려 사용됩니다.

This is a plant native to Asia. 이 식물은 아시아 토종이다.

14 hurry는 전치사 in과 어울리는 것을 기억하세요.

    ex. We are in a hurry. 우리 급해요.

    ex. We are in no hurry. 우리 급하지 않아요.

  ◐ 전치사 in과 어울리는 알아두면 좋은 표현

    in advance 미리 / in abundance 풍부한 / in detail 상세한 / in ink 잉크로 / in my place 나 대신에 / in use 사용 중인 / in vogue 유행하는

15 independent는 그 뒤에 전치사 of를 씁니다. 보통 depend on, be dependent on이 익숙해서 전치사가 on이 올 것 같지만 of라는 사실을 기억해두세요.

16 be susceptible to를 기억하세요. '~에 취약하다'라는 뜻으로, 비슷한 의미를 가진 표현으로는 be vulnerable to가 있습니다.

    해석 Amy는 아첨에 매우 약하다.

17 under construction은 '건설 중'이라는 의미의 표현입니다. under와 잘 어울리는 표현들 중에 under the new management(새로운 경영 체제하에서), under consideration(고려 중), under control(통제하에 있는), under new circumstances(새로운 상황에서) 등도 함께 정리해두세요.

    해석 성공으로 가는 길은 항상 공사 중이다. 〈Lily Tomlin(미국 배우)〉

18 '~때문에'라는 의미의 전치사 for가 들어가야 합니다.

    ex. Einstein is famous for his contribution to science. Einstein은 과학에 끼친 공헌으로 유명하다.

    해석 Michael은 그의 거만함 때문에 회사에서 널리 미움을 받는다.

19 「since + 과거 시점」, 「for + 기간」이 현재완료 시제와 잘 어울립니다.

    ex. I have lived here for 10 years. 나는 이곳에서 10년간 살아왔다.

    해석 나는 31세 이래 10년 동안 행복한 결혼 생활을 하고 있다.

20 'A에게서 B를 제거하다'라는 의미를 가진 동사 패턴을 정리해보세요. 「clear(없애다), rid(제거하다), deprive(박탈하다), relieve(완화하다), rob(강탈하다) + A + of + B」

  ◐ 동사 뒤에 바로 of를 쓰는 경우

    dispose of ~를 버리다 / get rid of ~를 제거하다 / be free of ~가 없다

    해석 사람들은 수면이 부족할 때 제 기능을 적절히 수행하지 못한다.

★ 요건 몰랐지? ① pending의 뜻은 무엇일까요?

pending은 형용사로는 '결정이 안 난 상태로 심의 중인'의 의미로 쓰입니다.

ex. The case is still pending. 그 사건은 여전히 심의 중이다.

그런데 이 단어가 during(동안에) 또는 while waiting(기다리는 중인)의 의미로도 쓰입니다.

ex. Thomas was released on bail pending an appeal. Thomas는 항소심 계류 중에 보석으로 풀려났다.

★ 요건 몰랐지? ② 전치사 뒤에는 절이 못 올까요?

일반적으로 전치사 뒤에 that절은 못 오지만 wh~절은 올 수 있습니다.

ex. I can inspire people on how to use money.
나는 사람들에게 돈을 어떻게 사용하는지에 대한 영감을 줄 수 있다.

이 문장은 맞는 문장입니다. 그리고 「in that 주어 + 동사원형」도 '~라는 점에서'라는 맞는 문장이 됩니다.

ex. I'm lucky in that I've got a wonderful mother, wife and children.
나는 훌륭한 어머니, 아내, 그리고 아이들이 있다는 점에서 행운아다.

★ 요건 몰랐지? ③ except와 except for의 차이점은?

except는 전치사로 그 뒤에 명사도 오고, 접속사로 그 뒤에 「that절, when절 + 주어 + 동사」가 올 수도 있습니다.

ex. I wouldn't have accepted anything except a job in Spain.
나는 스페인에서 일자리 빼고 어느 것도 받아들이지 않았을 것이다.

ex. The cabin stayed empty, except when my family came.
우리 가족이 왔을 때 빼고 그 오두막집은 비어있었다.

그러나 except for는 전치사로 그 뒤에 명사만 옵니다.

ex. Except for these mistakes, Joe did very well. 이 실수들 빼고 Joe는 정말 잘했다.

★ 요건 몰랐지? ④ get on? get in? 어느 게 맞을까요?

우리가 서서 걸어 들어갈 수 있는 교통수단은 전치사 on을 사용합니다.

ex. Get on the train/bus/plane. 기차/버스/비행기에 타라.

그런데 작은 차여서 몸을 수그리고 들어가는 것은 전치사 in을 씁니다.

ex. Get in the car. 차에 타라.

그러나 다음의 경우를 관찰해보세요.

ex. The train has derailed, and I have a broken leg. You can find me in the train.
그 기차는 탈선했고 나는 다리가 부러졌다. 당신은 나를 기차 안에서 발견할 수 있을 것이다.

이 경우는 다쳐서 기차 안에서 움직이지 못하는 상황을 묘사하는 것이지 기차를 타는 것을 묘사하지 않습니다. 이럴 때는 in이 맞습니다. 유연성도 영어 공부에 참 중요한 태도입니다.

Set 01

본문 p.132

01-05 **01** and **02** but **03** or **04** nor **05** or

06-10 **06** before **07** but **08** because **09** yet **10** if

11-15 **11** Megan wants both apples and ice cream. / **12** The weather was not only very hot, but also very humid. / **13** Either I will drive or I will take a bus to the airport. / **14** Whether for life or death, do your own work well. / **15** Marriage is neither heaven nor hell.

16-20 **16** (B) **17** (A) **18** (D) **19** (D) **20** (C)

해설

01 and, but, or는 대등하게 앞과 뒤를 연결하는 등위접속사입니다. 이 중 문맥상 and가 어울립니다.
　해석 　나는 열심히 일하고 사람들이 그것을 인정해줘서 고맙다.

02 문맥상 등위접속사 중 but(그러나)이 어울립니다.
　해석 　나는 못을 박으려고 했지만 그 대신에 손가락을 쳤다.

03 오는지 안 오는지를 물을 때 or를 써야 적절합니다.
　ex. 　If the concert is cancelled, you will get a refund or new tickets. 만약 콘서트가 취소되면 당신은 환불을 받거나 새 표를 받을 것이다.
　해석 　내 생일 파티에 올 거니 말거니?

04 neither A nor B 구문입니다. either A or B, not A but B 등 상관관계는 한 덩어리로 익혀두세요.
　해석 　푸른색 옷도 빨간색 옷도 나에게 안 어울리는 것 같다.

05 either A or B 구문입니다.
　해석 　인생은 위대한 모험이거나 아무것도 아니다. 〈Helen Keller〉

06 문맥에 맞는 접속사는 before(~전에)입니다.
　해석 　자신감을 가지면 당신은 시작하기도 전에 이긴 것이다. 〈Marcus Garvey(자메이카 출판인)〉

07 등위접속사 but이 의미에 맞습니다. because는 '~때문에'라는 뜻으로 문맥상 의미가 맞지 않습니다.
　해석 　나는 낚시하러 가고 싶은데 오늘은 일하러 가야 한다.

08 이유를 나타내는 접속사가 문맥에 맞습니다. because(= now that, since, as)로 이유를 나타낼 수 있습니다.
　해석 　나는 매일 공부하기 때문에 좋은 성적을 얻고 있다.

09 as long as는 if와 같은 의미로 이 문장의 의미에는 적절하지 않습니다. '그러나'의 의미인 yet이 적절합니다. yet은 부사도 되지만 접속사로도 쓰입니다.
　해석 　Alexander는 영어 과목에서 잘하지는 못하지만 그래도 전체적으로 평균 B학점은 된다.

10 문맥상 if(= as long as)가 적절합니다.
　해석 　네가 고양이를 돌보겠다고 약속하면 고양이를 키워도 좋다.

11 both A and B 구문입니다.
　ex. 　Both the novel and the movie were good. 그 소설도 영화도 다 좋았다.

12 이 문장은 단순하게 The weather was very hot and humid.로 쓸 수도 있지만 상관접속사 not only A but also B

를 연습할 수 있는 문장입니다.

13 either A or B 구문입니다.

14 whether A or B 구문입니다. 병렬 균형을 위해서는 전치사 for를 써서 Whether for life or for death로 써야겠지만 간결성을 위해 for를 생략한 것이 작가 John Ruskin의 원문입니다.

15 neither A nor B 구문입니다. 원문은 Marriage is neither heaven nor hell, it is simply purgatory.(결혼은 천국도 지옥도 아니고 연옥이다.)로 Abraham Lincoln 대통령의 말입니다.

16 의미상 맞는 접속사는 because입니다. because는 정답으로 잘 출제되는 접속사입니다.
　해석　아름다움은 내면에서 오는 것이기 때문에 긍정적인 태도를 유지하는 것이 중요하다. 〈Jenn Proske(캐나다 배우)〉

17 since는 부사, 전치사, 접속사가 다 되는 단어로 여기서는 because 의미의 접속사로 쓰였습니다. 나머지 접속사는 의미가 맞지 않습니다. (D) Once는 접속사로 '일단 ~하자마자'의 의미입니다. 이 문장에서 since는 because의 의미로 쓰였지만 '~이래로'의 의미로도 많이 쓰입니다.
　ex.　I've been very busy since I came back from holiday. 나는 휴가에서 돌아온 이래 많이 바빴다.
　해석　우리가 버스를 기다리려면 몇 분 시간이 있으므로 커피 한잔하자.

18 의미상으로는 (A)도 될 것 같지만 does he play cards는 도치구문입니다. 부정어가 앞에 올 때 문장은 도치됩니다. 상관관계 접속사 neither A nor B 구문의 변형으로 이해해도 좋습니다.
　해석　David는 담배를 피지 않고 카드도 하지 않는다.

19 (A) And, (B) But은 등위접속사로, 여기 들어갈 수 없습니다. (C) As many as는 '~만큼 많이'의 의미로 맞지 않습니다. (D) As long as가 if의 의미로 정답이 됩니다.
　해석　당신이 웃을 수 있다면 나이 든 것이 아니다. 〈Sofia Vassilieva(미국 배우)〉

20 While (you are) on this boat가 축약된 형태입니다. When도 이와 비슷하게 쓰입니다.
　ex.　When in doubt about taking the medicine, call me at 556-0582. 그 약을 먹는 것에 대해 의심이 가면 556-0582로 연락주세요.
　해석　이 보트를 타는 동안 항상 구명조끼를 착용하시오.

Set 02

01-05	**01** but also	**02** until	**03** that	**04** unless	**05** when
06-10	**06** When	**07** while	**08** Even though	**09** even if	**10** Even if

11-15 **11** I will call you as soon as I get home. / **12** Once you begin, you'll enjoy it. / **13** Amelia won't come until tomorrow. / **14** I'll stay as long as you need me. / **15** Unless the train is late, we'll be there at 9 p.m.

16-20	**16** (A)	**17** (D)	**18** (B)	**19** (D)	**20** (D)

해설

01 not only A but also B 구문입니다. 이 문장은 Amy is both a painter and a doctor.의 의미입니다. 참고로 Amy is not a painter but a doctor.는 Amy is a doctor, not a painter.의 의미입니다.
　해석　Amy는 화가일 뿐 아니라 의사이다.

02 이 문장은 not ~ until 구문입니다. 초보는 단어 하나하나만 보지만 고수는 단어 간의 관계를 봅니다. 이 문장에서 not ~ until 구문이 보여야 실력이 있는 것입니다. not ~ until 구문은 우리말로 'until 이하 하고 나서야 비로소 ~하

다'로 해석하면 자연스럽습니다.

해석 James는 자정이 지난 후에야 그 호텔에 도착했다.

03 now that = because, since, as를 기억하세요. 모두 '~ 때문에'의 의미로 사용될 수 있습니다.

해석 Susan은 직장에서 겨우 두 블록 거리에 살고 있기 때문에 걸어서 출근한다.

04 다소 어려운 문제입니다. unless는 '~하지 않는다면'의 의미의 not을 포함한 접속사입니다.

ex. Unless you have bad times, you can't appreciate the good times. 당신이 나쁜 때가 없다면 좋은 때 감사할 수 없다. 〈Joe Torre(미국 운동선수)〉

해석 지식은 당신이 실제로 사용하지 않으면 가치가 없다. 〈Anton Chekhov(러시아 작가)〉

05 때를 가리키는 접속사 when이 문맥에 맞습니다.

ex. When she listens to music, she falls asleep. 그녀는 음악을 들을 때 잠에 빠진다.

해석 John은 소년 시절에 낚시를 가곤 했다.

06 When 뒤에 you are가 생략되어 이런 구문으로 쓰입니다. 우리나라 숭산 스님의 글 When reading, only read. When eating, only eat. When thinking, only think.(책 읽을 땐 책만 읽어라. 먹을 땐 먹기만 하고 생각할 땐 생각만 하라.) 중에서 발췌한 문장입니다.

해석 책 읽을 땐 책만 읽어라.

07 문맥에 맞는 접속사는 while(~하는 동안)입니다.

해석 부자가 되기 위해서는 자는 동안에도 돈을 벌어야 한다. 〈David Bailey(영국 사진작가)〉

08 even though 뒤에는 사실(fact)이 오고 even if 뒤에는 가정(imagine)이 옵니다. 주절의 시제를 보면 현재를 쓰고 있으므로 이것은 사실을 나타내는 문장입니다. 즉 Iris is rich, but despite having money she lives in a small house.와 같은 의미입니다.

해석 Iris는 부자이지만 작은 집에 살고 있다.

09 이 문장의 주절을 보면 would를 쓴 가정법 과거형으로 되어있습니다. 이것은 가정해 보는 상상(imagine)의 상황이므로 even if를 사용합니다. even if와 even though의 차이점에 관련된 재미있는 일화는 《김대균 영문법》 225쪽을 참고하시면 됩니다.

해석 내가 그것을 공짜로 받는다 해도 나는 그 차를 사지 않을 것이다!

10 9번 문제 유형을 하나 더 연습해 보겠습니다. 주절의 시제를 보면 would가 보입니다. 가정법 과거 문장입니다. 상상(imagine)하는 내용에는 even if가 적절합니다. 이 문장은 Clara가 스페인 마드리드에 좋은 조건의 일자리가 나오더라도 그곳을 싫어하기 때문에 가지 않을 것이라는 가정의 상황입니다. even though = fact, even if = imagine을 기억하세요.

해석 Clara는 마드리드에 일자리 제안을 받더라도 받아들이지 않을 것이다.

11 이번 영작 문제들로 때나 조건의 부사절에서 현재 시제로 미래를 대신하고 주절은 제대로 미래형을 쓰는 경우를 집중 연습합니다. as soon as절은 때의 부사절인데 그 뒤에 현재 시제가 오면 주절은 미래 시제를 써야 합니다. 이 부류에 속한 접속사들은 when, once, while, until, after, if, unless, as long as, in case 등입니다.

12 once도 때의 부사절을 이끄는 접속사로 쓰입니다. once는 최근 공인 영어 시험에 자주 등장하고 있습니다.

ex. Once you're finished, you can leave. 일단 당신이 끝내면 떠나도 좋다. – 이 문장에서 can도 앞으로의 가능성을 말하는 미래로 볼 수 있습니다. 때나 조건의 부사절에서 현재나 현재완료로 미래(완료)를 대신하고 주절은 본 시제에 맞게 미래를 씁니다.

13 not ~ until 구문은 우리말로 'until 이하 하고 나서야 비로소 ~하다'로 해석합니다.

ex. You cannot leave until your work is finished. 너는 네 일이 끝나고 나서야 비로소 떠날 수 있다.

14 as long as는 if와 비슷한 의미로 많이 사용됩니다. 이번 문장에서는 '그 기간 동안(during the time)'의 의미로 사용되었습니다.

ex. As long as you can come by seven, I'll be here. 당신이 여기 7시까지 오면 나는 여기 있을 것이다. - 이 문장에서 as long as는 on condition that, if의 의미로 쓰였습니다.

15 unless도 조건의 부사절을 이끄는 접속사로 그 접속사절에는 현재 시제, 주절에는 미래 시제를 씁니다.

16 while (he is) waiting for로 이해하면 쉽습니다. 이런 구문을 사용하는 것 중에 when도 있지만 when은 여기서 의미상 부적절합니다.

해석 John은 전성기를 기다리는 동안 사회 단체 지원을 받아 생활하는 가수이다.

17 when 뒤에도 while 뒤처럼 -ing형이 올 수 있습니다. when -ing, while -ing 구문을 꼭 정리해 두세요.

ex. Keep looking and listening for traffic while crossing. 길을 건너는 동안 차를 계속 보고 (차 소리를) 들으세요.
해석 길을 건널 때 똑바로 걸어서 건너세요.

18 as long as는 여기서 if, on condition that의 뜻입니다. as long as는 접속사로 쓰일 때 '～ 기간 동안'의 의미와 '～인 한', '～라면' 등의 의미로 쓰입니다.

해석 당신이 자신에게 만족하다면 체중은 중요하지 않다. 〈Billie Piper(영국 배우)〉

19 문맥상 '～가 없다면'의 의미의 접속사가 필요합니다. (C) without은 전치사여서 그 뒤에는 명사가 와야 합니다.

ex. Life is like riding a bicycle: you don't fall off unless you stop pedaling. 인생은 자전거 타는 것과 같다. 당신은 페달을 멈추지 않으면 넘어지지 않는다. 〈Claude Pepper(미국의 정치가)〉
해석 당신이 뒤로 갈 계획이 아니면 뒤돌아보지 마라. 〈Henry David Thoreau〉

20 문맥상 '～임에도 불구하고'의 의미의 although가 정답입니다.

해석 비록 계곡에서 보이지 않더라도, 모든 산에는 길이 있다. 〈Theodore Roethke(미국 시인)〉

Set 03
본문 p.136

01-05
01 Amy는 공격받을 경우에 대비하여 총을 소지하고 다닌다.
02 그들은 Charlie가 나아지지 않으면 다른 의사에게 데려갈 것이다.
03 네가 다음 주 월요일까지 갚는다면 돈을 빌려주겠다.
04 Emma는 마치 유령에 쫓기듯이 달렸다.
05 그녀는 어리지만 많은 경험을 가지고 있다.

06-10
06 in case   **07** if   **08** in that   **09** Suppose   **10** as far as

11-15 **11** As far as I am concerned, that is wonderful. / **12** Now that he's a parent, Kris believes he's a more responsible person. / **13** We will go there by car so that we can take more luggage. / **14** Patricia refused to help me, despite the fact that I helped her many times. / **15** The mayor rejected the suggestion that buildings should be built in this area.

16-20 **16** (B)   **17** (B)   **18** (D)   **19** (C)   **20** (C)

해설

01 in case는 if와 조금 다릅니다. '～할 경우에 대비한 예방 조치로(as a precaution against the event)'의 의미입니다.
ex. Take your umbrella in case it rains. 비에 대비해 우산을 가져가라.

02 이 문장은 '～하면'의 의미로 조건문의 기본입니다. '～할 경우에 대비한 예방 조치로'라는 의미로는 in case, 그냥 조

건문으로 '～라면'의 의미로는 if를 써야 합니다.

03 provided는 if의 의미로 쓰입니다.
> ex. They will have a pleasant tour provided that the coach does not break down. 코치가 방해하지 않는다면 그들은 유쾌한 여행을 할 것이다.

04 as if 다음에는 가정법이 나오는 것을 이미 배웠지만 접속사 의미와 시제를 잘 해석하는 것이 중요합니다. 「as if + 가정법 과거」는 주절과 같은 시제를 나타냅니다.

05 이 문장은 Although she is young, she has a lot of experience.의 의미입니다. 접속사 as 도치구문으로 특수 구문입니다.

06 문맥상 '～할 경우에 대비하여'의 의미이므로 in case가 맞습니다.
> ex. I have insured my phone in case it is stolen. 나는 전화기를 도둑 맞을 것에 대비하여 보험에 들었다.
> 해석 나는 친구들이 저녁 식사를 위해 머물 경우에 대비하여 소고기를 좀 샀다.

07 주절의 시제 will을 잘 보면 풀 수 있는 문제입니다. if는 때나 조건의 부사절에서 현재 시제로 미래 시제를 대신하고 주절은 미래 시제를 씁니다. in case는 '～할 경우에 대비하여'의 의미이므로 문맥상 적절하지 않습니다.
> ex. If it rains, we will not go out. 비가 오면 우리는 나가지 않을 것이다.
> 해석 나는 비가 온다면 우산을 펼 것이다.

08 접속사 that 앞에는 보통 전치사가 오지 않습니다. 그러나 「in that + 완전한 문장」으로 '～라는 점에서'라는 표현을 기억하세요.
> ex. Sue has been lucky in that she has never had to worry about money. Sue는 돈에 대해 걱정할 필요가 없어 왔다는 점에서 행운아다.
> 해석 그 에세이는 잘 써졌다는 점에서 좋다.

09 「Suppose/Supposing + 주어 + 동사」는 '～라고 가정해 보면'의 의미로 쓰입니다.
> ex. Supposing (that) you are wrong, what will you do then? 당신이 틀렸다면 그땐 어떻게 할래?
> 해석 당신이 복권에 당첨되면 그 돈으로 뭐 할래?

10 '～에 관한 한'의 의미로 as far as (something) is concerned를 기억하세요. 「as far as + 주어 + 동사」는 '～인 한', '～인 정도로'(to the extent or degree that)의 의미로 쓰입니다.
> ex. We felt pretty safe as far as the fire was concerned. 우리는 화재에 관한 한 매우 안전하다고 느꼈다.
> 〈Mark Twain〉
> 해석 내가 아는 한 Margaret은 안전하다.

11 as far as someone is concerned는 '～의 의견으로(in someone's opinion)'의 의미입니다.
> ex. As far as I'm concerned, it's a big mistake. 내 판단으로는 그것은 큰 실수다.

12 '～때문에, ～이므로'의 의미의 접속사는 now that(= because, since, as)을 씁니다.
> ex. Now that Amy's English has improved, she feels more confident in school. Amy는 영어 실력이 더 좋아져서 학교에서 더 자신감을 느낀다.

13 「so that + 주어 + can/may/will + 동사원형」 구문으로 '～하기 위하여', '～할 목적으로'의 의미로 많이 사용됩니다.

14 the fact, idea, suggestion, evidence, belief, confirmation 등의 추상명사 다음의 that절은 동격절입니다. 동격절이라는 것은 완전한 문장을 말합니다. 이 문장에서 that은 접속사입니다. 다음 챕터에 나오는 관계대명사 that과 비교해서 익혀두시면 좋습니다. 관계대명사 that 다음에는 불완전한 문장이 옵니다.

15 14번처럼 the fact, idea, suggestion, evidence, belief, confirmation 등의 추상명사 다음에 오는 that절은 동격절

입니다. 앞서 설명한 대로 동격절이라는 것은 완전한 문장을 말합니다.

16 while (they were) on duty로 이해하면 쉽습니다. (C) during과 (D) for는 전치사여서 그 뒤에 연속해서 전치사 on이
    올 수 없습니다. (A) when은 의미가 부적절합니다.
    해석 10명의 직원이 근무 중에 목숨을 잃었다.

17 hardly ～ when 구문을 익혀두세요. 곧 공부하게 되는 도치구문에도 나오는 표현으로 '～하자마자 when 이하하
    다'라는 의미입니다. hardly 뒤에는 과거완료, when 뒤에는 과거 시제가 나오는 것을 관찰해두세요. hardly 대신에
    scarcely를 써도 비슷한 의미입니다. (= Scarcely had I reached Tokyo station when the train came.)
    해석 내가 도쿄역에 도착하자마자 기차가 왔다.

18 as far as I am concerned는 in my opinion과 같습니다. 이것을 기억해둡시다.
    해석 내 견해로는 당신은 모두를 즐겁게 해주려고 세상에 태어났다.

19 '～할 경우에 대비하여'는 (C) in case가 적절합니다. 이것은 그냥 조건을 나타내는 if와는 다르다는 것을 이번 챕터에
    서 많이 연습해두세요.
    해석 나는 혹시 잊을 경우에 대비하여 Megan의 주소를 적어두었다.

20 「the moment 주어 + 동사 = as soon as 주어 + 동사」입니다.
    ex. The moment she saw me, she burst into tears. = As soon as she saw me, she burst into tears. 그
         녀는 나를 보자마자 울음을 터뜨렸다.
    해석 카메라들이 꺼지는 순간 여배우는 긴장을 풀 수 있다.

★★ 요건 몰랐지?   접속부사

요즘 책들에 많이 등장하는 말이 접속부사입니다. 이건 문맥의 의미를 보여주는 부사일 뿐입니다. 접속부사와 접속사
는 엄연히 구분해야 합니다. 접속사는 but처럼 문장이나 단어, 어구를 연결하는 능력이 있는 단어를 가리킵니다. 그러
나 접속부사는 however처럼 단어나, 구, 문장을 연결하는 능력은 전혀 없고 의미만 더해 주는 부사일 뿐입니다. 접속
부사는 없어도 되는 부사일 뿐이라는 것을 다시 한 번 강조합니다. 우리는 문제로 접속사를 많이 다루었고 접속부사들
을 정리해 드립니다.

1. 한 단어 접속부사
accordingly 이에 따라 / afterwards 나중에 / furthermore 더욱이 / besides 게다가 / hence 이런 이유로 /
however 그러나 / instead 그 대신에 / meanwhile 한편 / moreover 더욱이 / nevertheless 그럼에도 불구하고 /
nonetheless 그럼에도 불구하고 / notwithstanding 그럼에도 불구하고 (이 단어는 전치사도 됨) / otherwise 그렇지
않다면 / therefore 그러므로 / then 그 때 / thus 그러므로

2. 두 단어 이상의 접속부사구
as a result 그 결과 / above all 무엇보다도 / by the way 그런데 / even so 그렇다 하더라도 / in addition 게다가
/ in contrast 대조적으로 / in fact 사실 / in the meantime 그 동안에 / in other words 달리 말하면 / in short 요
약하면 / on the other hand 다른 한편 / that is 즉 / until now 지금까지

Set 01

본문 p.140

01-05 01 who 02 which 03 which 04 whose 05 whose

06-10 06 that 07 which 08 whose 09 which 10 with whom

11-15 11 The travel agent who answered my call this morning was very kind. / 12 This office needs a new desk that(또는 which) will be used by the intern. / 13 This is the woman (who(m)/that) I met at Jessica's party. / 14 Megan, whose novel won an award, was chosen to lead the seminar. / 15 There was only one woman to whom the old man spoke.

16-20 16 (A)   17 (C)   18 (A)   19 (C)   20 (D)

해설

01 사람을 받는 관계대명사 주격은 who입니다.

> 해석 우리는 이 건물을 기증한 사람을 모른다.

02 사물을 가리키는 관계대명사 목적격 자리입니다. 전치사 to의 목적어입니다. which 대신에 that도 가능하고 목적격 관계대명사는 생략도 가능합니다.

> 해석 Sue는 자기 어머니가 다니던 학교에 다녔다.

03 앞에 위치한 선행 명사 the photo를 받는 주격 관계대명사 which 또는 that이 적절합니다.

> 해석 이것이 내 어학원을 보여주는 바로 그 사진이다.

04 관계대명사 소유격인 whose 뒤에는 명사가 오고 그 이하는 완전한 문장이 옵니다.

> 해석 이 여자가 휴대용 컴퓨터를 도둑맞은 여자다.

05 whose 뒤에는 명사가 오고 그 이하는 완전한 문장이 옵니다.

> 해석 진료실의 식물들이 죽은 의사한테 가지 말라. 〈Erma Bombeck(미국 언론인)〉

06 선행 명사 A book을 받는 관계대명사 주격 that이 정답입니다. that 또는 which가 사물을 받고 who는 사람을 받습니다.

> 해석 닫혀진 책은 블록에 불과하다. 〈Thomas Fuller(영국 목사)〉

07 사물을 받는 관계대명사 which 또는 that이 정답입니다. who는 사람을 받는 관계대명사입니다.

> 해석 친절은 귀가 안 들리는 사람이 들을 수 있고 맹인이 볼 수 있는 언어이다. 〈Mark Twain〉

08 whose는 관계대명사 소유격으로 그 뒤에 명사가 나옵니다. 본래 I am reading a book.과 Its cover is red and yellow.가 합쳐진 문장입니다.

> 해석 나는 표지가 빨간색과 노란색인 책을 읽고 있다.

09 이 문장에서는 which 자리에 that을 쓸 수 없습니다. 쉼표(,) 다음에는 관계대명사 that을 쓸 수 없습니다. 이것이 which와 that의 중요한 차이입니다.

> 해석 Sue가 손을 내밀었고 Jay가 악수를 했다.

10 전치사가 들어간 관계대명사 문제가 잘 이해가 되지 않을 때는 두 문장으로 나눠 보세요. 즉 1. I've got a lot of friends. 2. I discuss English grammar with a lot of friends. 이 두 문장이 합쳐진 것으로 with가 필요한 것을 볼 수 있습니다.

> 해석 나는 영문법을 토론할 많은 친구들이 있다.

11 사람을 받는 주격 관계대명사는 who입니다.

ex. My best friend is the one who brings out the best in me. 나의 가장 훌륭한 친구는 나에게서 최선의 능력을 끌어내는 사람이다. 〈Henry Ford〉

12 사물을 받는 관계대명사는 that 또는 which입니다.

13 목적격 관계대명사는 생략이 가능합니다. 목적격은 원칙이 whom이지만 요즘은 who로 쓰기도 합니다. 또한 that도 관계대명사 목적격으로 쓸 수 있습니다.

14 관계대명사 소유격 whose를 연습하세요. whose는 사람뿐 아니라 사물도 받습니다.

ex. They meet in an old building, whose basement has been converted into a church. 그들은 그 지하실이 교회로 바뀐 오래된 건물에서 만난다.

15 이 문장은 1. There was only one woman. 2. The old man spoke to only one woman. 이 두 문장이 합쳐진 것입니다. 어려운 영작입니다. 전치사 to를 눈여겨보세요.

16 사람을 받는 주격 관계대명사는 who입니다.

해석 리더는 길을 알고, 그 길을 가고, 그 길을 보여주는 사람이다. 〈John C. Maxwell(미국 목사)〉

17 whose 뒤에 명사가 나오고 명사 이하는 완전한 문장입니다. 이 문장에서 company는 '동행, 사귐'의 뜻입니다.

해석 핵심은 그들의 존재가 당신에게서 최선을 발휘하도록 하는 그런 사람들하고만 사귀라는 것이다. 〈Epictetus(그리스 철학자)〉

18 관계대명사 목적격 which 또는 that이 정답입니다.

해석 교육은 당신이 세상을 변화시키는 데 사용할 수 있는 가장 강력한 무기이다. 〈Nelson Mandela〉

19 「전치사 + 관계대명사」 문제는 두 문장으로 나누어서 생각해보세요. 즉 1. Education is the foundation.과 2. We build our future on the foundation. 이 두 문장이 합쳐진 것입니다.

해석 교육은 우리가 미래를 짓는 그 토대이다.

20 「전치사 + 관계대명사」 문제는 두 문장으로 나누어서 생각해보세요. 1. Together, we can create a world.와 2. Every human being can thrive in the world.가 합쳐진 문장입니다.

해석 함께 힘을 합쳐 우리는 모두가 번창할 수 있는 세상을 만들 수 있다.

Set 02
본문 p.142

01-05 **01** 나는 내 영어 선생님이 사는 집을 안다.

02 Scott이 그 제안을 받아들이지 않은 어떤 이유가 있음에 틀림없다.

03 나는 말들을 키울 수 있는 곳을 원한다.

04 우리 모두는 우리가 도움이 필요한 때를 겪는다.

05 내가 Jessica를 만난 날이 내 생애 최고의 날이었다.

06-10 **06** the way **07** why **08** where **09** when **10** why

11-15 **11** What is right is not always popular. / **12** What is beautiful is all that counts. / **13** We can't give you what you need. / **14** I have never sought the reason why I write. / **15** What really matters is what you do with what you have.

16-20 **16** (C) **17** (C) **18** (D) **19** (A) **20** (B)

해설

01 이 문장에서 where는 in which와 같고 「전치사 + 관계대명사(in which)」는 관계부사(where)입니다.

02 the reason why에서 why를 관계부사로 이해할 수 있습니다.

03 이 문장을 두 문장으로 만들어 보면 1. I want a place. 2. I can have horses in the place.입니다. 이 두 문장을 합쳐 연결하면 I want a place in which I can have horses. 또는 I want a place where I can have horses.입니다.

04 when은 앞의 명사 times가 때를 가리키는 단어이므로 관계부사로 쓰인 것입니다.

05 when은 관계부사로 on which를 줄인 말로 볼 수 있습니다. 즉 The day on which I met Jessica was the best day of my life.와 같은 문장입니다. 구어체에서는 on which보다 관계부사 when을 더 많이 씁니다.

06 the way와 how를 함께 다 쓰지는 않습니다. 둘 중에 하나를 쓰는 것이 맞는 문법입니다.
해석 나는 내가 사진에 보이는 모습이 마음에 들지 않았다.

07 the reason why가 의미상 자연스럽습니다.
해석 멋진 날씨가 내가 여기 이사 온 이유이다.

08 관계대명사 which와 관계부사 where는 무슨 차이가 있을까요? which 다음에는 주어나 목적어가 빠진 불완전한 문장이 오고 where 다음에는 주어와 동사를 제대로 갖춘 완전한 문장이 옵니다. I used to play는 완전한 문장이므로 where가 정답입니다.
해석 이 사진은 내가 옛날에 놀던 놀이공원에서 찍은 것이다.

09 which 다음에는 주어나 목적어가 빠진 불완전한 문장이 오고 when 다음에는 주어와 동사를 제대로 갖춘 완전한 문장이 옵니다. Every leaf is a flower.는 완전한 문장입니다. spring은 봄을 나타내는 때이므로 when이 적합합니다.
해석 가을은 모든 잎이 꽃인 두 번 째 봄이다. 〈Albert Camus〉

10 That's why ~는 '이런 이유 때문에'로 해석합니다.
해석 자유는 책임을 의미한다. 그런 이유 때문에 대부분의 사람은 자유를 두려워한다. 〈George Bernard Shaw〉

11 '~것'으로 해석되는 복합관계대명사 what은 the thing which와 같습니다.
ex. What you sweat is what you get. 당신이 땀내는 것이 당신이 얻는 것이다.(즉 땀내는 만큼 얻게 된다.) 〈Nina Agdal(모델)〉

12 이 문장은 암기해두세요. 우선 '~것'으로 해석되는 복합관계대명사 what은 the thing which와 같습니다. 그리고 all 뒤에 관계대명사는 일반적으로 which보다는 that을 씁니다.

13 what절은 명사절을 이끌어서 11, 12번처럼 주어로도 사용되고 이 문제처럼 목적어절로도 쓰입니다.

14 the reason은 관계부사 why와 잘 어울려 사용됩니다.

15 '~것'으로 해석하며 the thing which의 의미를 갖는 what을 기억하세요.

16 빈칸 앞의 old days를 받는 것은 관계부사 when이 적합합니다.
해석 각각의 생각마다 주인이 있던 그 좋은 시절은 영원히 사라졌다. 〈Paulo Coelho(파울로 코엘료)〉

17 우리가 이런 방식으로 죽는다는 것을 의미하므로 방법을 나타내는 how가 적합합니다. what 뒤에는 불완전한 문장이 오는데 We finally die.는 완전한 문장입니다. 나머지는 의미상 빈칸에 부적절합니다.
해석 만약 우리가 서로에 대한 사랑과 자존감을 잃으면 이것이 바로 우리가 결국 죽는 방식이다. 〈Maya Angelou(미국 시인)〉

18 the reason why 또는 the reason that은 많이 쓰는 표현이니 익혀두세요.
해석 걱정이 일보다 더 많은 사람들을 죽이는 이유는 더 많은 사람이 일하기보다는 걱정하기 때문이다. 〈Robert Frost(미국 시인)〉

19 이 문장은 영화 '쿵푸팬더'에도 인용된 바 있습니다. 문맥상 '이런 이유 때문에'이기 때문에 why가 정답입니다. 이 문장에서 present는 '선물'의 뜻과 '현재'의 뜻이 다 있는 중의적인 표현입니다. 이런 문장을 이해하고 즐기려고 우리가 영어 공부를 힘들게 하는 것입니다.

> 해석 어제는 역사이고 내일은 신비지만 오늘은 신의 선물이다. 그렇기 때문에 우리는 오늘을 present라고 부르는 것이다. 〈Joan Rivers(미국 코미디언, 배우, 작가)〉

20 문장의 의미상, 방법의 how가 가장 적절합니다.

> 해석 당신이 가지고 있는 무언가를 주는 것. 이것이 당신이 존경심을 얻기 시작하는 방법이다. 〈Morrie Schwartz(미국의 교육자)〉

Set 03

본문 p.144

01-05
- **01** Michelle은 교사인 두 명의 딸이 있다.
- **02** Charlie는 두 명의 딸이 있는데 이들이 모두 의사다.
- **03** 나는 완벽주의자인데, 이것이 어느 때에는 나쁘고 다른 때에는 매우 좋다.
- **04** 나는 모든 사람이 가진 것과 똑같은 문제들을 가지고 있다.
- **05** 어느 길로 부산을 가더라도 조심해서 운전할 필요가 있다.

06-10 **06** who   **07** that   **08** which   **09** which   **10** that

11-15 **11** You may take whatever you like. / **12** David is the man with whom Jenny fell in love. / **13** Whoever is happy will make others happy too. / **14** Read whichever books you please. / **15** Whoever leaves last should lock the door.

16-20 **16** (B)   **17** (C)   **18** (B)   **19** (B)   **20** (B)

해설

01 이 문장은 다른 딸이 더 있을 수 있는데 교사인 딸이 두 명이라는 의미가 있습니다.

02 쉼표(,)를 찍으면 Charlie가 두 명의 딸이 있고 이들 모두가 의사라는 의미가 됩니다.

03 이 문장에서 which는 앞 문장을 모두 받는 which입니다. which 앞에 쉼표(,)가 있으므로 which 자리에 that을 쓰면 틀립니다.

04 the same ~ that 구문입니다. the same, the first 등이 있으면 그 뒤에는 which가 오지 않고 that이 옵니다. 이 문장에서 that 자리에 which를 쓰면 틀립니다.

05 이 문장은 '갈 수 있는 길은 많고 당신이 어느 길을 택하건 조심해서 운전하는 것이 필요하다(There are many roads to take, and it is necessary to drive carefully on any one that you take.)'라는 의미입니다.

06 주어 역할을 하는 명사를 대신하는 주격 관계대명사 자리에 어울리는 관계대명사를 골라야 합니다.

> 해석 현장에 오는 모든 사람들은 돈을 받는다.

07 all을 받는 관계대명사는 that입니다. 교과서적으로 all that ~을 암기해두세요. the first, the best 등 서수나 최상급 다음에도 that을 씁니다.

> ex. The first audience that you have when writing a book is you. 책을 쓸 때 당신의 첫 독자는 바로 당신이다.
> ex. All that is real is reasonable, and all that is reasonable is real. 실재하는 모든 것은 이성적이고, 이성적인 모든 것은 실재한다. 〈Hegel(철학자)〉
> 해석 한 사람이 성취하는 모든 것은 그 자신의 생각의 직접적인 결과이다.

08 앞 문장 전체를 쉼표(,) 다음에 받는 것은 which입니다. 관계대명사 that은 쉼표(,) 다음에 올 수 없습니다. 쉼표(,)를 우습게 보면 안됩니다.

> ex. Last night Stephen Curry scored 35 points, which was nothing unusual. 지난밤에 Stephen Curry는 35점을 득점했는데 이는 그에게 특별한 게 전혀 아니었다.

> 해석 Emma는 또 결혼했고 이 사실이 모두를 놀라게 했다.

09 이 문제는 우리가 관계부사만 풀다 보니 집중력이 떨어질까 봐 넣은 문제입니다. 빈칸 뒤에 문장(Iris had recommended to us)에 목적어가 빠져 있습니다. 주어나 목적어를 대신하는 관계대명사 다음에는 불완전한 문장이 오지만 부사를 대신하는 관계부사 뒤에는 완전한 문장이 옵니다.

> 해석 우리는 Iris가 추천했던 레스토랑에 갔다.

10 최상급 뒤에는 보통 관계대명사 that을 쓰지 which를 쓰지 않습니다.

> ex. Love is the best thing in the world that lives the longest. 사랑은 가장 오래 살아남는 이 세상에서 제일 좋은 것이다.

> 해석 당신이 있는 곳에서 최선을 다하시고 친절하세요.

11 이 문장에서 '~하는 무엇이나'의 의미로 whatever를 쓸 수 있습니다. whatever도 선행 명사를 포함하는 일종의 관계대명사입니다.

> ex. Choose whatever you want. 당신이 원하는 아무것이나 고르시오.

다음 구문으로 쓰이는 whatever 문장도 익혀두세요.

> ex. Whatever you do, I will always love you. 당신이 무엇을 하건 간에 나는 당신을 언제나 사랑할 것이다.

12 전치사가 들어간 관계대명사 문장입니다. 이런 문장이 복잡하게 느껴지면 두 문장으로 나눠 보세요. 즉 1. David is the man. 2. Jenny fell in love with David.입니다.

13 이 문장에서 anyone who의 의미로 whoever를 쓸 수 있습니다.

14 whichever는 명사 앞에 형용사처럼 쓸 수 있습니다. whichever books는 any books which입니다. whatever도 비슷한 용법으로 쓰입니다. 단, whichever는 한정된 범위 안에서 고르는 느낌을 주고 whatever는 무한정에서 고르는 느낌을 줍니다.

> ex. Do whatever you please. 당신을 즐겁게 하는 아무 일이나 해라.

> ex. Take one of the three subjects, whichever you prefer. 세 개의 주제 중에 당신이 좋아하는 아무거나 하나 고르시오.

15 whoever절이 명사절로 주어가 될 수 있습니다. whoever절은 부사절로도 쓰입니다.

> ex. I won't do it, whoever asks. 나는 누가 요청하건 그것을 하지 않을 것이다. (whoever asks = no matter who asks)

16 고난도 문제입니다. 두 문장으로 잘라보세요. 1. Amelia wrote a book. 2. I can't remember the title of the book. 이 문장에서 보면 of가 쓰였습니다. 따라서 (B)가 정답입니다. 「whose + 명사 = the 명사 + of which」임을 기억하세요. 이 문장은 Amelia wrote a book whose title I can't remember.로 쓸 수도 있습니다.

> 해석 Amelia는 내가 기억할 수 없는 제목의 책을 썼다.

17 우선 빈칸 뒤는 완전한 문장이어서 빈칸에는 관계부사가 들어가야 합니다. 그리고 the way는 how와 함께 붙여서 쓰지 않습니다.

> 해석 나는 내가 나의 아이를 사랑하는 방식으로 그 누구도 사랑해 본 적이 없다.

18 in which는 한 단어로 관계부사 where과 같습니다. 여기는 관계사가 들어갈 자리인데 뒤에 완전한 문장(the banquet is taking place)이므로 관계대명사가 단독으로 올 수 없습니다. 두 문장으로 만들면 1. The hotel is located in the western part of Seoul. 2. The banquet is taking place in the hotel.입니다.

해석 그 연회가 열리는 호텔은 서울의 서부에 위치하고 있다.

19 whose 뒤에 명사가 오고 명사 뒤는 완전한 문장(on-screen performances are consistently praised by movie critics)이 옵니다.

해석 Daniel Fleming은 영화 비평가들에게 연기를 꾸준히 칭찬받는 배우이다.

20 whoever는 anyone who로 전치사 다음에도 올 수 있고 문법상으로도 적합합니다.

해석 우리는 이 건물을 살 돈이 있는 누구에게라도 팔겠다.

★ 요건 몰랐지? I want to know the reason why you took my laptop.은 맞는 문장일까요?

보통 교과서적인 문법에서는 the reason이 이유를 나타내는데 why가 중복되어 틀린 것으로 간주하기도 합니다. 《Daily Writing Tips》의 저자 Mark Nicole은 자기는 이런 글을 쓰지 않지만 다른 사람의 글을 받아 출간할 때 그대로 인정하는 편이라고 합니다.

교과서적으로 말하면 다음 문장이 옳은 문장입니다.

I want to know the reason (that) you took my laptop. 나는 네가 내 휴대용 컴퓨터를 가져간 이유를 알고 싶어.
I want to know why you took my laptop.
I want to know your reason for taking my laptop.

이 문장에 대한 대답으로 The reason is because I thought it was mine.보다는 다음 문장들이 옳은 문장으로 받아들여집니다.

The reason is that I thought it was mine. 그 이유는 내 것이라고 생각해서입니다.
The reason is, I thought it was mine.
I took it because I thought it was mine.
I thought it was mine.

그런데 비격식적인 사용(informal usage)에서는 다음 문장도 쓸 수 있습니다.

Because I thought it was mine.

The reason is because ~는 우리나라 문법책에서 대부분 틀린 것으로 간주하지만 유명한 메리엄 웹스터 대학생용 사전(Merriam-Webster's Collegiate Dictionary)에도 다음과 같은 예문이 나옵니다.

ex. The reason I haven't been fired is because my boss hasn't got round to it yet. 내가 해고당하지 않은 이유는 사장이 아직 시간을 내지 못해서다.

더욱 놀라운 것은 이 문장을 쓴 사람이 존경 받는 글쓰기 지침서인 《The Elements of Style》의 저자 E. B. White라는 것입니다.

우리는 교과서적인 영어를 배우니 시험을 위해서는 The reason is because를 쓰지 않는 게 좋겠지만 글쓰기로 유명한 사람들도 이렇게 쓰니 이 문형을 무시하지는 말아야겠습니다. 영국의 정치가 Michael Gove도 One of the reasons ... is because ~ 문장을 다음과 같이 사용한 경우가 있습니다.

ex. One of the reasons why Australia and Canada have support for migration is because they control the numbers. 호주와 캐나다가 이민을 지지하는 이유 중 하나는 인구 수를 통제하기 때문이다.

그리고 Cambridge Dictionary, Longman Dictionary 등 유명 영문법 원서에 the reason why가 예문으로 나오는 것을 보면 the reason why는 허용되는 것으로 볼 수 있습니다.

ex. We'd like to know the reason why she didn't accept the job.
우리는 왜 그녀가 그 일을 받아들이지 않았는지 그 이유를 알고 싶다. – from Longman Dictionary

Chapter 18 일치

Set 01

본문 p.148

01-05	**01** are	**02** is	**03** is	**04** is	**05** are
06-10	**06** is	**07** is	**08** has	**09** has	**10** are

11-15 11 Some people dream of success. / 12 Children are our future. / 13 All animals have to eat in order to live. / 14 Each of us has our own destiny. / 15 Try to answer every question.

16-20	**16** (A)	**17** (A)	**18** (C)	**19** (D)	**20** (D)

해설

01 주어가 두 사람(the boss and secretary)인 복수이므로 are가 정답입니다. 「be동사 + -ing」는 확정된 미래를 나타낼 수 있습니다.

> 해석 사장과 비서는 내일 아침에 비행기를 타고 마드리드로 떠날 것이다.

02 physics(물리학), linguistics(언어학), mathematics(수학)와 같이 -s로 끝나는 학문명은 단수로 취급합니다.

> 해석 물리학은 이 학교에서 필수 과목입니다.

03 주어로 쓰인 two weeks는 생긴 것은 복수지만 의미상 한 덩어리 개념이기 때문에 단수로 취급합니다.

> ex. 100 kilometers is a long way to walk in a day. 100 킬로미터는 하루에 걷기에 먼 거리다.

> 해석 2주는 사무용품을 기다리기에 오랜 시간이다.

04 fish and chips는 둘을 함께 먹는 하나(a single unit)의 전통적인 영국 식사이므로 개념상 단수로 취급합니다. bacon and eggs, bread and butter, cheese and wine도 함께 먹는 한 개 단위(a single unit) 개념이므로 단수로 취급합니다.

> 해석 Fish and chips는 본래 영국에서 온 음식이다.

05 「there + is/are ~」 구문은 be동사 뒤에 나오는 명사가 주어입니다. 그 명사가 단수면 is, 복수면 are를 씁니다.

> 해석 의자 위에 책 여러 권이 있다.

06 The list가 주어이므로 동사는 is가 정답입니다. 명사 이하 of 뒤에 나오는 것은 삽입 어구로 무시해도 됩니다.

> 해석 100권의 최고 소설 목록이 책상 위에 있다.

07 of 이하 복수 명사는 무시하고 주어인 A bouquet에 집중하세요. 이것이 단수 주어입니다. 「a collection/list/series of + 복수 명사」가 주어일 때는 단수 취급 한다는 것을 기억하세요.

> 해석 꽃 한 다발이 의자 위에 있다.

08 「there + is/are ~」 구문은 be동사 뒤에 주어가 나오는데 그 주어에 be동사의 수를 일치시킵니다. 「a series of + 복수 명사」는 단수로 취급합니다.

> ex. A series of experiments was undertaken. 일련의 실험들이 시행되었다.

> 해석 최근에 여성들에 대한 일련의 공격이 있어 왔다.

09 주어는 단수 명사 collection입니다. of 이하에 나오는 photographs는 collection을 수식합니다.

> 해석 이 놀라운 사진들의 모음이 오랫동안 고전으로 인정받았다.

10 「a number of + 복수 명사」는 복수로 취급합니다. 그러나 「the number of + 복수 명사」는 단수로 취급합니다. 꼭 구분해서 알아두세요.

> ex. There are a number of women who have brought about immense change in society. 사회에 엄청난

변화를 야기한 많은 여성들이 있다. 〈A. P. J. Abdul Kalam(인도 정치가)〉

해석 새로운 세법에 대한 수많은 다양한 의견들이 있다.

11 people은 -s가 붙어있지 않지만 복수 명사입니다. 그래서 동사에 -s가 붙지 않습니다. 본래 이 문장은 미국 사업가 Wayne Huizenga의 말로 원문은 다음과 같습니다. Some people dream of success, while other people get up every morning and make it happen.(어떤 이들은 성공을 꿈꾸지만 다른 이들은 매일 아침 일어나 성공을 일군다.)

12 '아이들'은 childs가 아니라 children이고 복수입니다. 이 문장은 미국의 목사 Victoria Osteen의 말로, 원문은 다음과 같습니다. Children are our future, and God loves the children.(아이들은 우리의 미래이며 하나님은 아이들을 사랑하신다.)

13 일반적으로 all 다음에 셀 수 있는 명사의 복수형이 옵니다. 셀 수 없는 명사가 오면 단수형으로 써야 합니다.

14 「each of + 복수 명사」는 단수 동사에 수를 일치시킵니다.

15 every 뒤에는 단수가 옵니다. every는 형용사로만 사용한다는 점을 기억하세요. all은 뒤에 셀 수 있는 명사의 복수형이 옵니다. 단! all the time(항상)에는 time에 -s가 붙지 않습니다.

cf. Try to answer all questions. 모든 질문에 답하려고 노력하시오.

16 the number가 주어일 때는 단수 취급합니다. 「a number of + 복수 명사」는 복수로 취급한다는 것과 비교해서 알아 두세요.

해석 내가 넘어진 횟수가 내가 일어난 횟수이다. 〈Jenni Rivera(미국의 음악가)〉

17 관계대명사 that 앞의 brochures가 복수 명사이므로 복수에 수를 일치시켜서 contain이 정답입니다.

해석 모든 인턴 사원들은 그들의 책임에 대한 정보가 담겨 있는 안내 책자를 받는다.

18 관계대명사 that 앞의 선행 명사(books)가 복수이므로 that절에는 복수 동사를 써야 합니다.

해석 이 목록에 나열된 책들은 도서관 사서가 구매할 것이다.

19 주어와 동사 사이에 있는 삽입 어구를 무시하세요. a number of는 many의 의미입니다. 「a number of + 복수 명사」는 복수로 취급한다는 것을 기억하세요.

해석 많은 사람들이 기차를 기다리고 있다.

20 주어와 동사 사이에 있는 삽입 어구(of the dog to reach the top shelf)를 무시하고 동사를 고르세요. 주어는 efforts로 복수 명사입니다. 보기 중에 복수 형태의 동사는 (D) were뿐입니다.

해석 맨 위 선반에 도달하려는 개의 노력은 허사였다.

Set 02

01-05	01 is	02 wish	03 likes	04 has	05 is
06-10	06 is	07 put	08 has	09 are	10 is

11-15 11 The novelist and critic lives in Seoul. / 12 Romeo and Juliet is a tragedy written by Shakespeare. / 13 Neither of them are ready. / 14 I have got three bright students, and the rest are average. / 15 There is a pair of glasses on the chair.

16-20	16 (D)	17 (B)	18 (D)	19 (B)	20 (C)

해 설

01 주어는 The coach입니다. as well as 이하 삽입 어구는 무시하고 동사를 고르세요. 삽입 어구는 주어와 동사 수의 일치에 아무런 영향을 주지 않습니다.

> ex. Along with my father, George Patton is my hero. 아버지와 함께 George Patton 장군은 나의 영웅이다. – 이 문장에서 의미상 아버지와 장군이 모두 나의 영웅이지만 주어는 George Patton으로 단수입니다.

> 해석 그 팀뿐 아니라 코치도 그 경기에 준비가 되어 있다.

02 「the + 형용사」는 복수 보통명사입니다. 이것을 잘 보여주는 예문을 제공합니다. 고민 상담사로 유명했던 Ann Landers의 유머러스한 명언입니다.

> ex. The poor wish to be rich, the rich wish to be happy, the single wish to be married, and the married wish to be dead. 가난한 사람들은 부자가 되길 바라고, 부자들은 행복하길 바라고, 싱글들은 결혼하길 바라고, 결혼한 사람들은 죽길 바란다.

> 해석 가난한 사람들은 부유해지길 소망한다.

03 neither A nor B는 B에 수를 일치시킵니다.

> 해석 David도 Amy도 설거지하는 것을 좋아하지 않는다.

04 either A or B는 B에 수를 일치시킵니다.

> ex. Either Amelia or her students need the recipe. Amelia나 그녀의 학생들이 그 요리법을 필요로 한다. – 이 문장에서는 either A or B의 B인 복수 명사 students에 수를 일치시킵니다.

> 해석 당신이나 Amelia가 그 보고서를 오후 3시 전에 마쳐야 한다.

05 either는 둘 중에 하나를 가리켜서 단수 취급합니다. neither도 비슷하지만 neither는 요즘 구어체 영어에서 복수로 취급하기도 합니다.

> ex. Neither of my parents want(s) me, what do I do? 우리 부모님 중에 누구도 나를 원치 않아요. 나는 어떻게 하죠?

> ex. Neither of her parents is[are] still working. 그녀 부모님 중 누구도 지금까지 일하고 계시지 않다.

> 해석 그 두 일자리 제안 중 어떤 것도 내 현재 직장보다 더 좋다.

06 each는 단수로 취급합니다.

> 해석 사랑하고 사랑 받지 못하면 우리는 다 외롭다.

07 관계대명사 who앞의 선행 명사(people)가 복수이므로 복수에 수를 일치시킨 put이 정답입니다.

> 해석 작가들은 매일 펜을 종이에 올려 놓는 사람들이다. 〈Richard Russo〉

08 「most of + the 단수 명사」는 단수 취급, 「most of + the 복수 명사」는 복수 취급 합니다.

> 해석 내가 번 대부분의 돈은 한국으로 돌아갔다.

09 「most of + the 복수 명사」는 복수 취급합니다. women이 복수이므로 복수 동사 are가 정답입니다.

해석　영화에 나오는 대부분의 여자들은 아름답게 보이려고 거기 있는 것이다. 〈Eva Green(프랑스 배우)〉

10 국가는 한 개이므로 생긴 형태가 복수라도 단수로 취급 합니다.

해석　미국은 역사적으로 이민자들의 국가이다.

11 소설가와 비평가가 같은 사람이라 단수 취급 합니다. 하지만 각기 다른 사람인 경우 주어는 두 사람으로 복수가 됩니다.

ex.　The novelist and the critic live in Seoul. 그 소설가와 그 비평가는 서울에 살고 있다.

12 Romeo and Juliet은 작품 이름으로 단수입니다. 두 사람을 가리키는 복수가 아닌 것에 주의하세요.

13 부정문에는 보통 both를 쓰지 않고 neither를 사용합니다.

14 학생들은 복수 개념이므로 그 나머지 학생들도 복수로 취급합니다. 그래서 be동사 are를 써야 합니다.

cf.　I'll keep two thirds of the money and the rest is for you. 내가 그 돈의 3분의 2를 가지고 있겠다. 나머지는 당신 것이다. – 돈은 셀 수 없으므로 그 나머지도 단수 취급하여 동사가 is입니다.

15 안경은 한 개 이므로 단수로 취급합니다. 그러나 There are a pair of pencils on the chair.의 경우 a pair가 several의 의미로 쓰일 수 있어서 복수가 되는 것이 가능합니다.

ex.　There is a bunch of bananas hanging from that tree. 저 나무에 한 다발의 바나나가 매달려 있다.

ex.　There are a bunch of people in front of the gate. 몇몇 사람들이 게이트 앞에 있다.

16 주어가 The number이므로 단수로 취급합니다. (A) increase, (C) have increased는 주어가 복수일 때 가능하며 (B) increasing은 단독으로 본동사가 될 수 없습니다. 이와 대조적으로 a number of는 many로 이해하면 쉽습니다.

해석　보호 구역의 방문객 수가 전년도 대비 33% 늘었다.

17 쉼표와 쉼표 사이의 삽입 어구는 주어와 동사 수의 일치에 아무런 영향을 주지 않습니다. 삽입 어구에 수백만 명이 나와도 이 문장의 주어는 The novelist 하나입니다.

해석　그 소설가는 아내와 두 아이와 보스턴에 사는데 자신을 천성적으로 유머러스한 사람으로 묘사한다.

18 both A and B는 '둘 다'를 의미하므로 복수 취급합니다. 그리고 2000년대 초는 과거이므로 were가 정답입니다.

해석　James와 Emma 둘 다 2000년대 초에 옥스퍼드 대학에 다녔다.

19 둘 중에 하나를 가리키는 것은 (A) Either, (B) Neither입니다. 이 중에 부정의 의미를 가진 Neither가 정답입니다.

해석　책들과 텔레비전은 다르다. 둘 중의 어느 것도 다른 것을 대체할 수 없다.

20 주어는 Emily 하나뿐입니다. along with 이하 a few other officials는 삽입 어구이니 무시하고 생각해도 됩니다.

해석　Emily는 몇몇 다른 관계자들과 함께 그 사건에 고발당했다.

Set 03

01-05	01 is	02 are	03 are	04 are	05 is
06-10	06 went	07 have	08 is	09 bought	10 boils

11-15 11 My teacher said that World War II broke out in 1939. / 12 Amelia said that she teaches English. / 13 The police are investigating the accident. / 14 Please call me as soon as you get there. / 15 Damian, along with his secretary, is expected shortly.

16-20	16 (B)	17 (B)	18 (A)	19 (D)	20 (A)

해설

01 breaking and entering은 주거침입(illegally forcing your way into a house, especially to steal something)의 의미로, 한 개념이기 때문에 단수로 쓰입니다.

ex. This bed and breakfast was wonderful. 이 숙박 시설은 너무 좋았다. – 이 문장에서 bed and breakfast는 잠도 자고 아침 식사도 주는 영국식 숙박 시설로 단수 개념입니다.

동명사는 단수로 취급하지만 두 개가 연결되는 경우 복수로 취급합니다.

ex. Swimming in the ocean and playing guitars are my hobbies. 해수욕을 하고 기타 연주를 하는 것이 내 취미이다.

해석 주거 침입은 불법이다.

02 「half/rest/most of + 단수 명사 + 단수 동사」, 「half/rest/most of + 복수 명사 + 복수 동사」를 기억하세요.

해석 우리 직원들의 절반이 여성이다.

03 half는 뒤에 나오는 단어에 따라 수가 결정됩니다.

해석 그 차들 중 반이 밝은 색이다.

04 「a lot of/lots of + 복수 명사」는 복수로 취급합니다. 「a lot of/lots of + 단수 명사」는 단수로 취급합니다. lots of가 a lot of보다 격식을 따지지 않는 표현입니다.

해석 많은 선택안들이 있다.

05 much는 셀 수 없는 명사로 단수 취급합니다.

해석 이 책의 어느 정도가 사실인가?

06 앞의 시제가 finished로 과거니까 같이 시제를 일치시켜 과거형을 쓰는 것이 맞습니다. go는 주어(Iris)가 3인칭 단수이기 때문에라도 맞지 않습니다.

해석 Iris는 에세이를 다 쓰고 저녁 먹으러 나갔다.

07 아버지가 돌아가신 것을 1주기, 2주기처럼 한 해 한 해 가는 것을 강조하면 복수 개념이 됩니다. 본서 '요건 몰랐지' 부분을 꼭 읽어두세요.

해석 아버지가 돌아가신 지 10년이 지났다.

08 지구(earth)가 한 개념이므로 이것의 4분의 3 역시 단수 개념이 됩니다.

해석 지구의 4분의 3은 물로 덮여있다.

09 앞의 시제가 과거(went)이므로 시제를 맞춰서 과거 시제가 정답입니다.

해석 나는 빵집에 갔을 때 생일 케이크를 하나 샀다.

10 일반적이고 지속적인 상황에는 현재 시제를 씁니다. 이 문제는 주어가 water이니 수의 일치만 주의 깊게 봐도 쉽게 풀 수 있습니다.

해석 일반적으로 소금물은 순수한 물보다 더 높은 온도에서 끓는다.

11 선생님이 과거에 말씀하셨지만 역사적인 사실은 그냥 과거 시제를 씁니다. 말 그대로 과거 사실이기 때문에 과거완료를 쓸 필요가 없습니다.

12 예를 들어 Amelia를 어제 만나서 이야기를 들었다 하더라도 그녀가 지금도 살아서 영어를 가르치는 교사로 있으면 현재 시제를 씁니다. 지금 영향을 미치고 있는 사실이기 때문에 현재 시제를 쓰는 시제 일치의 예외 상황입니다.

13 police는 그 앞에 the를 붙여 쓰고 복수 취급합니다.

14 as soon as는 때의 부사절을 이끕니다. 때나 조건의 부사절에서는 현재 시제로 미래를 대신하고 주절은 미래 시제를 씁니다. 앞의 시제에서도 다뤘지만 매우 중요한 시제 일치의 예외 사항입니다.

 ex. As soon as relations improve they will be allowed to go there. 관계가 개선되자마자 그들은 그곳에 가는 것이 허용될 것이다.

15 괄호나 쉼표 사이에 있는 것은 주어와 동사 수의 일치에 영향을 주지 않습니다.

 ex. Anger, as well as excitement, was the cause of his shaking. 흥분뿐 아니라 분노가 그의 떨림의 원인이었다.

16 주어가 each가 붙어 있는 3인칭 단수이고 학생은 남자도 있고 여자도 있기 때문에 원칙적으로 (B) his or her를 쓰는 것이 맞습니다. own 앞에는 소유격이 온다는 사실도 기억하세요.

 해석 학생들은 각자 자신의 과학 교재를 가져와야 한다.

17 문맥상 be동사가 들어가는 것이 맞고 주어로 쓰인 10 years는 기간을 나타내는 한 개념이므로 단수 취급을 합니다. 개념상 단수이면 형태가 복수라도 단수 취급합니다.

 ex. 10 miles is too far to walk. 10마일은 걷기에 너무 멀다.

 ex. One thousand dollars is the price of the item. 1,000달러가 그 물건의 가격이다.

 cf. 100 dollars were scattered on the street. 100달러 지폐가 거리에 흩어졌다. – 여기서 100 dollars는 100 dollar bills(100달러 지폐들)를 의미하여 복수 개념이 됩니다. 단수와 복수를 이렇게 원리적으로 이해하는 것이 중요합니다.

 해석 10년이 그 범죄의 최대 형량이다.

18 삽입 어구나 괄호 부분은 주어와 동사 수의 일치에 영향을 주지 않습니다.

 해석 내 바지를 씹고 있는 그 고양이는 평소에는 착하다.

19 neither A nor B, either A or B는 B에 수를 일치시킵니다.

 해석 그 곰도 호랑이도 동물원에서 달아나지 못했다.

20 문맥상 be동사가 맞고 작품명은 and도 연결되어도 단수로 취급하니 is가 정답입니다.

 ex. Ant-Man and the Wasp – a movie starring Rudd Rudd가 주연인 영화 Ant-Man and the Wasp

 해석 '노인과 바다'는 1951년 Ernest Hemingway가 쿠바에서 쓴 단편 소설이다.

★ 요건 몰랐지? **1** 시간, 거리, 돈을 나타내는 단어들은 형태가 복수라도 단수 취급한다!

일반적으로는 시간, 거리 등을 나타내는 단어들은 형태상 복수라도 단수로 취급합니다.

ex. 500 miles is a long way to go on a bicycle. 500마일은 자전거로 가기에는 먼 길이다.

ex. Ten days/weeks/months/years is a long time to wait.

　　10일/10주/10개월/10년은 기다리기에 너무 긴 시간이다.

ex. Three hundred dollars seems a lot to spend on a dress. 300달러는 옷에 쓰기에는 큰돈이다.

여기까지는 많은 사람이 알고 있습니다. 이들이 단수로 취급되는 것은 생긴 것은 복수이지만 한 가지 기간이나 거리로 한 개념, 즉 단수 개념이기 때문입니다. 그런데 왜 다음과 같은 문장은 복수를 쓰는 걸까요?

ex. Seven years have passed since my father died. 아버지가 돌아가신 지 7년이 지났다.

그 이유를 우리나라 교재에서 대부분 설명하지 않거나 못하고 있습니다. 여기서 7년을 복수로 쓴 이유는 아버지가 돌아가시면 보통 1주년, 2주년, 3주년으로 기념하면서 시간이 지나가기 때문에 이것이 한 개의 개념이라기보다 7주년의 주기를 기념하는 시간의 경과를 나타내는 복수 개념이기 때문입니다.

다음 문장에서 have/has 중에 무엇이 맞을까 생각해 보세요.

ex. After seven years (have/has) passed you can apply for possession of the land. 7년이 지난 후에 당신은 그 땅의 소유권을 신청할 수 있다.

여기서 7년은 한 기간으로 7년만 지나면 소유권을 신청할 자격이 생긴다는 의미로 단수 개념이라 has가 맞습니다. 그러나 다음 문장을 보세요.

ex. Seven years (have/has) passed – seven long, lonely years – since my father died at sea. 아버지가 바다에서 돌아가신 지 7년이 지났다. 7년이라는 길고 외로운 세월.

이 문장에서는 7년을 한 덩어리 개념으로 보기보다는 아버지가 돌아가신 1주년, 2주년, 3주년으로 세는 개념이 들어가 있어서 have가 정답이 됩니다. 시간의 주기를 강조하고 싶으면 have가 더 좋습니다(If you want to emphasize the cycle of time, then 'have' sounds better).

★ 요건 몰랐지? **2** 다음 두 문장의 차이는 무엇일까요?

The new employees have an investment adviser.

– 신입 사원들은 한 명의 투자 조언자를 공유해서 도움을 받고 있다는 의미

The new employees have investment advisers.

– 신입 사원들이 한 명당 한 명 이상의 투자 조언자들을 가지고 있다는 의미

단어에 붙은 -s 하나가 이렇게 의미를 다르게 만듭니다.

Chapter 19 · 특수구문

Set 01

본문 p.156

01-05
01 여기로 버스가 온다!　　　　02 여기 있습니다.
03 생명이 있는 곳에 희망이 있다.　　04 당신이 100살까지 살길 빈다.
05 아무리 초라하더라고 내 집 같은 곳은 없다.

06-10
06 Have you　07 it is　　08 that tree is　09 How　　10 there

11-15
11 No sooner had I arrived at the station than the train came. / 12 Never have I seen such a beautiful woman. / 13 Hardly ever did Jill go on holiday. / 14 Only after finishing your English homework can you go out. / 15 Not only did he forget his wife's birthday, but he also traveled alone.

16-20
16 (D)　　17 (B)　　18 (C)　　19 (B)　　20 (A)

해설

01 Here로 시작하는 문장도 「Here + 동사 + 주어」 형태로 도치구문을 많이 만듭니다. Beatles의 유명한 노래 제목인 Here comes the sun(여기 해가 뜬다)도 참고해 주세요.

02 이 문장은 물건을 건네주거나 길 안내를 해줄 때 사용합니다. Here you go. 또는 There you go.도 같은 의미입니다. Here it is.나 There it is.도 물건을 건네줄 때 사용하지만 잃어버린 물건을 찾아 스스로에게 '아, 여기 있구나!'라고 말하는 의미로도 사용합니다.

03 「there is + 주어」 구문이며 '~가 있다'라고 해석합니다. 이 구문 앞에 where가 붙은 명언들이 많으니 알아두세요.
ex. Where there is a will, there is a way. 뜻이 있는 곳에 길이 있다.
ex. Where there is love, there is life. 사랑이 있는 곳에 생명이 있다.

04 May로 시작하는 기원문입니다. 이 문장은 Frank Sinatra의 말로 전체 문장은 다음과 같습니다. May you live to be 100 and may the last voice you hear be mine.(당신이 100살까지 살면서 당신이 듣는 마지막 음성이 나의 목소리이길 바랍니다.)

05 유명한 속담으로 '~하더라도'의 의미를 표현하는 명령문입니다. 이 문장은 오래된 문장으로 잘 쓰이지는 않지만 속담으로 학교 시험에서 종종 인용하므로 넣었습니다.

06 의문문 도치구문입니다. 문장 맨 뒤에 물음표를 보면 쉽게 알 수 있습니다.
해석　그가 양말 꿰매는 것 본 적 있어요?

07 what으로 시작하는 감탄문의 어순은 「What a + 형용사 + 명사 + 주어 + 동사」이므로 '형명주동(혁명주동)'으로 암기하세요.
해석　얼마나 아름다운 날인가!

08 이 문장의 끝에 물음표가 아니고 느낌표가 나와 있으므로 감탄문입니다. how로 시작하는 감탄문의 어순은 「How + 형용사/부사 + 주어 + 동사」로 '형부주동('형부'가 '주동'했다)'으로 암기하세요.
해석　저 나무는 너무나 크다!

09 괄호 뒤에 부사가 나오므로 How가 적절합니다. 「How + 형용사/부사 + 주어 + 동사」로 '형부주동('형부'가 '주동'했다)'을 기억하세요.
해석　나뭇잎들이 얼마나 아름답게 나이 들어가는가?

10 「there is + 주어」 구문으로 주어는 hope입니다.

　해석　비전이 없는 곳에 희망이 없다.

11 no sooner 구문은 부정어로, 부정어가 앞에 올 때 문장은 도치됩니다. no sooner 다음에는 과거완료가 오고 than 뒤에 과거 시제가 오는 것도 잘 익혀두세요.

　ex.　No sooner had Charlie finished the project than he started working on the next. Charlie는 그 프로젝트를 끝내자마자 다음 프로젝트를 시작했다.

no sooner ~ than 구문은 hardly ~ when 구문으로 쓸 수도 있습니다.

　ex.　Hardly had I reached the station when the train came. 내가 역에 도착하자마자 기차가 왔다.

12 부정어가 맨 앞에 오면 문장은 도치됩니다. 현재완료 문장이므로 Never have I seen ~으로 씁니다.

13 부정어가 맨 앞에 오면 문장은 도치됩니다. 과거 시제 문장이므로 Hardly ever did Jill go ~ 형태로 씁니다.

14 Only when/after/by ~ 구문은 문장을 도치시킵니다.

　ex.　Only by studying every day could Amy pass the exam. 매일 공부함으로써 Amy는 시험에 통과할 수 있었다.

　ex.　Only when I've finished this report will I be able to help you. 내가 이 보고서를 끝낸 후에야 당신을 도울 수 있다.

15 Not only ~ 구문은 부정어로 시작하므로 문장이 도치됩니다.

　ex.　Not only was it raining all day but also it was very cold. 비가 하루 종일 왔을 뿐 아니라 매우 추웠다.

16 부정어가 앞에 올 때 문장은 도치됩니다.

　ex.　Seldom have I seen such an amazing show. 나는 좀처럼 그렇게 놀라운 쇼를 본 적이 없다.

　해석　나는 그렇게 재미있는 책을 읽어본 적이 좀처럼 없다.

17 부정어가 앞에 올 때 문장은 도치됩니다. 주어가 3인칭 단수인 an interviewer이므로 does가 정답입니다.

　ex.　Rarely have I heard such beautiful music. 나는 좀처럼 이렇게 아름다운 음악을 들어본 적이 없다.

　해석　면접관이 당신이 예상하지 못한 질문을 하는 법은 좀처럼 없다.

18 no sooner ~ than 구문으로 문장이 도치됩니다.

　ex.　No sooner had we heard the scream than we rushed to the place. 우리가 비명을 듣자마자 그곳으로 달려갔다.

　해석　우리가 공부를 시작하자마자 전기가 나갔다.

19 only then ~ 구문은 문장을 도치시킵니다. 빈칸 뒤에 동사원형 realize와 시제를 근거로 빈칸에는 조동사 did가 적합합니다.

　해석　그때서야 비로소 나는 그가 내게 늘 거짓말을 해왔다는 것을 알았다.

20 부정어가 문장의 앞에 올 때 문장이 도치됩니다.

　ex.　Nowhere have I ever had such bad service. 어디에서도 이렇게 나쁜 서비스를 받아본 적이 없다.

　해석　이 책 어디에도 관련된 학생들의 이름을 언급하지 않고 있다.

Set 02

01-05
01 젊을 때 우리는 모두 이상주의적이다.

02 걸으면서 명상하는 것은 긴 역사를 가지고 있다.

03 무더위에 일할 때는 시원한 온도를 유지하라.

04 자기 전에 불 끄는 것 잊지 마라.

05 2010년에 졸업 후 Joe는 역사 분야로 진출했다.

06-10   06 am I   07 So did I   08 does   09 should   10 did I

11-15   11 If necessary I can come to you. / 12 Were it not for hopes, the heart would break. / 13 Had it not been for your help, I would not have succeeded. / 14 Not only did I speak to the actor, I even got his autograph. / 15 Scarcely had I entered the room when the phone rang.

16-20   16 (C)   17 (D)   18 (A)   19 (B)   20 (B)

해설

01 when young은 when we are young을 줄인 말로 보면 됩니다.

ex. When (I was) young, I was interested in Renaissance art. 나는 젊었을 때 르네상스 미술에 관심이 있었다.

02 이 문장은 while you are walking으로 「주어 + be동사」가 생략된 것으로 이해해도 좋습니다.

ex. I pray while (I am) driving. I pray while (I am) working, and while (I am) relaxing. 나는 운전하면서 기도한다. 일하면서, 그리고 쉬면서 기도한다. 〈Joyce Meyer(미국 작가)〉

03 when working = when you work의 의미입니다.

04 before -ing형도 많이 쓰이는 구문입니다.

ex. I worked as a cook before starting acting. 연기를 하기 전에 나는 요리사로 일했다. 〈Jason Mitchell(미국 영화배우)〉

05 after 뒤에 -ing형이 바로 나오는 경우도 영어 문장에서 많이 볼 수 있습니다. '~한 후에'로 해석하세요.

06 「so + 동사」가 '또한'의 의미로 정답입니다. '소동(so + 동사)'이 일어나면 옳소!(also)'의 의미로 이해하세요.

해석 Linda는 수학 시험을 걱정하고 있다. 나도 그렇다.

07 「so + 동사」가 '또한'의 의미로 정답입니다.

해석 Ava는 어제 도착했다. 나도 그랬다. 우리 모두는 어제 도착했다.

08 본동사 likes를 받는 대동사는 does입니다. 앞의 문장에 be동사가 나오면 be동사가 정답이 됩니다.

해석 Megan은 자기 일을 좋아한다. Charlie도 그렇다.

09 첫 문장에 조동사가 should이므로 이것을 그대로 써야 합니다.

해석 Damian은 지금 떠나야 한다. 너도 또한 그렇다.

10 첫 문장 본동사가 went로 과거 시제이므로 이것을 받는 대동사 did가 사용되어야 합니다.

해석 A: 나는 지난달에 Tokyo에 갔다. B: 나도 그랬다.

11 If necessary는 if (it is) necessary로 이해하면 쉽습니다.

ex. Apply another coat of paint if necessary. 필요하다면 페인트를 덧칠 하시오.

12 본래 문장은 If it were not for hopes, the heart would break.입니다. If가 생략될 경우의 도치구문입니다.

13 원래 문장은 If it had not been for your help, I would not have succeeded.입니다. If가 생략될 경우의 도치구문입니다.

14 not only 같은 부정어가 앞에 오는 경우 문장이 도치됩니다. 우리가 '사인'이라고 하는 것은 autograph로 써야 올바른 영어 표현이 됩니다.

15 scarcely, seldom, rarely, hardly, no sooner ~ than 구문도 모두 도치구문을 만듭니다. 부정어가 앞에 올 때 문장이 도치됩니다.

ex. Hardly had they reached Seoul than they were ordered to return to Tokyo. 그들은 서울에 도착하자마자 도쿄로 돌아오라는 명령을 받았다.

16 부정어가 앞에 올 때 문장은 도치됩니다. under no circumstances는 '어떤 상황하에서도 아닌'이라는 의미입니다. 그래서 의문문도 아닌데 should you로 문장이 도치된 것입니다.

ex. Under no circumstances should you leave the door unlocked. 어떤 상황에서도 당신은 문을 잠가두지 않으면 안 된다.

ex. Under no circumstances should you open the box. 어떤 상황에서도 상자를 열면 안 된다.

해석 어떤 상황에서도 너는 Emma에게 돈을 빌려줘서는 안 된다.

17 Had it not been for(~가 없었다면)는 If it had not been for의 도치구문입니다.

해석 어머니의 격려가 없었다면 그는 책 집필을 끝낼 수 없었을 것이다.

18 「형용사 + as + 주어 + 동사」 구문은 '~이지만'의 의미로 쓰입니다.

ex. Young as she is, she can distinguish between right and wrong. 그녀는 비록 어리지만 무엇이 옳고 무엇이 그른지는 구분할 수 있다.

해석 비록 어리지만 나는 내가 어느 직업을 따라야 할지를 이미 알고 있다.

19 「unless (it is/they are) + 과거분사」는 일종의 생략 구문으로 많이 사용됩니다.

ex. Tickets will be posted to you unless otherwise requested. 달리 요청되지 않으면 티켓들은 당신에게 우편으로 보내질 것이다.

해석 모든 사진들은 달리 언급이 없으면 저자가 찍은 것이다.

20 「when/while/before/after/since/though + -ing + 목적어」 구문은 자주 나오는 표현이니 다시 한 번 익혀두세요.

ex. John tore up the letter after reading it. John은 편지를 읽고 나서 찢어버렸다.

ex. Sand the door thoroughly before starting to paint. 페인트를 칠하기 전에 문을 사포로 잘 문지르시오.

해석 그 책을 읽는 동안 나는 20개 이상의 인쇄 오류를 찾았다.

Set 03

본문 p.160

01-05
01 내가 너라면 나는 그런 일을 하지 않을 텐데.
02 나를 겁나게 하는 것은 죽음이 아니라 죽어가는 것이다.
03 1911년이 되어서야 비로소 첫 번째 비타민이 확인되었다.
04 나는 이 선거에서 그런 승리를 꿈 꿔 본 적이 없었다.
05 어떤 경우에도 나는 너에게 돈을 빌려주지 않겠다.

06-10 06 While　07 needed　08 If　09 Though　10 whenever

11-15 11 You don't like this book. Neither do I. / 12 Learned men are not necessarily wise. /
13 He seldom if ever travels abroad. / 14 There are few, if any, mistakes in the book. /
15 As stated above, I am looking for a site for a family reunion.

16-20 16 (A)　17 (C)　18 (D)　19 (B)　20 (C)

해설

01 도치구문으로 원래 문장은 If I were you, I wouldn't do it.입니다.

02 It be ~ that 강조구문으로 dying이 강조되고 있는 문장입니다.

03 It be ~ that 강조구문 안에 not until 구문이 들어간 복잡한 형태입니다. 1911년이 강조되고 있습니다. not until 구문은 '~하고 나서야 비로소 …하다'로 해석합니다.
ex. It was not until 2015 that the war finally came to an end. 2015년이 되고 나서야 그 전쟁이 결국 끝났다.

04 부정어(little)가 앞에 올 때 문장은 도치됩니다.

05 부정어(no)가 앞에 올 때 문장은 도치됩니다. on no account는 '어떤 경우에도'라는 뜻입니다.
ex. On no account must you disturb me when I'm working. 어떤 경우에도 당신은 내가 일하는 동안 방해해서는 안된다.

06 While (you are) on board로 이해하면 쉽습니다. 주절의 주어와 같은 경우 접속사 뒤에 「주어 + be동사」는 생략이 가능합니다. 본 문장의 주절은 명령문으로 주어 you가 생략된 것으로 이해할 수 있습니다. 전치사 뒤에 전치사는 올 수 없으므로 During은 오답입니다.
해석 기내에서는 흡연을 삼가시오.

07 whenever and wherever (they are/it is) needed 구문은 덩어리로 많이 사용되니 통째로 익혀두세요.
ex. We will continue to use these assets whenever and wherever needed. 우리는 필요할 때 언제 어디서나 이 자산을 계속 사용할 것이다.
해석 그 데이터는 언제 어디서나 필요할 때 인터넷을 통해 접근할 수 있다.

08 if (it is) possible로 이해하면 됩니다. in case of 다음에는 명사가 옵니다.
ex. I want to get back by tomorrow, if possible. 나는 가능하면 내일까지 돌아오고 싶다.
ex. In case of emergency, do whatever your best friends tell you to do! 비상시에는 당신의 가장 친한 친구들이 당신에게 하라고 말하는 것을 하라!
해석 가능하다면 재미있어라!

09 Though it is still poor를 줄인 말로 이해하면 됩니다. despite 뒤에는 명사가 와야 합니다. poor는 형용사입니다.
해석 여전히 가난하지만 Latvia는 잠재적 부유국이다.

10 '가능할 때마다'를 whenever possible로 씁니다. whatever it is possible로 이해하면 됩니다.

나는 가능할 때마다 등산을 하는 것을 좋아한다.

11 첫 문장에 부정어가 있을 때 나도 그렇다는 것은 So do I 대신에 Neither do I를 사용합니다.

12 부분부정이 기본인 문제입니다. necessarily, always, all 등은 부정어와 어울려 '다 그런 것은 아니다'라는 의미를 갖습니다.

> ex. Riches do not always bring happiness. 부가 항상 행복을 가져다주지는 않는다.

13 seldom if ever는 동사를 수식합니다. 이 문장에서는 travels를 수식하고 있습니다.

> ex. She seldom if ever goes to church. 그녀는 좀처럼 교회에 가지 않는다.
> ex. I doubt I'll return very often, if ever. 나는 혹시라도 자주 다시 올지 의심스럽다.

14 if any는 명사와 어울리고 if ever는 동사와 어울립니다. 이것은 필자가 고등학교 시절부터 의문을 가졌던 것인데 깨닫게 되어 자신 있게 설명해드립니다.

> ex. Please let me know how many are coming, if any. 혹시 온다면 몇 명이나 오는지 저에게 알려주세요.

15 「as + 과거분사」 구문이 많이 쓰이고 시험에도 자주 등장합니다.

> ex. As stated above, my nickname is Grammar King. 위에 언급된 대로 내 별명은 Grammar King이다.

16 attached please find something 구문을 암기해두세요. 이 문장은 업무용 이메일에도 많이 쓰입니다. '~을 첨부하니 확인하세요'로 해석합니다.

> ex. Attached please find a copy of the invoice. 송장 사본을 첨부하니 확인하세요.

attached 대신에 enclosed를 쓰면 동봉한다는 의미입니다.

> ex. Enclosed please find your royalty payment for TOEIC King. TOEIC King 교재에 대한 인세를 동봉하니 확인하세요.

해석 Amelia에게 내가 쓴 편지 사본을 동봉하니 확인하세요.

17 '보도된 대로'라는 의미이므로 과거분사형이 맞습니다. as indicated/reported/mentioned/stated 구문을 익혀두세요.

> ex. As indicated above, this chapter deals with gerund. 위에 언급된 대로 이번 챕터는 동명사를 다룹니다.

해석 보도된 대로 두 회사는 가능한 합병에 대해 논의해왔다.

18 '달리 언급되지 않으면'은 unless otherwise stated로 씁니다. '달리 지시되지 않으면'은 unless otherwise instructed입니다.

> ex. Do not talk unless otherwise instructed. 달리 지시된 것이 없다면 말하지 마시오.

unless는 그 뒤에 과거분사 구문이 자주 쓰입니다.

> ex. Stay away from water unless accompanied by an adult. 성인을 동반하지 않으면 물에서 거리를 두세요.
> ex. This licence is valid for one year from the date of issue, unless otherwise stated. 이 자격증은 달리 언급되지 않으면 발급일로부터 1년간 유효하다.

해석 달리 언급이 없으면, 이 책에 있는 사진들은 1970년대 것이다.

19 no sooner ~ than 구문을 기억하세요. 어울리는 단어는 함께 암기해두세요. 초보는 단어 하나를 보고 고수는 단어 간의 관계를 볼 수 있습니다. 간단히 암기하는 방법은 sooner가 비교급이므로 than과 잘 어울리는 것으로 이해하면 됩니다.

> ex. No sooner had I sat down than there was a loud knock on the door. 내가 앉자마자 문에 큰 노크 소리가 났다.

해석 그녀는 저녁 식사를 끝내자마자 아프기 시작했다.

20 부정어가 앞에 올 때 문장은 도치됩니다.

ex. Not for a moment do I want our standards to drop. 나는 잠시도 우리의 수준이 떨어지기를 원치 않는다.

해석 나는 그렇게 좋은 일자리를 제안받으리라는 생각을 한순간도 하지 않았다.

★★ 요건 몰랐지? ❶ 두 번째 나오는 동사가 도치되는 경우

부정어가 앞에 올 때 문장이 도치되는 것은 이제 잘 알고 있지요? 그런데 다음의 경우 부정어가 나오는 바로 그 부분이 아니고 두 번째 부분이 도치됩니다.

- Not until

  ex. Not until I saw Jane with my own eyes did I really believe she was safe.

  Jane을 내 두 눈으로 보고 나서야 나는 그녀가 안전하다고 정말 믿었다.

  ex. Not until I got home did I realize my wallet was missing.

  집에 가자마자 나는 지갑이 없어진 것을 알았다.

- Only after

  ex. Only after I'd seen his condominium did I understand why he wanted to live there.

  그의 아파트를 보고 난 후에야 나는 왜 그가 거기 살고 싶어하는지 이해했다.

- Only when

  ex. Only when we'd all arrived home did I feel calm.

  우리 모두가 집에 도착한 후에야 나는 안정감을 느꼈다.

- Only by

  ex. Only by working extremely hard could we afford to buy the building.

  매우 열심히 일함으로써만 우리는 그 건물을 살 경제적인 여유가 될 수 있었다.

★★ 요건 몰랐지? ❷ 수능에 출제된 도치구문

2019년 수능 영어 시험 문제를 저도 풀어보았는데 매번 토익 시험을 보고 꾸준히 만점 기록을 내는 저에게도 문제가 까다로웠습니다. 특히 29번이 도치구문 문제로 학생들이 어려워했습니다. 이렇게 한국에서는 도치구문이 강조된다는 점을 다시 한 번 상기시켜 드립니다.

부정어가 앞에 올 때 문장은 도치 됩니다.

ex. Never before had we seen so many people starving.

우리는 이렇게 많은 사람들이 굶어 죽어가는 것을 본 적이 없었다.

그래서 Never 다음에 we had ~가 아니라 had we ~로 쓰인 것입니다. 수능 영어는 이것보다 더 어려웠습니다. 학생들이 어려워한 문제를 우리 독자분들이 이해하시도록 일부만 잘라서 문제를 만들어 드리니 다 함께 풀어보시길 바랍니다.

Monumental이라는 단어가 이집트 예술의 기본적인 특징을 나타내는 단어라고 문장이 시작되는 본문에서 다음 문제가 나옵니다.

다음 문장에서 틀린 부분은?

Never before and never since has (A) the quality of monumentality (A) been achieved as (C) fully as it (D) did in Egypt.

정답은 (D) did입니다.

우선 부정어가 도치될 때 문장은 도치됩니다. 그래서 Never before and never since 다음에 현재완료 구문이 도치되어 has the quality of monumentality been achieved로 나온 것에는 문제가 없습니다. 그런데 여기서 중요한 단어가 been입니다. 여기에 쓰인 단어가 바로 be동사입니다. 그래서 뒤에 이 동사를 받으려면 did가 아니라 was가 되어야 합니다. 올바른 문장으로 고쳐보면 Never before and never since has the quality of monumentality been achieved as fully as it was (achieved) in Egypt.입니다.

해석해보면 '기념비성이라는 특징은 이집트에서 성취된 만큼 그 이전에도 그 이후에도 성취된 적이 없었다.'라는 뜻으로 그만큼 이집트 건축이 위대하다는 내용입니다. 여러분은 부정어가 앞에 올 때 문장이 도치된다는 사실과 앞의 동사가 be동사이면 뒤에도 be동사를 시제에 맞춰 써야 한다는 점이 바로 이 문제의 포인트라는 것을 익혀두세요. 본서가 도치구문을 집중적으로 다루고 한 챕터를 할애한 이유를 이해할 수 있을 것입니다.

Chapter 20 구동사

Set 01
본문 p.164

01-05
01 너는 가난한 사람들을 무시해서는 안된다.
02 나는 모든 사람과 사이좋게 지내고 싶다.
03 Oscar는 런던에서 우연히 옛 친구와 마주쳤다.
04 이 거리의 이름은 유명한 아프리카 지도자 Nelson Mandela의 이름을 따서 지어졌다.
05 큰 거울이 벽에 기대어져 있었다.

06-10
06 against   07 after   08 against   09 around   10 at

11-15
11 A drowning man will catch at a straw. / 12 I'd rather die than stay away from you. / 13 The mayor has decided to do away with overhead wires. / 14 You must abide by what you have said. / 15 Slow down – you're breaking the speed limit.

16-20
16 (B)   17 (A)   18 (A)   19 (D)   20 (C)

해설

01 look down on은 '내려다보다'의 의미에서 나왔습니다.
ex. Look down on the trees and lakes far below. 저 멀리 아래 나무와 호수를 내려다봐라.
그래서 내려다보는 것은 '얕보다'의 의미로 발전하여 쓰입니다.
ex. We should not look down on them. 우리는 그들을 얕봐서는 안 된다.

02 along은 같이 따라가는 느낌을 주고 with는 '함께'의 의미입니다. 함께 나란히 간다는 것은 사이좋게 지낸다는 의미입니다.
ex. It's impossible to get along with Margaret. Margaret과 사이좋게 지내기가 불가능하다.

03 across는 가로지르는 느낌이 있습니다. 길을 가다가(come) 우연히 사거리에서 마주치는(across) 느낌을 묘사합니다. come across는 다음과 같은 상황에도 씁니다.
ex. Bethany came across some old photographs in a drawer. Bethany는 서랍에서 우연히 옛날 사진들을 보게 되었다. – 여기서 come across도 우연히 사진과 마주치게 되는 것을 묘사합니다.

04 after는 '~를 따라서'의 의미가 있습니다.
ex. Your daughter doesn't take after you at all. 당신의 딸은 당신을 전혀 닮지 않았다. – 누구를 닮는 것도 그 사람을 따라 닮는 것이므로 after를 씁니다.

05 against는 '기대어'라는 의미로 많이 씁니다.

> ex. Several shovels were leaning against the wall. 네다섯 개의 삽들이 벽에 기대어져 있다.

06 '~에 대항하여'의 의미는 against로 정확하게 묘사할 수 있습니다. for는 찬성의 의미, against는 반대의 의미로 be for ~, be against ~로 많이 사용하니 전치사의 의미를 잘 새겨두세요.

> ex. Are you for or against my proposal? 제 제안에 찬성하십니까, 반대하십니까?
>
> 해석 사형 제도에 찬성하십니까, 반대하십니까?

07 뒤(after)를 봐(look)준다는 의미로 look after가 정답입니다. look at은 그냥 보는 것으로 의미가 부적절합니다.

> 해석 네가 출장 중일 때 내가 네 아들을 돌보겠다.

08 의미상 급한 결정을 내리는 것에 대해 반대하는(against) 것이 맞습니다. against는 '반대', '대항'을 의미하는 전치사입니다.

> ex. I will vote against her. 나는 그녀에게 반대표를 던질 것이다.
>
> 해석 나의 선생님은 급히 결정을 내리는 것에 대해 (그렇게 하지 말도록) 경고했다.

09 여기저기 또는 주위를 나타내는 전치사는 around입니다.

> ex. The earth moves around the sun. 지구는 태양 주위를 돈다.
>
> 해석 나는 대학을 졸업했을 때 어머니와 함께 유럽 국가들을 여기저기 여행했다.

10 무엇을 겨냥하는 느낌에는 전치사 at이 어울립니다. throw at은 맞으라고 던지는 것이고 throw to는 상대방이 그것을 받으라고 던지는 것입니다.

> ex. James threw a stone at the window. James는 창을 향해 돌을 던졌다.
>
> 해석 이 책들은 당신의 영어 실력 향상을 목표로 하고 있다.

11 유명한 속담입니다. 무언가를 향해 잡으려고 손을 뻗는 것에는 at이 어울리는 전치사입니다. 때리려고 던질 때도 at을 씁니다.

> ex. Jack picked up a stone to throw at the dog. Jack은 그 개에게 던지려고 돌을 들었다.

12 무언가로부터 떨어져(away) 거리를 두고(from) 있는(stay) 느낌을 제대로 묘사하는 것이 stay away from입니다.

> ex. Stay away from Linda – she's no good. Linda와 거리를 둬라! 그녀는 좋은 사람이 아니다.

13 do away with는 with 이하를 없애기로(away) 하는(do) 것입니다. 그래서 '제거하다'의 의미가 됩니다.

> ex. Do away with all superstitions. 모든 미신을 제거하세요.

14 by는 옆에 같이 있어 주는 느낌, 지키는 느낌을 줍니다.

> ex. William still stands by every word he said. William은 자기가 한 말은 여전히 지킨다.

15 가격이나 속도를 낮추는(down) 것을 생각하면 됩니다. down의 기본 의미는 내려가는 것입니다.

> ex. Calm down for a minute and listen to me. 잠시 진정하고 내 말 좀 들어봐.

16 tear down은 직역하면 찢어서(tear) 무너뜨린다(down)는 의미입니다. 이때 tear의 발음은 '테어[tɛər]'입니다. '티어'로 읽으면 눈물 납니다.

> 해석 그 시는 오래된 병원을 허물고 새 병원을 지을 것이다.

17 집중의 전치사 on을 기억하세요. concentrate on, focus on, dwell on(곰곰이 생각하다)이 대표적입니다.

> ex. It's time to focus on our company's core business. 우리 회사의 핵심 사업에 집중할 때다.
>
> ex. Let's not dwell on your past mistakes. 당신의 과거의 실수를 곱씹지 말자.
>
> 해석 지금 당면한 문제에 집중하고 나머지 문제들은 나중으로 미루자.

18 break down은 어떤 것이 부서져서 무너져 내리는 의미를 줍니다. 그래서 '고장 나다'입니다. break up은 완전히(up)

갈라서(break)는 것을 의미합니다. up이 completely의 의미로 쓰인 것입니다. break in은 '침입해 들어오다'의 의미이고 break out은 사건이 터지는(out) 의미를 나타내서 '사건이 발생하다'의 의미가 됩니다.

> ex. The police had to break down the door to get into the apartment. 경찰은 그 아파트에 들어가려고 문을 부수어야만 했다.

> 해석 직원들은 기계가 고장 날 때 일이 없어 그냥 쉰다.

19 wait on이 '시중들다'의 의미로 정답입니다. 문맥상 그냥 기다리고(wait for) 있는 직원들의 의미는 어색합니다. 여기서 전치사 on은 손님 가까이에 붙어서 대기 중인 느낌을 줍니다.

> ex. This servant will wait on your guests. 이 종업원이 당신 손님들의 시중을 들 것이다.

> 해석 이 레스토랑에는 손님 시중드는 5명의 종업원이 있다.

20 재료가 상당히 많이 바뀌어 만들어지는 경우(be changed in any significant way)에는 from, 재료가 거의 그대로인 경우 of를 씁니다. 포도가 와인이 되는 것은 고체가 액체로 바뀌는 큰 변화이므로 from이 맞습니다. 그러나 These tables are made of wood.(이 테이블은 나무로 만들어졌다.)는 원래 재료 그대로 만든 것이므로 of가 맞습니다.

> 해석 이 와인은 유기농 포도로 만들어졌다.

Set 02
본문 p.166

01-05
01 Jane이 기발한 아이디어를 생각해낼 것이라 기대하지 마세요.
02 John은 독감에 걸렸다.
03 Emily는 봉급 인상을 요청했다.
04 열심히 일하는 것은 종종 능력 부족을 보완할 수 있다.
05 나는 Megan이 무엇을 말하는지 이해할 수가 없었다.

06-10
06 aside　　07 from　　08 into　　09 off　　10 off

11-15
11 My parents saw me off at the station. / 12 You can't put the decision off any longer. / 13 Withdrawing the money early will result in a 5% penalty. / 14 Happiness consists in giving. / 15 Everyone should(또는 ought to) lay aside some money for future use.

16-20
16 (C)　　17 (A)　　18 (D)　　19 (C)　　20 (B)

해설

01 come up with는 '어떤 좋은 생각을 해내다'라는 의미입니다. 머릿속에서 어떤 생각이 떠오르는(up) 것을 생각해 보세요. 구동사(phrasal verb)는 1차적인 전치사나 부사의 뜻과 동사의 뜻을 생각하면서 이해하려 노력해 보세요. 이것이 원어민적인 사고방식입니다.

02 come down with는 '어떤 병에 걸리다'라는 의미로 많이 쓰입니다. with 이하의 병으로 몸의 힘이 약해진(down) 것으로 이해하면 쉽습니다.

03 put in for는 '공식적으로(officially) 요청하다(request, ask for)'의 뜻입니다. 이것은 어떤 목적을 위해(for) 서류를 써서 작성(put in)하는 느낌으로 이해하세요.

> ex. May I put in for five days' leave? 5일 휴가를 요청해도 될까요?

04 make up for는 '무엇을 보충하다(compensate for)'의 의미입니다. 무언가 작업(make)을 해서 업(up)그레이드 하는 느낌이 들지요. 화장을 make up이라고 하는 것은 얼굴의 부족한 부분을 작업을 해서 업그레이드하여 보충하는 의미이기 때문입니다.

> ex. I'll have to work hard now to make up for lost time. 나는 잃어버린 시간을 보충하기 위해 지금 열심히 일해야 한다.

05 make out은 어렵게 생각해서 이해하는 것입니다. 무언가를 해서(make) 어려움에서 벗어난다(out)는 의미로 이해하세요.

ex. I can just make a few words out on this page. 나는 이 페이지에서 몇 단어를 이해할 수가 없다.

06 lay aside는 돈을 따로 옆에(aside) 챙겨둔다(lay)는 의미로 '저축하다, 아껴두다'라는 뜻입니다.

ex. Isabella laid aside(또는 by) some money for the journey. Isabella는 여행을 위해 돈을 좀 아껴두었다.

해석 이것은 Charles가 창업 자금을 저축하게 해주었다.

07 무엇으로부터 기인하면 result from, 그 결과 어떤 상태가 되면 result in입니다. 여기는 사고로부터 눈을 잃은 것이므로 from이 정답입니다.

ex. Her illness resulted from overwork. 그녀의 병은 과로에서 야기되었다.

cf. The accident resulted in ten people being killed. 그 사건은 10명이 죽는 결과를 낳았다.

해석 그가 두 눈이 안 보이게 된 것은 교통사고 때문이었다.

08 take into account가 '~을 고려해 넣다'라는 의미입니다. 넣어 주기를 바라는 동작 표현은 into입니다. in은 상태를 나타냅니다.

ex. Take into account your own strengths and weaknesses. 당신의 장점과 단점을 고려하시오.

해석 내가 시험 전에 아팠다는 사실을 교수님이 고려해주길 바란다.

09 '이륙하다'는 take off입니다. 지상에서 떨어져(off) 올라가는 것을 상상하면 이해가 쉽습니다. take off는 '옷이나 모자를 벗다'의 의미도 있습니다. 그 이유도 off가 떨어지는 의미를 나타내기 때문입니다.

ex. Take off your clothes; they're very dirty. 옷 벗어라. 너무 더럽다.

take on은 '책임 등을 받아들이다'라는 의미입니다. 그 이유는 on이 접촉의 의미로 어떤 일을 잡아서 감수하는 것을 나타내기 때문입니다.

ex. Amelia is always ready to take on heavy responsibilities. Amelia는 힘든 임무들을 받아들일 준비가 늘 되어 있다.

해석 비행기는 30분 후에 이륙할 것이다.

10 call off에서 off는 떨어져 나가는 의미이니 안 하겠다(off)고 소리친다(call)는 뜻으로 이해하면 쉽습니다. call off는 cancel(취소하다)과 같은 의미입니다.

ex. The company refused to call off the event. 그 회사는 그 행사를 취소하기를 거부했다.

한편 call on은 '방문하다(visit)'의 의미로 쓰입니다.

ex. We will call on you tomorrow afternoon. 우리는 내일 오후에 너를 방문하겠다.

해석 대통령은 그의 정기 기자회견을 취소하기로 결정했다.

11 see off는 '떠나(off)는 것을 보다(see)'로 이해하면 쉽습니다.

ex. Amy saw Victoria off at the airport. Amy는 공항에서 Victoria를 배웅해 줬다.

12 put off는 postpone의 의미입니다. 나중에 하려고 따로 떼어(off) 둔다(put)는 의미로 이해하면 쉽습니다.

ex. Don't put off what you can do today till tomorrow. 오늘 할 수 있는 일을 내일로 미루지 마시오.

ex. The game has been put off until next Monday because of bad weather. 그 게임은 나쁜 날씨 때문에 다음 주 월요일로 미뤄졌다.

13 result in은 '그 결과 ~가 되다'라는 표현입니다. result from은 '~로부터 야기되다'라는 표현입니다.

ex. The crash resulted in the deaths of 20 passengers. 그 충돌 사고 결과 20명의 승객이 사망했다.

14 consist in은 '~에 있다'라는 뜻의 구동사입니다. 전치사 in이 안에 있는 것을 의미하므로 이해하기 쉽습니다. 이 문장은 스코틀랜드의 작가 Henry Drummond의 말로 전체는 다음과 같습니다. Happiness consists in giving, and in serving others.(행복은 주고 남에게 봉사하는 데 있다.)

consist of는 '~로 구성되다'라는 뜻입니다.

ex. Many jazz trios consist of a piano, guitar and double bass. 많은 재즈 트리오는 피아노, 기타, 더블 베이스로 구성되어 있다.

15 lay aside가 '따로 떼어두다'라는 의미에서 '저축하다'라는 뜻이 됩니다.

16 lay down은 '분명하게 규칙이나 중요한 것을 선포하다(clearly state a rule or something important)'라는 의미입니다. lay into someone은 '누군가를 거칠게 비난하다(to criticize someone harshly)', lay over는 보통 '비행기가 공항에 여행 도중에 잠시 멈추다(= 기항하다)'라는 의미입니다. lay off someone은 '누구를 해고하다', lay off something는 '무엇을 사용하는 것을 그만두다', 감탄사로 Lay off (me)!라고 하면 '날 방해하지 매(Stop bothering me!)'의 의미가 됩니다.

ex. After the budget cuts, 50 people had to be laid off. 예산 삭감 후에 50명이 해고되어야 했다.
해석 몇 명이 이번 합병에서 해고될 것으로 생각하십니까?

17 '~를 대신하다'는 stand in for입니다. '~를 위하여(for) 그 자리에 들어가(in) 서다(stand)'의 의미로 이해하면 쉽습니다.

ex. Samantha will stand in for me while I'm away. Samantha가 내 부재중에 나를 대신해줄 것이다.

(B) stand down은 '사임하다'의 의미인데 '서있던(stand) 자리를 내려놓다(down)'로 이해하면 쉽습니다. (C) stand by는 '대기 중이다'라는 의미인데 '도우려고 옆에(by) 서있다(stand)'로 이해하면 됩니다. (D) stand out은 '두드러지다'라는 의미로 '남보다 튀어나오게(out) 서있다(stand)'로 이해하세요.
해석 Emily는 월요일에 Harry가 오지 않았을 때 그를 대신해야 했다.

18 put in for는 '공식적으로 요청하다(to make an official request to have or do something)'의 의미입니다. 무언가를 위하여(for) 양식을 제출해 넣는다(put in)는 의미로 이해하세요.

ex. George put in for a leave of absence. George는 휴가를 요청했다.

(A) put off는 '연기하다(postpone)'의 의미로 '미래를 위해 떼어(off) 두다(put)'의 뜻으로 이해하세요. (B) put up with는 '참다, 견디다(tolerate)'의 의미입니다. '옆에 서서 함께 있다'는 뜻에서 '참고 견디다'라는 의미가 되었습니다. (C) put on은 '입다'의 의미입니다. '몸에 올려(on) 놓다(put)'의 의미에서 '입다'로 되었다고 이해하고 암기하세요.
해석 Margaret은 병원 일자리에 지원했다.

19 give in to는 결국 동의하거나 받아들인다(finally agree to something or accept)는 의미입니다. '마음속으로(in) 누구에게(to) 주기(give)로 하다'라는 의미로 이해해보세요.

ex. The president gave in to employees' demands for annual pay increases. 회장은 직원들의 연봉 인상 요구를 받아들였다.

(A) give away는 '줘(give)버리다(away)'라는 의미로 '거저 주다, 나누어주다'라는 뜻을, (B) give out는 '다(out) 줘서(give) 힘이 빠지다'라는 의미로 '바닥이 나다'라는 뜻을, (D) give off는 '향기나 열, 소리가 퍼져나오다(off)'라는 의미로 '냄새 나다', '소리를 내다'라는 뜻으로 쓰입니다.
해석 사탕을 먹고 싶은 충동을 느끼면 거기에 굴복하지 말도록 노력해라.

20 narrow down은 '범위를 좁혀서(narrow) 내려 놓다(down)'라는 의미에서 '후보 등을 줄이다, 좁히다'라는 뜻입니다.

ex. The editor then narrowed down the list to 10 people. 편집장은 명단을 10명으로 압축했다.
ex. Narrow down your target market. 목표 시장을 좁히세요.
해석 나는 어느 대학을 지원할지 확신이 서지 않지만 나의 목록을 두 대학으로 좁혔다.

Set 03

01-05
01 Jennifer는 피를 보자마자 기절했다.
02 나의 이모가 지난달에 돌아가셨다.
03 그 공장은 1년에 만 대의 차를 생산한다.
04 자동차 판매가 올해 예상에 미치지 못했다.
05 파티가 끝난 후에 나 좀 태워줄래?

6-10
06 up   07 to   08 up   09 off   10 out

11-15
11 We pulled over to watch the sunset. / 12 It took three hours to put out the fire. / 13 Jessica has decided to step down as captain of the team. / 14 Would you turn down your radio? / 15 Fill out this application form and mail it to me.

16-20
16 (D)   17 (D)   18 (C)   19 (B)   20 (A)

해설

01 pass out은 자동사로 목적어 없이 쓸 때 '기절하다(faint, or lose consciousness)', 또는 '잠에 빠지다(fall asleep)'라는 의미로 쓰입니다. 정신이 나가(out) 버린다는(pass) 의미니까 '기절하다'가 됩니다.
ex. Many people passed out from the heat. 많은 사람들이 더위로 기절했다.
pass out은 타동사로 목적어를 취할 경우에는 '배부하다, 나눠주다(distribute something to others)'의 의미입니다. 내 손에서 벗어나(out) 남에게 전달(pass)되니 '배부하다'의 의미가 됩니다.
ex. The store is passing out free samples to people walking by. 그 상점은 지나가는 사람들에게 무료 샘플들을 배부하고 있다.

02 pass away는 '죽다(die)'의 의미입니다. 1번 pass out과 pass away를 구분을 못 하는 분들이 있는데, pass away는 우리를 지나(pass) 떠나갔다(away)는 의미로 이제 저세상에 간 것을 표현합니다. 영어를 잘못 사용하여 기절(pass out)한 사람을 죽이지(pass away)는 마세요.
ex. "Pass away" is a euphemism for "die". pass away는 die를 완곡하게 쓰는 표현이다. – euphemism은 직설적인 표현을 피하여 부드럽게 표현하는 완곡어법을 뜻하는 단어입니다.

03 turn out은 '기계를 돌려(turn) 만들어 내다(out)'라는 의미를 갖습니다. 물론 turn out은 '～임이 판명되다'라는 의미로 잘 알려져 있습니다. 이 의미도 '숨겨진 것이 드러나(turn) 나오다(out)'라는 의미로 이해하면 됩니다. 그렇다면 다음 문장은 무슨 의미일까요?
ex. Thousands of people turned out for the festival. 수천 명의 사람들이 그 축제를 즐기러 나왔다.
많은 사람들이 물밀듯이 굴러(turn) 나오는(out) 것을 연상하면 이해가 됩니다. 본 교재를 공부하는 분들은 turn out을 달랑 '～임이 판명되다'로 외우는 수준을 넘어 원리적인 이해를 하시길 바랍니다.

04 live up to는 '기대만큼 좋은(as good as they were expected to be)'의 의미입니다. 직역하면 '사람들의 기대 높이까지(up to) live(살다)'라는 뜻입니다.
ex. The movie has certainly lived up to my expectations. 그 영화는 확실히 나의 기대에 부응했다.

05 우리는 pick up을 '줍다'의 의미로 잘 알고 있습니다. 손으로 집어(pick)서 올리니(up) '줍다'가 됩니다. 그런데 이 단어는 사람을 차에 태울 때 많이 씁니다. 마치 사람을 잡아(pick) 차에 올려(up) 태우는 느낌으로 이해해보세요.

06 '한껏 채워 넣다(fill to capacity)'는 fill up입니다. 여기서 up은 completely의 의미로 이해하면 됩니다.
ex. I fill up the tank with gasoline about twice a week. 나는 일주일에 두 번 차에 기름을 가득 채운다.
해석 우유로 제 잔을 가득 채워주세요.

07 get back to는 '～에게 다시 연락하다', '～에게 되돌아가다'의 의미로 쓰입니다.
ex. Lauren wasn't sure what time the meeting was, so she said she'd get back to me with the time. Lauren은 회의가 몇 시인지 잘 몰라서 나중에 시간을 알려 주기 위해 다시 연락하겠다고 말했다.

get back at은 '복수하다(to get revenge on someone)'의 의미가 됩니다. at은 겨냥을 하는 것이기 때문에 이런 의미가 만들어집니다.

> ex. I'll get back at him one day. 언젠가 나는 그에게 복수할 것이다.
> 해석 나중에 숫자들을 정리해서 다시 연락드리죠.

08 사전에서 단어를 찾는다는 의미는 look up을 씁니다.

> ex. You have to look up the meaning of this word in the dictionary. 당신은 이 단어의 의미를 사전에서 찾아봐야 한다.

look out은 경계나 경고의 말로 '주의 깊게 보다'라는 의미입니다.

> ex. Look out! There's a car coming. 조심해! 차 온다.
> 해석 나는 사전에서 그 단어를 찾아보아야 했다.

09 show off는 '자랑하다, 뽐내다'라는 뜻으로, 남에게 널리 드러내(off) 보여주는(show) 것을 의미합니다. show up은 그냥 '나타나다, 도착하다(arrive)'의 의미로 쓰입니다.

> ex. Tracy showed up for class thirty minutes late. Tracy는 수업에 30분 늦게 왔다.
> 해석 Susan은 자기가 얼마나 불어를 잘하는지 자랑하는 것을 좋아한다.

10 문맥상 '외식하다'가 적절합니다. eat out은 말 그대로 '밖에서 먹다'입니다. '집에서 먹다'는 말 그대로 eat in이 됩니다. 구동사는 가급적 1차적인 의미를 새기면서 익히면 쉽고 재미있습니다.

> ex. I didn't feel like going to a restaurant so we ate in. 나는 식당에 가고 싶지 않아서 집에서 식사했다.
> 해석 오늘 외식하자. 나는 지금 요리하고 싶지 않다.

11 '차를 길가에 대다'는 pull over입니다. 차를 길가로 끌어(pull) 올리는(over) 느낌을 주는 표현입니다.

> ex. Let's pull over and have a look at the map. 차를 길가에 대고 지도를 보자.
> ex. The president signaled the driver to pull over. 회장님이 기사에게 차를 길가에 대라고 신호를 보냈다.

12 put out이 '불을 끄다(extinguish)'라는 뜻입니다. 불이 꺼져 나가도록(out) 한다는 의미로 이해하면 됩니다.

> ex. Please put the cigarette out. 그 담뱃불 좀 꺼주세요.

put out은 어떤 동물이나 사람을 '밖에(out) 두다(put)'라는 뜻도 있습니다.

> ex. We usually put the dog out at night. 우리는 밤에는 보통 개를 밖에 둔다.

'출간하다(publish)'도 책을 세상 밖으로 내놓는다는 의미로 put out으로 쓸 수 있습니다.

> ex. The publisher has put out several new novels this year. 그 출판사는 올해 소설을 몇 권 출간했다.

거듭 말하지만 단어의 1차적인 의미를 새겨서 이해하려 노력해보세요. 이것이 원어민적인 사고를 훈련하는 방법입니다.

13 우리는 '사임하다'는 resign으로 잘 알고 있습니다. step down도 이해하기 쉽습니다. 말 그대로 있던 자리에서 '걸어 내려가다'이니 '사임하다'라는 뜻이 됩니다.

> ex. Bethany was forced to step down from her post. Bethany는 자기 직책에서 사임하는 수밖에 없었다.

14 이 문장에서 turn down은 볼륨 단추를 돌려 음량을 맞추는 것으로 이해하면 됩니다. 반대는 turn up the radio입니다. 우리는 turn down을 '거절하다'라는 뜻으로 잘 알고 있습니다. 사람이 내미는 술잔이나 물 잔을 아래(down) 방향으로 돌려(turn) 엎어버리는 이미지가 연상되어 '거절하다'라는 뜻이 됩니다.

> ex. I had to turn down a job offer because the pay was too low. 나는 그 일자리가 봉급이 너무 낮아서 거절해야 했다.

15 fill in, fill out이 모두 '(양식 등을) 작성하다'의 의미로 쓰입니다. fill in은 빈칸을 채워(fill) 넣는(in) 느낌이 들어 이해가 쉬우며 영국에서 많이 씁니다. 같은 의미로 미국에서는 fill out을 많이 씁니다.

16 get away with는 어떤 나쁜 짓을 하고도 벌을 받지 않는다는 의미입니다. 1차적인 의미로 'with 이하의 짓을 하고 달아나다'의 뜻입니다.

If you cheat in the exam you'll never get away with it. 만약 네가 시험에서 부정행위를 하면 벌 받지 않고 벗어날 방법이 없을 것이다.

(A) get out는 '나가다', (B) get off는 '내리다', (C) get out of는 '벗어나다, 나가다'의 의미입니다.

해석 Patricia는 자기가 세금을 내지 않고도 무사할 거라고 잘못 믿었다.

17 (D) boil down to는 '결국 ~로 요약되다(to be summarized as)'의 의미로 쓰입니다.

ex. The problem boils down to one thing – lack of love. 그 문제는 한 가지로 요약된다. 즉 사랑의 부족이다.

(A) ask out은 '데이트 신청하다', (B) break up은 '헤어지다', (C) result in은 '결과가 ~가 되다'의 뜻입니다.

해석 대부분의 범죄는 결국 돈의 문제로 요약될 수 있는 것 같다.

18 rule out은 '제거하다(to eliminate)'의 의미입니다. out이 내보내거나 없애는 의미를 살려줍니다.

ex. The regulations rule out anyone under the age of ten. 이 규정은 10세 이하의 누구도 예외로 한다.

대명사는 두 단어 이상의 구동사 사이에 들어간다는 것도 잘 관찰해 두세요. 즉 rule her out이지 rule out her는 틀립니다.

해석 매우 강력한 알리바이가 있었기 때문에 경찰은 그녀를 용의자에서 제외시켰다.

19 '도서를 대출하다'를 check out으로 씁니다. 도서관 사서가 확인하고(check) 내주기(out) 때문입니다. 호텔에서 check out도 직원이 확인하고 나가게 해주기 때문에 check out인 것입니다. 단어를 1차적인 의미로 이해하는 훈련을 이번 20장에서 많이 하고 있습니다. (A) make out은 '어려운 문제를 이해하다', 속어로는 '스킨십을 하다'라는 의미도 있습니다. (C) figure out은 '이해하다', (D) fill out은 '작성하다'라는 의미입니다.

해석 당신은 Darren의 새 책을 대출해야 한다. 그 책은 정말 재미있다.

20 work out은 일을 해서(work) 어려움에서 벗어난다(out)는 의미로 이해할 수 있습니다. work out에 대해서는 '요건 몰랐지'에서 자세하게 다루도록 하겠습니다. (B) leave out은 '생략하다'의 뜻으로 많이 쓰입니다. out이 제외시키는 의미를 주기 때문입니다. (C) put out은 앞에서 다뤘듯이 '불을 끄다'라는 의미로 많이 쓰입니다. (D) pass out은 앞에서 다뤘듯이 '기절하다, 배부하다'라는 뜻으로 쓰입니다.

해석 긍정적인 생각은 당신이 좋은 생각을 하면 일이 잘 풀릴 것이라는 생각이다. 〈Martin Seligman(미국 심리학자)〉

★ 요건 몰랐지? ❶ 1차적인 의미로 이해하는 구동사

구동사는 「동사 + 전치사/부사」를 1차적인 의미로 새겨서 이해하려고 노력하세요.

work out 제대로 이해하기!

work out을 이해할 때 동사와 전치사의 1차적인 의미를 가지고 이해해 보세요. work해서 out한다! 작업을 해서 (work) 벗어난다(out)면 '문제를 풀다, 이해하다'라는 의미가 됩니다.

ex. I can't work her out. 나는 그녀를 이해할 수가 없다.

ex. I can't work out what to do. 나는 뭘 해야 할지 모르겠다.

어떤 것을 계산 작업을 해서(work) 정답을 풀어내는(out) 것도 work out의 뜻에 있습니다.

ex. I was born in 1995: you work out my age. 나는 1995년생이다. 내 나이 계산되지?

ex. In fact the trip worked out cheaper than we'd expected. 사실 그 여행은 내가 예상한 것보다 저렴했다.

ex. We've worked out our differences. 우리는 우리의 차이점들을 잘 풀어나갔다.

ex. Nothing was working out right. 어떤 일도 잘 풀리지 않고 있었다.

일해서 문제를 풀어나가면 '성공적인(to be successful)'의 의미도 있습니다.

ex. Is your new assistant working out OK? 당신의 새 비서는 일을 잘 하고 있습니까?

ex. Things worked out pretty well in the end. 일이 결국에는 꽤 잘되었다.

우리가 잘 알고 있는 '운동하다(to do physical exercise as a way of keeping fit)'의 의미도 있죠? 이것은 일을 해서(work) 몸에 근육이나 힘을 나오게 한다(out)는 의미로 풀면 됩니다.

ex. Amy works out at the local gym every day. Amy는 매일 현지 체육관에서 운동한다.

ex. I try to work out twice a week. 나는 일주일에 두 번 운동하려고 노력한다.

ex. Make sure you drink plenty of water if you are working out.
당신이 운동을 하는 중이라면 꼭 충분한 물을 마시십시오.

이렇게 work와 out의 1차적인 의미를 잘 새기면 우리가 숙어로 암기하는 많은 것을 이해할 수 있습니다. 이것이 영어에서 두 단어 이상으로 이루어진 phrasal verb(구동사)를 이해하는 기본입니다.

★★ 요건 몰랐지? ❷ 단어 간의 차이

단어 간의 차이를 알아야 영어 고수가 됩니다. 필자가 영어 공부를 하면서 느낀 점은 단어나 표현상의 차이를 잘 구분하는 것이 중요하다는 것입니다. 우리가 다 안다고 생각하는 기본 단어인 '보다'의 의미를 가진 look at, see, watch를 가지고 공부해 보겠습니다. 이들의 차이는 무엇일까요?

1. look at: 주의 깊게 정지된 것을 보다

   ex. Look at all these books on the floor. 마룻바닥의 이 책들 좀 봐.

   ex. Come and look at this picture Amelian sent me. 와서 Amelia가 나에게 보내 준 그림을 봐라.

   이 두 문장에서 책이나 그림은 정지되어 있는 상태를 나타냅니다.

2. see: 그냥 눈에 들어오니 수동적으로 보다(notice)

   ex. I saw Iris at Incheon airport yesterday. 나는 어제 인천공항에서 Iris를 봤다.

   ex. Have you seen my TOEIC book? 내 토익 책 봤니?

3. watch: look at과 비슷하지만 일정 기간 동안 움직이거나 변하는 것을 보다

   ex. William and Samantha watch television every evening. William과 Samantha는 매일 저녁 TV를 본다.

   TV는 옛날 말로 활동 사진입니다. 움직이는 동작을 보여주는 TV는 watch하는 것이 맞습니다.

   ex. Emily spent the entire afternoon watching a baseball match. Emily는 오후 내내 야구 경기를 보면서 보냈다.

   이 경우는 야구 경기를 TV로 본 것이 암시되는 상황입니다.

   ex. I watched *The Lion King* last night on DVD. 나는 DVD로 '라이온 킹' 뮤지컬을 봤다.

   이 경우도 DVD로 보는 경우라 watch를 썼습니다. 그러나 일반적으로 직접 가서 스포츠 경기를 보거나 영화, 극장, 연극 공연을 볼 때는 see를 씁니다.

   ex. I saw *The Lion King* last night. 나는 지난밤에 뮤지컬 '라이온 킹'을 극장에서 봤다.

   ex. Emma had been to see the final of The 2018 FIFA World Cup. Emma는 지난 2018 월드컵 결승전을 보러 갔었다.

   ex. This was one of the most amazing films I've ever seen. 이것은 내가 이제까지 보았던 가장 놀라운 영화 가운데 하나였다.

   ex. You'll have to go and see it while it's in the cinema. 너는 그걸 극장에서 상영할 때 가서 봐야 할 거야.

요약하면 see는 수동적으로 의도하지 않게 볼 때와, 스포츠, 연극, 영화를 직접 볼 때 쓰고, watch는 TV를 볼 때와 움직이는 것을 볼 때 쓰며, look at은 정지된 것을 볼 때 씁니다. 유연성도 영어 공부하는 데 참 중요한 태도입니다.

memo